Wolfgang Herles

Dann wählt mal schön

D1921838

Wolfgang Herles

Dann wählt mal schön

Wie wir unsere Demokratie ruinieren

Piper
München Zürich

ISBN-13: 978-3-492-04862-0
ISBN-10: 3-492-04862-5
2. Auflage 2005
© Piper Verlag GmbH, München 2005
Satz: seitenweise, Tübingen
Druck und Bindung: Clausen & Bosse, Leck
Printed in Germany

www.piper.de

INHALT

VORWORT

Politiker in der Zirkuskuppel – ratlos. Das Publikum im Manegenrund buht, pfeift, lärmt. Der Zirkusdirektor klatscht in die Hände, bittet um Ruhe. »Sehr verehrtes Publikum! Ich bitte Sie jetzt um Ihre Stimmzettel und um ein klein wenig mehr Optimismus, und Sie werden sehen, schon läuft die Show wieder wie geschmiert.« Ein Teil der Zuschauer stöhnt, andere stehen auf und wollen gehen. Aber die Eingänge sind versperrt. Politik ist Zirkus. Diese Republik ist ein Zirkus. Aber zu lachen gibt es nichts.

Kaum lässt sich der Kanzler das Vertrauen entziehen – schon rafft das Land sich wieder auf, beendet Agonie und Wirtschaftskrise. Es ist das schiere Wunder, was Wahlkämpfer wie Leitartikler derzeit herbeireden. Nur wird es kein Wunder geben. Dann wählt mal schön!, fordern die Parteien. Aber wird es am Zustand dieses Landes und seiner Demokratie etwas ändern?

Müssen wir uns tatsächlich um die Demokratie in Deutschland sorgen? Schon die Frage gilt als überhitzt. Denn es gehört zum Selbstbild dieser Republik, dass sie erwachsen geworden sei, so normal und stabil wie die Nachbarn im Westen, deren Demokratien erheblich länger währen. In welchem Zustand ist die Demokratie in Deutschland, wie tragfähig in der Krise? Ist sie bloß eine Schönwetterdemokratie? Eine Staatsform, deren Inhalt schal und trocken zu werden beginnt, weil den Bürgern andere Werte mehr gelten als politische Freiheit? Sind die Demokratien in der Lage, Deutschland aus der Krise zu holen? Die Zahl derer, die daran zweifeln, wächst. Sie wählen entweder radikale Parteien oder – die meisten von ihnen – gar nicht mehr.

Die Krise ist oft genug beschrieben worden. Fast alle Politiker glauben, ihre Überwindung sei bloß eine Frage der Konjunktur und des Wachstums. Dies ist allerdings ein verhängnisvoller Irrtum. Die gebetsmühlenartige Beschwörung des Aufschwungs fruchtet nichts, immer weiter verspätet sich sein Eintreffen. Warten auf Godot.

Es sieht ganz danach aus, als würde kein denkbares Ergebnis der bevorstehenden Bundestagswahlen eine Lösung der wachsenden Probleme bieten. Ob dieses Land, so wie es gegenwärtig verfasst ist, überhaupt noch reformierbar ist, wird es erst noch beweisen müssen.

Anders als in älteren, gelasseneren Demokratien lasten die Deutschen die Krise überwiegend der Politik und den demokratischen Institutionen an. Das ist auch nicht ganz falsch. Konstruktionsfehler der politischen Institutionen, aber auch Berufsauffassung und Mentalität der Volksvertreter haben ihren Anteil am Absturz des einstigen Musterlandes Deutschland. Da aber hierzulande das Vertrauen der Wähler in die Demokratie mehr als anderswo vom wirtschaftlichen Wohlergehen abhängig ist, geht die Krise tiefer. Die Deutschen sind dabei, ihre Demokratie zu ruinieren.

Längst ist aus Politikverdrossenheit schleichende Demokratieverdrossenheit geworden. Allerdings ist weniger ein Umsturz zu befürchten als der schleichende Tod der Demokratie durch Erosion.

Die Ursachen dieser Entwicklung versuche ich zu beschreiben. Sie sind auch in historischen Entwicklungen und Traditionen des Landes zu finden. In Deutschland ist ein eklatanter Mangel an Streitkultur zu beklagen, es herrscht ein Konsens- und Geschlossenheitskult. Führung wird gefordert. Die Parlamente haben nichts mehr zu melden.

Und noch immer herrscht in Deutschland die Neigung, sich in die eigene Tasche zu lügen, Wünsche für Realität zu halten, sich die Welt als Wille und Vorstellung zurechtzulegen, Illusionen und selbst gestrickten Mythen aufzusitzen, die Welt mit Denkverboten und heiligen Kühen zuzustellen. Demokratie aber lebt von praktischer Vernunft, von Realitätssinn und Augenmaß, von Wachsamkeit und Selbstkritik.

Trotzdem scheint die Auffassung konsensfähig zu sein, man dürfe Deutschlands Krise nicht länger durch übermäßiges Schwarzmalen vertiefen. Die Vorstellung herrscht, man könne das Land sozusagen mit positiver Energie aufladen. Es geht uns im Grunde blendend, wir müssen nur daran glauben.

Weil das Wünschen und Gesundbeten helfen soll, sind Reformen willkommen, vorausgesetzt, sie ändern nichts. Die Realisten sind in der Minderheit und werden für Pessimisten gehalten, am Ende gar noch für den nicht enden wollenden Abstieg Deutschlands verantwortlich gemacht.

Vor den Bundestagswahlen ist es an der Zeit, nicht nur die Regierung einer Revision zu unterziehen, sondern das gesamte politische System und die politische Klasse. Diese Bilanz fällt natürlich anders aus als die der Wahlkämpfer.

Vom Versagen der Politik muss die Rede sein, aber ebenso vom Versagen der Wähler und Bürger. Die Skandalisierung der Politiker und der Parteien, die Aufregung um Spenden und Nebentätigkeiten lenken nur ab von der wahren Unfähigkeit der politischen Klasse wie auch anderer Eliten, vor allem der Medien und der Wirtschaft.

Es wäre ein großer Irrtum zu glauben, unser politisches System sei unerschütterbar und auf ewig festgeschrieben. Die Fehler und Versäumnisse, die Lähmungen und Ermüdungserscheinungen, das Elend des Populismus haben ihren Preis.

EINS

Von der Politikverdrossenheit zur Demokratieverdrossenheit

Nun also wird die Notoperation der um ein Jahr vorgezogenen Bundestagswahl als großer demokratischer Befreiungsschlag gepriesen. Und die Wähler sollen ihr verlorenes Vertrauen in die abgewirtschafteten Parteien zurückgewinnen, nur weil sie freundlichst um eine Entscheidung gebeten werden. Als gelte es tatsächlich, über die künftige Richtung der Politik zu befinden.

Nein, die verfassungsrechtlich bedenklich eingefädelte Wahl wird weder Schröders Job retten noch einem nennenswerten Teil der fünf Millionen Arbeitslosen einen neuen Job verschaffen. Was die Parteien in ihrem kurzen, heftigen Sommerwahlkampf versprechen – eine klare Alternative – ist Wunschdenken.

Weder unterscheidet sich Schröders Agenda-2010-Kurs fundamental von dem seiner Gegnerin, noch stehen SPD und Grüne einheitlich hinter diesem Kurs. Und das Gleiche gilt für Merkels Union. Die Frontlinie zwischen den wahren politischen Gruppierungen in Deutschland bleibt auch in diesem Wahlkampf in den Reden der Spitzenkandidaten unhörbar und auf den Wahlplakaten unsichtbar. Es ist die Linie zwischen den hartnäckigen Bewahrern des Bewährten und denen, die auf eine tief greifende Veränderung des Landes setzen.

Beide Richtungen sind in beiden Wahlkampflagern zu finden. Und im Wahlkampf wird diese eigentliche Auseinandersetzung um die Zukunft Deutschlands vertagt und vertuscht. Die Konkurrenz der beiden Volksparteien bildet den Richtungsstreit im Land nicht mehr ab.

In besseren Zeiten wäre die mangelnde Unterscheidbarkeit der Wahlprogramme vielleicht sogar ein Vorzug. Wenn die Dinge gut laufen, warum sollte man sie ändern? Aber in dieser komfortablen Lage ist das Land nicht.

Warum geht die SPD nach dem offensichtlichen Scheitern Schröders nicht mit einer klaren linken Alternative und einem anderen Kandidaten – Müntefering – an den Start? Der Wähler wüsste in etwa, woran er wäre.

Warum legt die Union, statt schon jetzt über den geringen Handlungsspielraum zu lamentieren, kein schlüssiges Handlungskonzept auf den Tisch – vor den Wahlen?

In den Siebzigern unterschied das Thema Ostpolitik Parteien und Kandidaten (Brandt und Barzel) unzweideutig voneinander. Diese Wahl verdiente ihren Namen, sie brachte die Entscheidung. Heute ist die Wahl eine Qual und erscheint sinnlos.

Frau Merkel könnte so argumentieren: »Alles, was die versprochene Flexibilisierung des Arbeitsmarktes bringen kann, reicht nicht aus. Damit sinkt die Zahl der Arbeitslosen vielleicht um ein paar hunderttausend Menschen. Wir sind in unserem kleinen deutschen Arbeitsmarkt eingebettet in einen Weltarbeitsmarkt. Dabei halten wir an Einkommensniveaus fest, die schlicht nicht darstellbar sind. Solange keine Bereitschaft besteht – ich weiß, wie grausam das klingt! –, dieses

Niveau so weit absinken zu lassen, bis insbesondere im niedrigproduktiven Bereich Wertschöpfung und Einkommen wieder deckungsgleich sind, bleibt es bei der Massenarbeitslosigkeit.«[1]

Das wäre ehrlich. Die Lage ist so ausweglos, wie sie ist. Entweder es gibt mehr Arbeit – oder die Einkommen können gesichert werden. Entweder der Staat schraubt Sozialleistungen weiter zurück, oder die Verschuldung nimmt weiter zu. Zu dieser Aussage ist kein Politiker bereit. Das Zitat ist nicht von Frau Merkel, sondern von dem Sozialforscher Meinhard Miegel. Der durchaus Konservative macht sich keine Illusionen: »Ich fürchte, die Union wird dies im Wahlkampf nicht in der gebotenen Klarheit thematisieren, weil sie weiß, dass das Wähler verschreckt. Bleibt sie auch nach der Wahl untätig, dümpeln wir weiter dahin – bis es dann richtig kracht.«[2]

Und die SPD? Warum sagt sie den Wählern nicht: »Wir haben vieles ausprobiert, aber es funktioniert nicht. Jetzt heißt es: Steuern rauf. Wir kassieren die Erben ab, die Vermögenden, die Konzerne. Gleichheit zwischen den Menschen ist uns wichtiger als die Freiheit der Märkte. Das ist unser deutscher Weg gegen den Strom der Globalisierung.«

Es wäre wenigstens ehrlich und immer noch besser als die Illusion, das System sei im Großen und Ganzen beherrschbar, man müsse nur hier und da ein wenig an den Schrauben drehen. Alles ist aus den Fugen geraten, aber die Parteien – alle Parteien – lügen sich und den Wählern die Tasche voll. Auch das ewige Lied vom Wachstum ist Betrug. Noch einmal Miegel: »Eine Bundesregierung, die nur unter der Bedingung des Wachstums regieren kann, ist von vornherein gescheitert.«[3]

So wie wir uns das wünschen, mit einem Kompromiss, sind die Dinge nicht lösbar. Deshalb muss das Land sich wohl oder übel entscheiden. Vorwärts oder rückwärts. Beides zugleich geht nicht.

Doch die Entscheidung zwischen Konservieren und konsequentem Reformieren ist auch innerhalb der großen Parteien nicht möglich. Es gibt mindestens zwei verschiedene sozialdemokratische Parteien, die Schröders und jene, die noch immer mit dem Namen Lafontaine verbunden ist. (Der ist zum falschen Zeitpunkt gegangen; nach der verlorenen Wahl wird die SPD ohnehin einen Linksruck machen.) Aber auch die Christdemokraten sind keine glaubensfeste Union mehr. Das alte Bonner Weltbild gibt nicht mehr die richtigen Antworten.

Die Volksparteien befinden sich in politischen Regionen, durch die sich tiefe tektonische Spalten ziehen. Jederzeit kann es zu einem Erdbeben kommen. Die Parteien überhören das seismographische Rumpeln in ihren Tiefen. Die Parteienlandschaft beginnt sich zu verschieben. Das Konzept der Volksparteien stößt an Grenzen. Sie könnten zerbrechen, sich neu formieren. Das brächte Unruhe, auch Gefahren für die Demokratie – am Ende aber wäre es zum Vorteil Deutschlands. Keine Reform des Landes ist möglich ohne eine Reform der Parteien.

Im gegenwärtigen Zustand kann die deutsche Demokratie die Krise nicht überwinden, auch nicht durch Wahlen. Es ist eine Illusion zu glauben, allein der Wechsel in der Regierungsverantwortung erzeuge genug Aufbruchstimmung, um im ganzen Land die notwendige Bewegung zu erzeugen und tief sitzende Mentalitäten zu verändern. Optimismus gewinnt vielleicht Wahlen, schafft aber keine Arbeitsplätze. Und noch gibt es wenig Grund zur Annahme, Frau Merkel könne die Regierung erfolgreicher führen als Gerhard Schröder.

Denn sie erweckt nicht den Eindruck, als hätte sie eine Schublade voller fertiger Reformkonzepte von durchschlagender Wirkung. Ist Angela Merkel erst einmal im Kanzleramt, wird sie keine Zeit haben für den üblichen »Kassensturz«.

Dazu ist die Krise zu virulent. Innerhalb des ersten Jahres müssten alle Richtungsentscheidungen getroffen, alle »Grausamkeiten« begangen sein. Denn danach wird das Stimmungspendel wieder in die andere Richtung schwingen. Landtagswahlen werden für die Union verloren gehen, die Mehrheit im Bundesrat bröckeln.

Dies war Münteferings Motiv für den Scoop am Abend der verlorenen Nordrhein-Westfalen-Wahl am 22. Mai. Er sah für seine Partei keine Chance mehr, die Wahl im Herbst 2006 zu bestehen. Besser ein Ende mit Schrecken als ein weiteres Regierungsjahr in Agonie und eine für die SPD zermürbende Zerreißprobe. Die Wahlankündigung setzte Frau Merkel so unter Zeitdruck, dass ihr Start im Kanzleramt schwierig werden wird. Zwar tat Müntefering ihr damit den Gefallen, die Diskussion um die Kanzlerkandidatur auf der Stelle zu ihren Gunsten zu entscheiden. Zugleich aber machte er auch der SPD Hoffnung auf eine baldige Rückkehr an die Töpfe der Macht, in denen auch Schwarz-Gelb nur mit Wasser kocht.

Der kurze, heftige Wahlkampf und die wahrscheinliche Niederlage werden die SPD nach links rücken. Sie wird keine Rücksicht mehr auf Schröders gescheiterten Reformkurs nehmen.

Die Legitimationskrise der Demokratie

Wollte man unter einer funktionierenden Demokratie lediglich verstehen, dass in regelmäßigen Abständen Wahlen stattfinden, wäre Deutschlands Demokratie in bester Ordnung. So wie das Wasser aus dem Hahn kommt, liegen die Wahlbenachrichtigungen pünktlich und zuverlässig in den Briefkästen. Das ist nicht überall auf der Welt so. Und auch Wahlmanipulation ist in Deutschland ein Fremdwort. Da sind wir besser als die USA.

Demokratie dient aber nicht nur der Legitimation der Politiker. Sie ist nicht bloß das Gegenteil von Diktatur. Den größten Vorteil der Demokratie vermeinen wir darin zu erkennen, schlechte Regierungen mühelos wieder loszuwerden, ohne Aufruhr, ohne Blutvergießen. Was aber nützt ein reibungsloser Regierungswechsel, wenn sich dadurch im Land nichts (oder kaum etwas) zum Besseren wendet? Dann verlieren die Wähler nicht nur die Lust am Wählen, sondern beginnen auch am Sinn des Wählens überhaupt zu zweifeln.

Das ist kein Argument von Feinden der Demokratie. Selbst der große Liberale und Erzdemokrat Lord Dahrendorf ist der Ansicht, »dass wir heute eine schwere Krise der Demokratie erleben«.[4] Denn: »Selbst freie Wahlen scheinen nicht mehr in der Lage, befriedigende und dauerhafte Lösungen der wachsenden Probleme zu bieten.«[5]

Keine andere Staatsform ist so sehr auf das Vertrauen der Bürger angewiesen wie die Demokratie. Wenn also das Misstrauen der Bürger nicht nur gegenüber der gegenwärtigen Regierung wächst, sondern gleichzeitig gegenüber allen Parteien, sollte man sich nicht nur über die Parteien Gedanken machen, sondern sich allmählich um die Demokratie sorgen.

Parteien, die nicht in der Lage sind, echte Alternativen zu bieten, und ein Volk, das der politischen Ordnung nicht mehr zutraut, dass die Dinge geregelt werden können, sind ein Risiko für die Demokratie. Die Dinge selbst könnten unregelbar geworden sein. Aber auch wenn das Volk seine Politiker überfordert, leidet die demokratische Substanz des Landes.

Manch ein Kritiker der deutschen Zustände meint sogar, die politische Ordnung des Landes sei gar keine Demokratie.

Der Sozialphilosoph Johannes Heinrichs etwa steht gewiss nicht allein, wenn er Deutschland für eine Parteienoligarchie hält, in der das Parlament, also das zentrale Organ der Demokratie, seine Aufgabe nicht erfüllen kann. Dieser »Parteienstaat ist die Verfallserscheinung der Republik«.[6]

Kein Zweifel, die Parteien haben die Degenerationserscheinungen der Demokratie tatkräftig mitverursacht. Und es leidet noch nicht an Demokratieverdruss, wer feststellt, die Parteien seien unfähig, den gebotenen Wandel zu organisieren. Stattdessen seien sie ausschließlich damit beschäftigt, Wahlkämpfe zu bestreiten, und scheiterten an der Aufgabe, langfristige Konzepte zu entwerfen. Parteien seien Organisationen zur Vergabe von Ämtern und Privilegien. Sie maßten sich vieles an, was ihnen nicht zusteht, und missbrauchten ihre vom Grundgesetz lediglich zugestandene »Mitwirkung« an der Meinungsbildung.

Diese Kette von Vorwürfen ist nicht frei von Widersprüchlichkeit. Haben die Parteien nun zu viel Macht – oder zu wenig? Jedenfalls, das steht fest, nutzen sie ihre Macht nicht hinreichend dafür, wozu der Wähler sie gewählt hat.

Die Bürger verachten die Machtanmaßung, erwarten andererseits jedoch von den Parteien, wenn schon nicht die Welt, dann doch wenigstens Deutschland wieder in Ordnung zu bringen. Trotz der schlechten Meinung über die Politik wächst der Anspruch der Wähler. Sie erwarten Lösungen. Aber zugleich trauen sie den Politikern nichts zu. Und darüber hinaus herrscht ein geradezu groteskes Missverhältnis zwischen den Erwartungen der Wähler und den tatsächlichen Möglichkeiten der Politik. Die Krise der Demokratie ist deshalb nicht nur eine Krise von Parteien und Regierungen, sondern auch eine Krise der Gesellschaft. Genauer: Es handelt sich um eine Beziehungskrise zwischen Wählern und Gewählten. Der SPD-Politiker Hermann Scheer stellt fest: »Ein neurotisches Verhältnis zu ihren Politikern ist ein Problem aller Gesellschaften, aber jene mit demokratischer Verfassungsordnung trifft es besonders.«[7]

Dahrendorf stimmt ihm zu: »Es ist so, als hätten die Wähler ein bestimmtes Konsumverhalten auf die Politik übertragen und betrachteten die Demokratie als Konsumartikel ähnlich einer Coladose, die man nach Gebrauch wegwirft. Die Parlamente ihrerseits haben einen Großteil ihrer Macht verloren – weniger im Bereich der Gesetzgebung als vielmehr in ihrer Eigenschaft als Kontrollinstanz der Regierung.«[8]

Die Sorge um den Bestand der Demokratie kommt aus allen politischen Lagern. Literatur-Nobelpreisträger Günter Grass kritisierte von links: »Die frei gewählten Abgeordneten fügen sich dem landesinneren wie dem globalen Druck des Großkapitals. So richtet man zwar nicht den Staat – der hält viel aus –, wohl aber die Demokratie zugrunde.«[9]

Und der einflussreiche konservative, mit seinem Buch über die *Generation Reform* viel diskutierte Gesellschaftskritiker Paul Nolte meint, der Wohlfahrtsstaat »sichert höchstens noch eine Minimalloyalität; die Inanspruchnahme von Sozialleistungen und die Indifferenz gegenüber dem System der sozialstaatlichen Demokratie, ja seine Ablehnung, schließen sich nicht mehr aus.«[10]

Alarmlichter blinken gelegentlich sogar in der Regierung. Der offizielle Wirtschaftsberater des Kanzlers, der frühere Hamburger SPD-Spitzenkandidat Thomas Mirow, hält, falls sich das wirtschaftliche Ungleichgewicht in Deutschland zwischen Reichtum und Armut weiter verstärke, »gefährliche Erschütterungen unserer Gesellschaft und damit unseres politischen Systems nicht nur möglich, sondern absehbar«.[11]

Auflösungserscheinungen sind im Großen wie im Kleinen zu beobachten. Entsolidarisierung zwischen den Generationen, zwischen Arm und Reich, zwischen dem Einzelnen und der Gemeinschaft. Zu Recht fordert die Politik von den Bürgern mehr Eigenverantwortung. Daraus wird schnell Rücksichtslosigkeit. Wenn sich die Mächtigen und Reichen nach Lust und Laune bedienen, dann darf das jeder. Das ist die Botschaft, wenn sich Manager ihre Fehlentscheidungen und Niederlagen an der Spitze der Konzerne noch vergolden lassen.

Ohne Umsturz des Gewohnten scheint es nicht zu gehen, auch in der Wirtschaft nicht. Der Volkswirt Josef Schumpeter wurde mit seiner Theorie der »schöpferischen Zerstörung« berühmt – heute ist das ein geflügeltes Wort. Aktiengesellschaften können verkauft, fusioniert oder geschlossen werden.

Aber Staaten? Sie können nicht Bankrott gehen. Sie können jedoch abwirtschaften, im globalen Wettbewerb zurückfallen. Der Bankrott trifft dann die kleinen Leute zuerst. Sie und die nachfolgende Generation sind die Geprellten. Gegen die Bankrotteure klagen können sie nicht.

Mit welchen Mitteln schafft eine Demokratie die schöpferische Zerstörung lähmender Strukturen, Gewohnheiten, Mentalitäten? Dies ist die entscheidende Überlebensfrage eines demokratischen Staates mit »Verwöhnungsbiografie« (Hans Magnus Enzensberger).

Die Optimisten hoffen, dies sei in Deutschland nur eine Frage der Zeit. Zwei, drei Generationen verwöhnter Bundesrepublikaner, die mit wachsender Prosperität groß geworden sind, seien eben nicht in der Lage, die notwendige Härte der Verteilungskämpfe und den Verlust mancher sozialer Behaglichkeit zu akzeptieren. Aber schon die Generation, die jetzt ins Berufsleben tritt, sei an die bisherigen Standards sozialer Sicherheit und Versorgung nicht mehr gewöhnt und deshalb veränderungsfähig.

Wenn das so wäre, hätten die ehemaligen DDR-Bürger einen Vorsprung. Sie bekamen einen radikalen Neuanfang und sind veränderungsgestählt. In Wahrheit ist jedoch die im Osten noch stark vorhandene DDR-Mentalität nur ein weiterer Risikofaktor für die deutsche Demokratie. Ein großer Teil der ehemaligen DDR-Bürger empfindet noch immer keine Loyalität zur Bundesrepublik. Er fühlt sich erobert und unterdrückt. Er teilt nicht die Werte der liberalen Marktwirtschaft und erwartet vom Staat nach wie vor Rundumversorgung. Postkommunisten und Neonazis haben in einigen Landesteilen Ostdeutschlands zusammen besser abgeschnitten als die großen Volksparteien. Und die auf unabsehbare Zeit zu entrichtenden Zahlungen für den »Aufbau Ost« sind eine Belastung, die das ohnehin angeschlagene Land nicht verkraften kann. Fast die Hälfte aller Ostdeutschen (47 Prozent) lebt von Transfereinkommen der öffentlichen Hand. Diesen Grund der Krise kann keine Regierung beseitigen. Die Dinge zu beschönigen hilft auch nichts. Tatsache ist, dass die fehlerhafte Vereinigung der Deutschen eine Hauptursache ihrer sozialen Spaltung geworden ist.

Diese Spaltung ist auch im Westen immer stärker zu beobachten. Das zeigt sich – noch – weniger in der Wahl extremer Parteien als im grassierenden Egoismus. »Solidarität« kommt zwar allgemein leicht über die Lippen, darunter wird aber meist nur die Verpflichtung der Bessergestellten gegenüber den Schwächeren verstanden. Ein typisch deutsches Missverständnis. Nicht nur maßlose Profitsucht und schamlose Bereicherung sind unsolidarisch, sondern auch der Missbrauch des Sozialstaats. Man holt aus ihm heraus, was nur herauszuholen ist. Entsolidarisierung heißt Verantwortungslosigkeit. Dazu zählt auch, dass ein wachsender Teil der deutschen Bevölkerung sich dem notwendigen Reformprozess verweigert.

Solidarität, richtig verstanden, meint nicht nur Umverteilung, sondern Zusammenhalt auf der Basis gemeinsamer

Werte und Ziele. Die Demokratie gerät in die Krise, wenn sich eine Gesellschaft auf solche Ziele und Werte nicht mehr verständigen kann.

So wandelt sich allmählich die Politikverdrossenheit in Demokratieverdrossenheit. Demokratieverdrossenheit hat Entsolidarisierung zur Folge. Und umgekehrt: In Gesellschaften, in denen Solidarität schwindet, nimmt Demokratieverdrossenheit zu.

Offensichtlich zeichnen sich ältere Demokratien dadurch aus, dass deren Bevölkerungen Unterschiede leichter akzeptieren als die Deutschen. Hierzulande hält sich hartnäckig die Illusion vom Recht auf Gleichwertigkeit der Lebensverhältnisse überall im Land. Besser wäre es – so Bundespräsident Köhler –, die Deutschen würden »die Verschiedenheit der Lebensverhältnisse endlich akzeptieren, weil nur so der notwendige Druck für Veränderung, für Innovation, für ein gesundes Konkurrenzverhältnis erzeugt werden kann«. Er machte sich nicht beliebt, als er Ende des vergangenen Jahres davor warnte, die »großen Unterschiede in den Lebensverhältnissen« beseitigen zu wollen. »Wer sie einebnen will, zementiert den Subventionsstaat und legt der jungen Generation eine untragbare Schuldenlast auf.«

Die tiefe Sehnsucht der Deutschen nach Stabilität, nach Ausgleich, ihre ebenso tiefe Angst vor Verteilungskämpfen, vor Ungleichheit, vor Umbau und Umdenken mag in ihrer Geschichte begründet liegen. Aber das ist keine Entschuldigung. Das Paradox der gegenwärtigen Krise besteht darin, dass das Festklammern am Bestehenden Deutschland mehr gefährdet als der heilsame Zwang zur Veränderung. Wenn alles bleiben soll wie es ist, muss sich alles ändern. Der berühmte Satz aus Lampedusas *Der Gattopardo* trifft auf Deutschland heute nicht weniger zu als damals auf Sizilien.

Zu bewahren und zu verteidigen haben alle gesellschaftlichen Gruppen etwas. Der Glaube an den Staat als Bewahrer ihrer Interessen ist noch nicht genug erschüttert.

»Weniger arbeiten, weniger produzieren, weniger investieren, sowohl betrieblich wie auch privat, weniger Kinder großziehen – und dennoch mehr kaufen, mehr Urlaub machen, mehr Sicherheit im Alter genießen. Ein ganzes Bündel von Illusionen verdichtete sich im Laufe der Jahre zu diesem Rumpelstilzchen-Syndrom.« [12] (Paul Nolte) Es ist die Vorstellung, aus Dreck ließe sich Gold machen.

Diese Illusionen sind weitgehend zusammengebrochen. Nun steigt die Angst vor unvermeidbaren Veränderungen, sinkt das Vertrauen in die Zukunft nirgendwo dramatischer als in Deutschland.

Ist deshalb zu befürchten, dass die Gesellschaft in Panik gerät?

Die Demokratieverdrossenheit hat Tradition

Der Verdruss an den Parteien gehört zum traditionellen Repertoire nicht nur der deutschen Demokratieverächter. Jeder Diktator, wo auch immer er an die Macht kommt, lässt zuerst die Parteien verbieten und postuliert nationale Geschlossenheit und das Ende allen Streits. Der Begriff Partei gilt als Synonym für Streit, für überflüssigen, schädlichen, unpatriotischen Streit, vor allem in Deutschland. Der alte Satz Kaiser Wilhelms II., er kenne keine Parteien mehr, sondern nur noch Deutsche, stieße gewiss auch heute noch auf breite Zustimmung. Die meisten Deutschen hätten wohl nichts dagegen, wenn ein Bundeskanzler ähnlich spräche. Die Deutschen halten Führungsstärke und Geschlossenheit allemal für wichtiger als die Freiheit der politischen Auseinandersetzung. Und dies, obwohl der ersehnte Gleichschritt eine Illusion ist.

Deutschland leidet nicht an zu viel politischem Streit, sondern an zu wenig Auseinandersetzung über den richtigen Weg in die Zukunft. Es wird allenfalls zu viel über das Falsche gestritten.

Das wachsende Missvergnügen an der Politik ist in Deutschland älter, als es die ökonomischen Krisenerscheinungen sind. Die Ursachen dafür liegen weit zurück in der Geschichte. Anders als in den alten Demokratien, in der Schweiz, den Vereinigten Staaten, England und Frankreich, waren die Deutschen mit ihrem Streben nach Demokratie lange gescheitert.

Sie hatten sich zurückgezogen in ihr kleines, privates Reich der Träume und Ideale, und waren brav und bieder den jeweils Herrschenden und ihren Ideologien gefolgt, ohne zu zögern und oft genug bis in den Tod auf den Schlachtfeldern. Sie hatten sich nach den von Preußen zerschlagenen Hoffnungen auf Demokratie den Nationalismus als Freiheitsersatz aufschwätzen lassen. Das deutsche Volk war untertänig und verführbar – somit zutiefst unpolitisch.

Politisch Lied, ein garstig Lied. Daran glaubten die Deutschen und glauben es gern bis heute. Da aber Demokratie jene Staatsform ist, die ohne politisierte Bürgerschaft nicht sein kann, ist die deutsche Tradition ein Handikap. Den Deutschen fehlen zweihundert Jahre Demokratieerfahrung. Das allein macht diese Staatsform hier anfälliger als anderswo.

Die erste deutsche Demokratie entstand erst nach dem Zusammenbruch der alten monarchistischen europäischen Mächte. Diese Weimarer Republik war ein Misserfolg und machte die Demokratie nicht populärer.

Deutschland hat keine historische Erfahrung mit großen Reformprozessen. Zu gesellschaftlichen Aufbrüchen kam es immer nur nach – verlorenen – Kriegen. Als »Stunde Null« bleibt der Zusammenbruch des Dritten Reichs in Erinnerung.

Die alten gesellschaftlichen Strukturen waren zerstört und standen neuen Konzepten nicht mehr im Weg.

»Wir brauchen wieder einen Krieg« kann und darf aber keine Antwort auf tief reichende Krisen und Zerfallserscheinungen sein. Pessimisten verweisen auf das Scheitern der Weimarer Republik. Dieser Vergleich sei nicht zulässig, kontern die Optimisten. Natürlich lautet auch heute eine entscheidende Frage, wie viele Arbeitslose die Demokratie verträgt. Tatsächlich sind die fünf Millionen registrierten Arbeitslosen – in Wahrheit eher sechs bis sieben Millionen – der höchste Wert seit der Machtergreifung Hitlers. Aber die materielle Situation der Beschäftigungslosen heute ist doch unvergleichlich besser. Allen Kürzungen der staatlichen Versorgung zum Trotz gibt es in Deutschland kein Lumpenproletariat.

Im Übrigen war Hitler nicht allein eine Folge der Massenarbeitslosigkeit, sondern der Demokratieverachtung der deutschen Eliten. Dennoch: Die Deutschen ergaben sich dem Nationalsozialismus auch aus ökonomischen Gründen – Hitler kaufte sie. Man lese nach bei Götz Aly, der in seiner stark diskutierten Analyse *Hitlers Volksstaat*[13] beschreibt, mit welchen sozial- und wirtschaftspolitischen Maßnahmen Hitler die Deutschen für sich eroberte. Rassismus und braune Ideologie wurden von der Mehrheit mehr oder weniger geschluckt, aber seine verwegene Arbeitsmarkt- und Sozialpolitik verfingen.

Hitlers Volksstaat beeinflusste die soziale Ordnung der Bundesrepublik. Das Ehegattensplitting und die Mitgliedschaft der Rentner in der gesetzlichen Krankenkasse zum Beispiel sind nationalsozialistische Errungenschaften, aber auch die bis heute hartnäckig verteidigte Kilometerpauschale – der deutsche Arbeiter sollte im Grünen leben können. Dass diese Wohltaten nicht von den Deutschen erwirtschaftet wurden, sondern letztlich von den besetzten Ländern und den enteigneten Juden bezahlt wurden, steht auf einem anderen Blatt. Diese Politik konnte nicht aufgehen. Nur die Ausbeutung der eroberten Länder und der Raubmord an den europäischen Juden verzögerten den Bankrott.

Sieht man also von der Zwischenkriegszeit ab, wurde Demokratie erst 1949, im Osten Deutschlands erst 1989 ein Erfolgsmodell. Oder eben auch nicht: Ein großer Teil der Ostdeutschen jammert den Seligkeiten des Sozialismus immer noch nach. Im Westen hat die Demokratie erst mit dem Wirtschaftswunder der fünfziger Jahre die Deutschen überzeugen können. Dieses »Wunder« freilich ist erklärbar. Außer auf massiver Wirtschaftshilfe aus dem Ausland als Lohn für den Weg der Bundesrepublik nach Westen beruhte es auf Vorleistungen der Erwerbstätigen. Löhne und Gehälter hinkten lange dem Wachstum hinterher.

Die Bonner Republik war die erste funktionierende Demokratie in Deutschland. Was diese Republik zusammenhielt waren nicht die immateriellen Werte einer Nation – sie existierte als Staat nicht mehr –, sondern war der wirtschaftliche Erfolg. Die Deutsche Mark legitimierte die den Deutschen von den westlichen Siegermächten oktroyierte Staatsform, sie war der Garant der Demokratie. Der Sozialstaat nach Bonner Muster sorgte dafür, dass sich die Demokratie in Deutschland sehr schnell stabilisierte.

Es verstärkte sich aber auch die ohnehin fatale deutsche Neigung, Staat und Verfassung (im doppelten Sinn: als Ordnung und Zustand) an ihrer wirtschaftlichen Potenz zu messen. Anders als in älteren Demokratien ist nicht auszuschließen, dass die Deutschen in der ökonomischen Krise Stimmen folgen, die Wohlstand statt Freiheit versprechen. Das sind nicht nur die Rechtsradikalen, sondern auch sozialistische Träumer.

Der anschwellende Tonfall der Verdrossenheit

Radikale gesellschaftliche Reformen durch Widerstand gegen den Staat und seine etablierten Kräfte zu erzwingen war die abwegige Idee linker Revoluzzer in den siebziger und achtziger Jahren der Bundesrepublik. Ohne Zerstörung schien der erwünschte Aufbruch nicht möglich. Der studentischen Bewegung entsprang ein militanter, terroristischer Ableger. Damals ging es nicht um die soziale Frage, die Bundesrepublik war ein blühender Wohlfahrtsstaat, der Klassenkampf ein Hirngespinst, ein Trugbild verwöhnter Sprösslinge aus gutbürgerlichen Familien. Von einem Legitimationsverlust der Politik konnte keine Rede sein. Ein solcher Verlust ist immer die »Voraussetzung für Revolutionen«.[14]

Und heute? Heute brennt die soziale Frage. Der Legitimationsverlust des politischen Systems ist mit Händen zu greifen. Besteht in Deutschland ein vorrevolutionärer Zustand?

Heute kommen revolutionäre Reden weniger aus linker denn aus erzkonservativer Ecke. »Auf die Barrikaden!«, forderte der Historiker Arnulf Baring.[15] Die Situation sei »reif für einen Aufstand gegen das erstarrte Parteiensystem ... Wir dürfen nicht zulassen, dass hilflose Politiker das Land verrotten lassen.« Wie sehen Barings Barrikaden aus? »Ein massenhafter Steuerboykott, passiver und aktiver Widerstand, empörte Revolten liegen in der Luft.« Das klingt einerseits ziemlich hysterisch. Andererseits grenzt das Verhalten vieler Bürger, die bar schlechten Gewissens Steuern hinterziehen oder die Sozialsysteme (wie auch private Versicherungen) betrügen, tatsächlich an einen Boykott des Gemeinwesens. Barings Aufruf verrät im Übrigen durchaus altbekannte antidemokratische Ressentiments gegenüber Parteien und Politikern.

»... diese Gesellschaft ist krank von Geschwätz, das ist ein Kalkmassiv, wir müssen es aufsprengen, zerstören[16]*... um dem Neuen den Weg zu ebnen, alles ist verstopft, dicht, ermattet, ermüdet, die Gesellschaft verkalkt, sieh es dir doch an, was haben wir denn hier, eine Sozietät reformunfähiger Rentner*[17]*... die alte Bundesrepublik stirbt, zerfressen und zermorscht, es liegt die Demokratie in Agonie.«*[18]

Das ist nicht Originalton Baring, obwohl er es vielleicht sein könnte. Vielmehr spricht Mauritz. Kein Entwurzelter, Gescheiterter am Rande der Gesellschaft, sondern gut verdienender Patentanwalt, also der Innovation verpflichtet, der Zukunft zugewandt. Er ist eine Romanfigur. In seinem zeitkritischen Roman *Der Eisvogel* schildert Uwe Tellkamp eine konservative »Organisation Wiedergeburt«, deren Mitglieder sich aus etablierten Eliten, aus Wirtschaft und Intelligenz rekrutieren. Ihre Absicht ist es, die lähmenden Verhältnisse zu beseitigen. Denn die Demokratie hat nicht mehr die Kraft, den notwendigen radikalen Neuanfang des Landes zu bewältigen. Mauritz ist dabei, eine terroristische Vereinigung zu gründen.

Nun soll weder ein Roman mit der Realität verwechselt noch untersucht werden, wie weit sich der junge, hochbegabte sächsische Ingeborg-Bachmann-Literaturpreisträger Tellkamp womöglich mit seiner Romanfigur identifiziert. Trotzdem ist diese Suada eines aufgebrachten Bürgers spannend. Er gibt dem anschwellenden Bocksgesang der Demokratieverdrossenheit eine Stimme. Und diese Stimme scheint der Wirklichkeit erschreckend genau abgelauscht zu sein.

So wie bei Tellkamp wird in Deutschland geredet, täglich und von Millionen Menschen, nicht nur in alkoholisierten Stammtischrunden, auch an Kantinentischen und auf Wohnzimmercouchen beim Wegzappen ärgerlich sinnentleerter Talkshows. So reden hochbezahlte Manager, Journalisten,

Rentner, Studenten, Hausfrauen, Taxifahrer, Ärzte, Krethi und Plethi. Es geht über das übliche Gejammer über die Missstände, über zu hohe Steuern und zu niedrige Sozialleistungen, über schlechte Schulen und unfähige, korrupte Politiker weit hinaus. Man muss nur die Ohren aufsperren, dann hört man es an jeder Ecke.

»… alle fühlen, dass es so, wie es ist, nicht gut ist … aber keiner unterbreitet Vorschläge, die an die Wurzel des Übels gehen, die also untersuchen, ob diese Gesellschaft nicht vielleicht deshalb nicht funktioniert, weil der ihr zugrunde liegende Gedanke, das sie bestimmende System: die Demokratie, nicht funktioniert … Die Demokratie ist die Gesellschaftsordnung des Mittelmaßes, des Geschwätzes und der Unfähigkeit, aus dem Geschwätz fruchtbares Handeln werden zu lassen … Nichts bewegt sich mehr!« [19]

Mauritz im Roman macht den kleinen Schritt von der Klage zur Tat:

»… Alle, mit denen ich bisher gesprochen habe, teilen meine Meinung, dass es so wie bisher nicht weitergehen kann, aber niemand ist bereit, aus diesem Umstand die Konsequenzen zu ziehen … Das Land liegt in einem Dämmerschlaf, es scheint auf etwas zu warten, einen Befreiungsschlag vielleicht oder ein Zeichen des Himmels oder eine alles hinwegfegende Explosion …« [20]

Nun ist bekanntermaßen die Demokratie, frei nach Churchill, die schlechteste aller Gesellschaftsordnungen – mit Ausnahme aller anderen. In einer so gefestigten Demokratie wie der englischen wird diese Erkenntnis ohne weiteres akzeptiert. Aber in Deutschland nimmt die Zustimmung zum politischen System ab.

Etwa ein Viertel einer repräsentativen Stichprobe Deutscher ist der Auffassung, Deutschland brauche nur »eine einzige starke Partei, die die Volksgemeinschaft insgesamt verkörpert«.[21] Ein alarmierendes Ergebnis.

»Die Menschen wollen nicht mehr tausend Angebote, sondern Einfachheit, was sie wollen ist Führung, Ordnung, Sicherheit, sie sind krank von Unsicherheit, von dem Vielleicht und Ich weiß es nicht, von der unablässigen Angst um den Arbeitsplatz, was aus ihren Kindern werden soll und aus diesem Land, sie sind zerstört von Demokratie!«[22]

Genauso kann man auch manchen Ex-DDR-Bürger reden hören. Was oberflächlich und harmlos klingt, ist tief infiziert von antidemokratischem Ressentiment. Ob faschistisch oder kommunistisch, die Ressentiments ähneln sich zum Verwechseln.

Niemand behauptet, Demokratie sei die bequemste Staatsform. Aber genau dies hätten viele Deutsche gern. Es ist umgekehrt. Weil Demokratie dem Einzelnen ein Höchstmaß an Freiheit gibt, muss sie ihm auch ein Höchstmaß an Ungeführtsein und Eigenverantwortung zumuten. Demokratie lässt sich nicht mit staatlicher Rundumfürsorge verbinden. Demokratie ist die anstrengendste Staatsform. Deshalb ist sie auch die gefährdetste.

»Vertrauen. Ende der Beliebigkeit. Saubere Begriffe. Unterscheidung, Hierarchie, Ränge. Unflat ist Unflat. Mozart ist Mozart. Nichts ist so schlimm für das Leben der Menschen wie die Verwirrung der Maßstäbe. Jedem den ihm zukommenden Platz zumessen, nach genauer und wohl abgewogener Prüfung. Das ist ein Teil von dem, was ich erreichen will, wenn auch kein kleiner… Ordnung, Hierarchie und Gerechtigkeit sind das tiefste

Bedürfnis der Menschen im gesellschaftlichen Leben, so wie das tiefste Bedürfnis der Menschen im privaten Leben Liebe und Verständnis ist. Was ich erreichen will, das wollen die meisten Menschen erreichen. Sie verfügen nur nicht über meine Radikalität und meinen Mut.« [23]

Der Schritt von solchen Gedanken zur totalitären Entmündigung ist nicht mehr groß. So wie dieser Romanfanatiker könnte auch jemand reden, der auf Wählerstimmen aus ist. Wer will in Deutschland garantieren, dass eine mit allen Wassern des Populismus gewaschene Figur mit solchen Worten keinen Erfolg hätte?

Ordnung und Gerechtigkeit sind in Deutschland allemal verführerische Werte, viel verführerischer als Verantwortung und Freiheit. Und es besteht kein Zweifel, die Mehrheit der Deutschen erwartet von ihrem Staat mehr Ordnung und Gerechtigkeit, als eine demokratische Regierung garantieren kann.

In schwierigen Zeiten sinkt der Wert der Freiheit. Deshalb ist es tatsächlich nur ein kleiner Schritt von der lauten Klage über die Politik zur Ablehnung des Systems. Wer glaubt, die Demokratie könne die Bedürfnisse der Bevölkerung nicht zufrieden stellen, der kommt leicht zur folgenden, nur noch rhetorischen Frage:

»Ist die Demokratie, vielmehr das, was von ihrer Idee – denn es ist eine Idee – in die Wirklichkeit der politischen Verhältnisse gelangt, die beste der gesellschaftlichen Umgangsformen?« [24]

Da wächst die Gefahr, dass immer mehr Bürger nur noch die abstrakte Idee von Demokratie für brauchbar halten, die tatsächliche, in ihren Augen von Parteien und Interessengruppen missbrauchte und herabgewirtschaftete real existierende Demokratie aber verloren geben. Auf verquere Weise erinnert dies ans Ende der DDR. Am Sozialismus als toller Idee hatten die wenigsten etwas auszusetzen. Marx ist noch immer der mit Abstand beliebteste Deutsche im Osten.[25] Nur die Führung hat angeblich versagt. Die real existierenden Verhältnisse haben der Beliebtheit der Ideologie nicht geschadet.

Die »linken« Vorurteile gegenüber der Marktwirtschaft (ohne die Demokratie den Namen nicht verdient) finden ihre rechte Entsprechung:

»... jemand, der etwas verändern will, sollte sich von demokratischen Illusionen lösen. Etwa: Mit freiem Volk auf freiem Grunde stehen. Das Volk ist niemals frei, es will gar nicht frei sein. Freiheit ist nur etwas für solche, die damit umgehen können. Für eine Elite. Die Könige sind es, die verändern, nicht das Fußvolk.«[26]

Die kapitalistischen Eliten haben ja nicht Unrecht, wenn sie die Unbeweglichkeit der verschlampten deutschen Demokratie beklagen. Aber an den Verhältnissen, so wie sie geworden sind, haben sie ihren Anteil. Die Entsolidarisierung der Gesellschaft ist auch ihr Werk. Sie entziehen sich den Spielregeln des demokratisch organisierten Nationalstaats. Sie nützen ihre selbstverständliche Freiheit, um zu investieren, zu verdienen und auch zu leben, wo sie wollen. Sie fühlen sich informierter, überlegter, weltoffener als die Masse des Volks. Dieser Dünkel schlägt rasch in Verachtung um.

»Sei ehrlich: Was gehen dich die Proleten an? Glaubst du, einer von denen kümmert sich um dich? Glaubst du, ein Maurer interessiert sich für Philosophie? Ein Fliesenleger? Spül sie endlich die Toilette hinunter, die Illusionen vom aufgeklärten Arbeiter und den edlen so genannten einfachen Menschen; die Proleten

wollen Arbeit, Autos, 'nen gefüllten Kühlschrank und ab und zu 'ne flotte Mutti vögeln. Und jedes Jahr nach Mallorca in den Urlaub fahren. Schau sie dir doch an, und lass mal die Romantik beiseite: Ist denen wichtig, was dir wichtig ist?« [27]

Es sind uralte Gedanken. Eine Regierung der Klügsten spukt in den Köpfen der meisten bürgerlichen Demokratieverächter. Von Experten, Wissenschaftlern, professionellen Besserwissern ließen sie sich gerne entmündigen – glauben sie. Aber ideologiefreies Expertentum ist nicht zu haben. Demokratie ist immer ein Wettstreit der Interessen, eine andere Demokratie gibt es nicht. So genanntes Gemeinwohl gibt es nicht, ist allenfalls eine Behauptung im Streit der Interessen. Das eigene Interesse wird dabei zu Gemeinwohl erklärt. Die Herrschaft der reinen Vernunft ist eine apolitische Utopie, wenn nicht gar ein Albtraum. Wer aber glaubt, in den Senator-Lounges, in den Golf & Country-Clubs, in den Business-Schools würde so niemals gedacht, der macht sich selbst etwas vor.

Bedrohen Extremisten die Demokratie?

Rechte Kriminalität nimmt in Deutschland spürbar zu. Im Jahr 2004 registrierten die Landeskriminalämter insgesamt mehr als 12 000 rechtsextreme Straftaten. In den Jahren davor waren es jeweils nur etwas mehr als 10 000 gewesen.[28] Die meisten dieser Delikte (etwa zwei Drittel) waren so genannte Propagandadelikte, also die Verbreitung von Schriften, die das Naziregime verherrlichen, oder das öffentliche Zeigen des Hitlergrußes. Aber auch die Zahl der Gewalttaten von Neonazis stieg auf die Zahl von 776 Körperverletzungen und andere schwere Verbrechen an – ein Anstieg um etwa 10 Prozent seit dem Jahr 2000. Seit der Wende sind in Deutschland an die hundert Menschen von Rechtsradikalen ermordet worden. In manchen Gegenden des Ostens dominieren rechte Jugendbanden die Straße. Die Alten schauen weg oder wohlwollend zu.

Solche Zahlen sind erschreckend genug, aber noch alarmierender ist die zunehmende Akzeptanz rechtsradikaler Gedanken. Nationalismus und Faschismus verlieren ihr Schmuddelimage. Rechtsradikale Parteien feiern Erfolge bei Wahlen, vor allem im Osten, aber nicht nur dort.

In Sachsen kam die NPD bei der Landtagswahl 2004 landesweit auf 9,7 Prozent der Zweitstimmen, deutlich mehr in einigen Gegenden des Landes, zum Beispiel in der Sächsischen Schweiz (15,1 Prozent). Aber schlimmer ist, dass die NPD vor allem bei jungen Wählern Zustimmung findet. Sie wurde von 18 Prozent der 18- bis 29-Jährigen gewählt. Am deprimierendsten ist die Lage bei den Jungen mit durchschnittlicher Schulbildung. Unter den Hauptschulabsolventen in Sachsen ist die NPD mit 26 Prozent stärkste Partei, noch vor der CDU (25 Prozent). Aber auch Realschulabgänger wählten zu 23 Prozent antidemokratisch.

Die demokratischen Parteien gefielen sich in einem grobschlächtigen Streit darüber, ob Arbeitslosigkeit umweglos rechtsextreme Wahlergebnisse produziere. Unter anderem behauptete dies CSU-Chef Edmund Stoiber. Damit machte er die Bundesregierung unmittelbar für die Erfolge der NPD verantwortlich. Deren ökonomisches Versagen bilde »den Nährboden für Extremisten«. Der SPD-Vorsitzende Müntefering setzte auf den groben Klotz einen noch gröberen Keil: »Für unsere Demokratie ist das rücksichtslose Bemühen um Macht, wenn es durch Diffamierung und Demütigung des politischen Gegners angestrebt wird, gefährlicher, als Extremisten je werden können, denn so wird die Gemeinsamkeit der Demokraten zerstört.«

Sachte, sachte! Eine kleine Holzerei gefährdet gar nichts. Im

Gegenteil, die Frage muss ausdiskutiert werden, woher der Extremismus seine Energie bezieht. Wie so vieles in diesem Land, wird die Antwort darauf gerne verdrängt. Wenn Polemik dazu dient, die fällige Debatte endlich zu führen, erfüllt sie einen guten Zweck. Nur eine streitbare Demokratie kann dem Extremismus begegnen. Das Geschwätz von der »Gemeinsamkeit der Demokraten« imponiert keinem einzigen NPD-Wähler.

Hat Stoiber also Recht? Hätte er es, müsste die NPD in den Gegenden mit der höchsten Arbeitslosigkeit am besten abgeschnitten haben. Das ist nicht der Fall, in den Wahlkreisen mit höchstem NPD-Anteil lag die Arbeitslosenquote geringfügig unter dem Landesdurchschnitt. Und umgekehrt: Im Kreis mit der geringsten Arbeitslosigkeit (Weißeritzkreis, 16,1 Prozent) lagen die Extremisten mit fast 10 Prozent über dem Durchschnitt.

Trotzdem lässt sich nicht alles aus solchen Zahlen ablesen. Es ist unbestreitbar, dass die soziale Spaltung der Gesellschaft der demokratischen Substanz des Landes zusetzt. Von einer dramatischen »Demokratieentleerung« spricht Deutschlands renommiertester Gewaltforscher, der Bielefelder Professor Wilhelm Heitmeyer. Er stellt fest: »Potenziell anfällig für rechtspopulistische Verlockungen sind immerhin 25 Prozent. Eine Gefährdung für die Demokratie? Ja, aber auch das wird gern ausgeblendet.«[29]

In einer langfristigen Studie weist Heitmeyer die Zunahme feindseliger Einstellungen nach. Zwischen 2002 und 2004 nahm der Antisemitismus von 12,7 auf 14,6 Prozent zu. Aber der indirekte Antisemitismus, der sich hinter Kritik an Israel versteckt, ist noch viel größer. So stimmten mehr als 50 Prozent aller Befragten einem Vergleich der Nazi-Politik mit der Politik Israels gegenüber den Palästinensern zu.

Die Fremdenfeindlichkeit wächst ebenfalls. 60 Prozent der

Deutschen glauben, dass zu viele Ausländer in ihrem Land leben. 2002 waren es noch 55 Prozent. Und 34 Prozent meinen, dass Ausländer zurückgeschickt werden sollten; 2002 waren nur 28 Prozent dieser Ausländer-raus-Parole gefolgt. Vor allem in einer unreflektierten Islamophobie drückt sich die wachsende Fremdenfeindlichkeit der Deutschen aus. 70 Prozent der Deutschen lehnen die islamische Kultur in Deutschland ab. Aber der Ausländerhass ist dort am größten, wo es die wenigsten Ausländer gibt, nämlich im Osten.

Es wäre eine gefährliche Verharmlosung, die Erfolge der Neonazis nur als ein Zeichen von Protest, als »Denkzettel« durchgehen zu lassen. Heitmeyer warnt: »In der Mitte der Gesellschaft verschieben sich die Normalitäten.« Und deshalb besteht auch die Gefahr, dass rechtsradikale Gedanken in der Mitte der Gesellschaft Wurzeln schlagen.

Die schwindende Toleranz, die feindseligen Mentalitäten sieht der Sozialforscher als direkte Folge der Tatsache, dass in Deutschland der »soziale Kitt abhanden« kommt. Die eigenen Ängste werden auf Minderheiten und Fremde übertragen. Wissenschaftlich formuliert: »In desintegrationsgefährdeten Gruppen wirkt die wahrgenommene soziale Spaltung geradezu als Verstärker für menschenfeindliche Abwertungen. Es geht dann um alles, die Aufwertung der Eigengruppe dient dazu, sich nicht selbst am unteren Rand der Gesellschaft verorten zu müssen.«[30]

Auch aus der Demokratieverdrossenheit schlagen die Rechtsextremen Kapital. Sie diffamieren die demokratischen Parteien als *Systemparteien,* und dieses System soll weg. Es ist also nicht damit getan, die Neonazis als demokratische Randerscheinung abzutun. Diese Bewegung zielt ins Herz der Demokratie und ist damit ein Zeichen für deren Krise.

NPD-Parteichef Udo Voigt hält Hitler für einen »großen deutschen Staatsmann«. Er will die Bundesrepublik »abwickeln«, wie einst die DDR abgewickelt worden ist. Über das Berliner Holocaust-Mahnmal spottete er: »Wir bedanken uns dafür, dass man uns dort jetzt schon die Fundamente der neuen deutschen Reichskanzlei geschaffen hat.«[31] Er doziert gerne über die Frage: »Warum ist die Bundesrepublik ein Vasallenstaat?« NPD-Anhänger hassen natürlich die Globalisierung und die Macht des Kapitals. Müntefering betreibt durchaus auch ihr Geschäft, wenn er die Heuschreckenschwärme anonymer Finanzinstitutionen beschwört. Alt- und Neunazis sprechen von der jüdisch-kapitalistischen Weltverschwörung. Im sächsischen Landtag verweigerte die NPD die Gedenkminute für die Opfer des Holocaust und tat sich auch damit hervor, die Bombardierung Dresdens mit der Judenvernichtung zu vergleichen.

Mit den Wahlerfolgen ist die NPD zu viel Geld aus der Staatskasse gekommen. Ihre Arbeit ist professionell geworden. Die Kampagne wird über die gut ausgestattete sächsische Landtagsfraktion gesteuert, in der alle wichtigen Funktionäre angestellt sind, wie auch der manierlich wirkende Chefstratege Peter Marx. Diese Strategie zielt auf eine rechte Volksfront. NPD und die Deutsche Volksunion des Münchener Verlegers Gerhard Frey haben bereits einen Nichtangriffspakt geschlossen, entweder tritt die eine oder die andere Liste bei Wahlen an – praktisch gemeinsam. Auch von den Republikanern kommen immer mehr Mitglieder und Funktionäre zur NPD, vor allem die weniger gemäßigten. Republikaner-Gründer Franz Schönhuber berät die Partei. »Alle Patrioten sind in der schicksalsträchtigen Phase des Überlebenskampfes unseres Volkes gefordert, an einem Strang zu ziehen«, heißt es im *Hamburger Signal* abtrünniger REP-Funktionäre.

Aber auch für ausgewiesene Neonazis hat die NPD ein großes Herz und hält ihnen alle Türen offen. Voigt wirbt Schläger und Skinheads an. Zu seinen engsten Mitarbeitern zählt

Manfred Roeder, der als Terrorist zu 13 Jahren Haft verurteilt ist. Er hat zwei Vietnamesen auf dem Gewissen, die nach einem Brandanschlag starben. Der wegen versuchten Mordes an Asylbewerbern verurteilte Heino Förster kandidierte für den Landtag in Kiel. Sogar in den Parteivorstand gewählt wurde der wegen schwerer Körperverletzung und Landfriedensbruchs verurteilte Neonazi Thorsten Heise. »Ordnungsdienstleiter« Börm wurde zu sieben Jahren Haft verurteilt. Eine saubere Truppe. Der Hamburger Verfassungsschutz-Vizepräsident Manfred Murck resümierte: Die NPD ist »das Gravitationszentrum der rechten Szene«.[32] Und eine andere Galionsfigur der rechten Szene, der zu Gefängnis verurteilte Gewalttäter Friedhelm Busse, bezeichnete die NPD als »Phalanx des nationalen Befreiungskampfes«, die »eines Tages die Mitverantwortung für die Gestaltung unseres künftigen Staates tragen wird«.[33] Die Terrorszene und ihr parlamentarischer Arm sind durch vielfältige persönliche Beziehungen eng verflochten, wie sich auch in dem Prozess gegen die Täter des geplanten Anschlags auf die Grundsteinlegung des jüdischen Gemeindezentrums in München herausgestellt hat.

Es ist erfreulich, dass Tausende von Bürgern in Berlin und München erfolgreich NPD-Aufmärsche blockierten. Aber in weiten Landstrichen vor allem Ostdeutschlands breiten sich die Glatzen und ihre bürgerlichen Unterstützer ungeniert und ungehindert aus. In der NPD tauchen immer mehr adrette, junge Männer auf und gewinnen neue Mitglieder. Die Strategie der Extremisten hat sich verändert: Das rechte Gesocks zu integrieren ist nur das eine Ziel. Im Vordergrund aber steht das Bemühen, mit Partei und Bewegung auch im bürgerlichen Lager anzukommen, wie der Verfassungsschutzbericht 2004 besorgt feststellt. Die Themen dafür bieten sich an, wie etwa die angebliche Überfremdung, die wachsende Angst vor Zuwanderern aus der erweiterten europäischen Union.

Heimlich und weitgehend unbemerkt kaufen Rechtsextremisten Immobilien auf, die sie bundesweit zu Schulungszentren umbauen. Die NPD verfügt wie die demokratischen Parteien auch über eine Stiftung und erweckt damit den Eindruck von Gemeinnützigkeit.

Der demokratische Staat ist mit seinem Versuch, die NPD zu verbieten, in Karlsruhe gescheitert. Eine Blamage mit bösen Folgen. Es sieht so aus, als habe die NPD nun sozusagen das Siegel des Bundesverfassungsgerichts, stubenrein demokratisch zu sein. Ein Verbot scheiterte aber nur daran, dass der Staat sich weigerte, die zahlreichen V-Leute des Verfassungsschutzes in den Parteigremien der NPD zu enttarnen. Noch immer zieren sich die Parteien, erneut ein Verbot der NPD zu beantragen, obwohl Präsident und Vizepräsident des Bundesverfassungsgerichts dazu in ungewohnter Form geradezu aufgefordert hatten. Einige Stimmen, wie die des Historikers Hans Mommsen, warnen sogar vor einem Verbot, weil es die Rechtsextremen in den Untergrund treibe. Ein schwaches Argument. Genauso schwach wie das Argument, dass das Verbot der Partei keine politischen Probleme löse – so Hessens Innenminister Volker Bouffier.[34] Die Demokraten haben nur keine Ahnung, wie sie die Neonazis politisch bekämpfen sollen.

Bundestagspräsident Wolfgang Thierse schwadroniert von der Notwendigkeit, ein »breites demokratisches Bündnis« zu zimmern. Konservative Christdemokraten sehen sich aufgefordert, den rechten Rand des Wählerspektrums durch eigenen knackigen Nationalismus »aufsaugen« zu müssen. NPD und DVU sind rechtspopulistische Parteien. Populismus mit Populismus bekämpfen zu wollen ist keine Strategie, sondern gefährliche Dummheit. Auch der linke, antikapitalistische Populismus Münteferings tut dabei seine Wirkung.

Dass es nichts als Dummheit ist, einer Partei auf den Leim zu gehen, die mit einer »Ausländer-raus-Politik« die Lösung der Wirtschaftsprobleme verspricht, ist klar. Dennoch begegnen die Demokraten dieser Forderung mit viel zu viel Verständnis. Die Aufnahme ausländischer Arbeiter als Irrtum zu bezeichnen, wie der frühere Bundeskanzler Helmut Schmidt es tat, ist nicht nur Unsinn, sondern bietet den Neonazis eine Argumentationshilfe. Dass in diesem Revier neuerdings auch der Linkspopulist Lafontaine wildert, verwundert nicht.

Das Feld bereitet der NPD auch das patriotische Getöse der Demokraten. Patriotismus wird wieder zur Pflicht erklärt. Die Lieblingsvokabel der Extremisten ist ein hohler Begriff, der überhaupt nichts aussagt, der aber gut als Keule gegen politisch Andersdenkende verwendet werden kann. Mal stellt man die Regierung als unpatriotisch hin, weil sie nicht tut, was die Opposition fordert, mal sind die Unternehmer schlechte Patrioten, weil sie im Ausland investieren. Für Neonazis ist Patriotismus nur ein Synonym für Nationalismus.

Patriotismus als Nationalismus light ist wieder salonfähig im Land. Wenn sich immer mehr Deutsche als Opfer des Weltkrieges begreifen (des alliierten »Bombenterrors« und der Vertreibung) und die Schuld an den Verbrechen ausschließlich Hitler und seinen – womöglich nur arglos ins Böse verstrickten – Helfern zugeschoben wird, dann braucht man sich nicht zu wundern, wenn Neonazis sich mitten in der Gesellschaft angekommen fühlen.

Globalisierung ist zu einem Feindbild geworden. Auch dies ist eine neue, kräftig sprudelnde Quelle des Nationalismus. Er kommt nicht im verschwitzten braunen Hemd. Er kommt, gleichsam genetisch verändert, scheinbar hochmoralisch, als Anti-Globalisierungsbewegung von rechts wie von links. Dabei vermengen die rechten Nationalisten ihre Kritik am Kapitalismus mit der generellen Ablehnung der Globalisierung, nicht nur ihrer negativen ökonomischen Folgen. So bekommt Fremdenhass einen zeitgerechten Anstrich.

Eine geschichtsvergessene Managerelite hat es in der Tat geschafft, aus der Globalisierung ein Schreckgespenst zu machen. Mit dem Begriff der Globalisierung assoziieren die Leute fast nur noch Sozialdumping, Verlust von Arbeitsplätzen und Billiglohnkonkurrenz.

Globalisierung heißt aber auch: Die Menschheit weiß mehr von sich selbst. Die Informationen fließen ohne Zeitverzug um den Globus. Längst ist die Einsicht ein Allgemeinplatz, dass Deutschland auch am Hindukusch verteidigt werden muss. Der Krieg der islamischen Fundamentalisten gegen die westliche Zivilisation gefährdet auch Leben in Deutschland. Die Schädigung der Erdatmosphäre ist eine globale Bedrohung, und eine globale Aufgabe ist es, ihr Einhalt zu gebieten. Die Armut in Afrika verschärft die Probleme der Immigration in Europa. Globalisierung heißt also nichts anderes, als die globalen Probleme als die eigenen Probleme wahrzunehmen.

Das wiederum setzt nicht nur voraus, mehr voneinander zu wissen, sondern auch die Eigenheiten der verschiedenen Kulturen ins Kalkül zu ziehen. Nicht durch Multikulti-Illusionen, sondern dadurch, dass die Globalisierung endlich auch als kulturelles und politisches Projekt begriffen wird.

Zweifellos ist jeder Fortschritt, auch das gewaltige Potenzial der Globalisierung, eine Folge von Wettbewerb. Wettbewerb ist Teil der menschlichen Natur. Es wäre ein Irrtum, die Geschichte der Menschheit nur als Wettbewerb der Nationen zu begreifen. Darüber eine breite Debatte zu führen wäre eine sinnvolle Möglichkeit, rechte Extremisten politisch zu bekämpfen.

Über linken Extremismus müssen sich die Deutschen im Augenblick weniger Gedanken machen. Aber auch das könnte sich ändern, wenn unter der Flagge der Globalisierungskritik Manager internationaler Konzerne zu Hassobjekten werden. In seinem Stück »McKinsey kommt« hat Rolf Hochhuth bereits von einem Attentat auf den Schweizer Chef der Deutschen Bank schwadroniert.

Das Vertrauen in die Demokratie schwindet nicht nur auf der rechten Seite des Meinungsspektrums. Wie viel soziale Spannung hält dieses Land aus? Das ist die entscheidende Frage. Und man muss keine Kassandra sein, um sich vorzustellen, dass eine neue linkspopulistische Partei mit sozialistischen Sprüchen und Programmen die liberale Demokratie auch von links in die Zange nehmen könnte. Die Langlebigkeit der PDS im Osten deutet darauf hin. Zwar ist die PDS gegenwärtig als verfassungstreu einzuschätzen, aber das könnte sich schnell ändern, wenn die kommunistische Minderheit in der Partei unter dem Druck der sozialen Verhältnisse wieder dominieren sollte. Ein Volksfrontbündnis mit der neuen linken Abspaltung der SPD im Westen ist bereits Realität. Oskar Lafontaine hat sich als Spitzenkandidat gerne zur Verfügung gestellt.

Das Virus der Lethargie

Lassen wir noch einmal den bürgerlichen Terroristen Mauritz sprechen:

»Stattdessen Lethargie, Menschen, die Schatten ihrer selbst sind, an nichts mehr glauben, die keine Vision mehr haben, keine Ursprünglichkeit, zerfressen sind von Skepsis und Zynismus … Sie sind krank von Demokratie!«[35]

Krank von Demokratie?

Zweifellos sind Gesellschaftssysteme in der Lage, Menschen krank zu machen. Unfreiheit macht Menschen verzweifelt und oft genug krank. Und blind für die wahren Ursachen ihrer

Betrübnis. Im Osten Deutschlands machen einige Millionen ehemaliger DDR-Bürger noch immer nicht den SED-Sozialismus für ihr Elend verantwortlich. Damals gab der Staat zwar jedem Beschäftigung, aber durchaus nicht allen produktive Arbeit. Aber solch potemkinsche Fassaden spuken noch immer als Mauern in den Köpfen herum. Ist, wer noch immer glaubt, Sozialismus und Demokratie seien miteinander vereinbar, krank von Demokratie? Oder krank von den eigenen Illusionen?

Auch im Westen betrügen sich die Leute noch immer mit ihren liebsten Lügen. Der Lüge vom ewigen Wachstum. Der Lüge, Deutsche seien tüchtiger, findiger, fleißiger als andere auf der Welt und könnten deshalb auf größerem Fuß leben. Die Wahrheit können sie nicht vertragen.

Was hält dieses Land noch zusammen? Was ist die Demokratie den Deutschen wirklich wert?

Dahrendorf beklagt eine Tendenz zur »Demokratie ohne Demokraten«.[36] Schuld daran sei die Apathie der Wähler. Sie toleriere ein »Verhalten der Mächtigen ... dem eine Gesellschaft aktiver Bürger eigentlich etwas entgegensetzen müsste«.[37]

Der renommierte Parteienforscher Franz Walter beobachtet einen merkwürdigen Widerspruch. Einerseits werden die »Menschen mit einem aus den Fugen geratenen Wertegerüst (...) von Zukunftsfurcht gequält«, andererseits kommt es zur »Apathie ganzer Gruppen der Gesellschaft«. Statt politisch aktiv zu werden, reagieren sie »im besten Fall konformistisch, im schlechteren Fall werden sie politisch Beute hemmungsloser Populisten«.[38]

Nirgendwo Aufbruch. Eigentlich müssten angesichts der Lage wie in den Siebzigern Bürgerinitiativen aus dem Boden schießen, Massendemonstrationen die Städte lahm legen, ein Aufschrei durchs Land gehen. Die Generation, die vor mehr als dreißig Jahren den Aufstand probte, sitzt heute in den Ämtern und verwaltet die herrschende Trostlosigkeit. »Rot-Grün nährt gar den Fatalismus, nimmt die Enteignung der demokratischen Freiheiten hin, indem es den Determinismus vorgeblicher Eigengesetzlichkeiten bekräftigt.«[39]

Das spüren vor allem die Jungen. Die Unzufriedenheit generiert keinen Aufbruch, sondern Lethargie. »Es ist mir egal, aber /So will ich's doch nicht haben« bringt der Song der Hamburger Punk-Rock-Band Tocotronic die Stimmungslage präzise zum Ausdruck.

Julia Jentsch, die 27-jährige preisgekrönte Darstellerin der Sophie Scholl, brachte das Problem ihrer Generation auf den Punkt. Anders als Sophie Scholl sei ihre Generation von keinem totalitären Regime bedroht. Damals sei es leicht gewesen, den moralisch richtigen Standpunkt zu finden, das Böse zu erkennen. Schwer war es nur, die Kraft und den Mut zum Widerstand zu finden. Heute kostet es nichts, gegen etwas zu kämpfen. Aber es ist verdammt schwer, von dem zu Bekämpfenden ein klares Bild zu bekommen. Die Lage sei heute – so Julia Jentsch – »viel diffuser … Gegen was soll man heute sein?«[40]

Ihre Generation definiert Freiheit für sich nicht politisch, sondern individualistisch: »Ich möchte immer in der Situation sein, mein Leben ändern zu können. Dieses Fest-eingerichtet-Sein, dieses Sich-Zubetonieren, das ist ein Grauen. So ein Stillstand, das finde ich schlimm. Es muss immer eine Fluchtmöglichkeit geben.« Von einer Generation, die das Zubetoniertsein des politischen Systems gar nicht mehr als Ärgernis wahrnehmen will, die ihre privaten Fluchten organisiert und Flexibilität als biografisches, nicht als politisches Problem begreift, hat die politische Klasse in der Tat nichts zu befürchten.

Der Soziologe Ulrich Beck beantwortet die Frage, warum

der kollektive Aufschrei und Aufstand ausbleibt, so: »Ein Grund ist die Individualisierung. Jeder denkt, er schafft es. Fünf Millionen Arbeitslose – ja, aber nicht ich. Rentenkrise? Ich packe das! Das Nadelöhr wird zwar immer enger, doch umso heftiger drängelt jeder hindurch – gegen alle anderen.«[41] Die Individualisierung hat tatsächlich den Charakter sozialer Konflikte verändert: »Viele Menschen mögen dasselbe Geschick teilen, aber es gibt keine einheitliche Erklärung für ihr Leiden, keinen sichtbaren Gegner, der zum Nachgeben gezwungen werden könnte.«

Auch Münteferings Heuschreckenplage eignet sich offenbar nicht als Erklärung, wie die Wähler in Nordrhein-Westfalen gezeigt haben. Alles in Butter also, weil die Revolution mangels Interesse ausfällt? »Menschen, die vom Absturz in die Armut betroffen oder bedroht sind, zermartern sich mit Selbstschuldzuweisungen, und das ist nicht günstig für die Verfassung der Freiheit. Freiheit und Vertrauen gehören zusammen.«[42]

Die Passivität und Lethargie der Wähler machen es den Politikern relativ leicht, so zu bleiben wie sie sind. »Für die politische Führung ist es einfach, angesichts einer apathischen Grundstimmung die Wahl zu gewinnen, selbst wenn ein allgemein verbreitetes Gefühl von Unzufriedenheit und Kritik vorherrscht. Dadurch werden neue autoritäre Akte der Machthabenden geradezu herausgefordert, was den Verfall der demokratischen Kultur beschleunigt.«[43]

Keine neue 68er-Revolte ist in Sicht. Dürfen sich Bürger und Politiker beruhigt zurücklehnen? Es wäre ein Irrtum, die Desillusioniertheit der Wähler mit Gelassenheit, ihre Passivität mit Zufriedenheit zu verwechseln. Das Fehlen klarer Ziele und Visionen ist kein Zeichen von Vitalität, sondern ganz sicher ein Symptom der Altersschwäche einer Gesellschaft.

Die Stimmung dreht sich, leider nicht in die gewünschte Richtung, nicht in die des Aufbruchs. Statt nach mehr Bürgerengagement sieht es nach Rückzug aus. Rückzug ins Private. Das Laubenpieperidyll ist im Trend; der Hort des Spießers entzückt jetzt sogar die Jungen. Die Individualisierung degeneriert. Schluss mit Befreiung und Selbstbehauptung. Die Bürger sagen Nein zum weiteren Zusammenrücken Europas. Die Globalisierung, der Absturz der New Economy, die Ängste vor Terror und Technik machen verzagt. So zieht ein neues Biedermeier herauf. Auch dies ist eine Antwort auf die Komplexität der Welt – wenn auch die falsche. Die »Apathie wird in manchen Kreisen, übrigens nicht nur in konservativen, klammheimlich begrüßt, denn diese Schweigenden stören nicht beim Umbau der Gesellschaft«.[44]

»Sollten wir«, fragte Christian Geyer, »so schmerzfrei geworden sein, so tief im Koma liegen, dass nichts in uns mehr rebelliert?«[45] Ist also Demokratieverdrossenheit nur ein diffuses Gefühl von Verdrossenheit auch über die eigene politische Agonie?

In der Physik gilt das zweite Gesetz der Thermodynamik. Es besagt, alle Energieunterschiede, alle Spannungen neigen zu Nivellierung auf niedrigerem Niveau. Es ist das Gesetz vom Ende der Welt. Am Ende ist alles wüst und leer. Entropie ist womöglich ein schöner Begriff für das, was auch mit der Demokratie in diesem Land geschieht. Alles erlahmt. Am Ende bleibt nur noch die tote Hülle der Demokratie übrig.

Die Bürgerverdrossenheit der Politiker

Die Bürger haben Grund, verdrossen zu sein. Die Politiker aber auch. Die Ursachen des miserablen Zustands dieser Republik bezieht kaum jemand auf das eigene Versagen, die eigene Mentalität, die eigene Anspruchshaltung, die eigene Denkblockade. Kaum jemand will sich selbst ändern – beklagt aber andauernd, dass sich das Land nicht ändern will. Und kaum jemand hilft mit, den beklagten Zustand zu ändern. Die Verdrossenheit begnügt sich selbst. Die lähmende Stimmung drückt den Bürger in den Sessel, in dem er sich, immer noch verhältnismäßig bequem lümmelnd, entmündigt vorkommen darf. Resignation macht sich breit im Lande. Es hat etwas Unreifes, Kindisches. »Geschieht Mutti recht, wenn es mich an den Fingern friert. Warum hat sie nicht aufgepasst, als ich meine Handschuhe verlor.«

Die Politiker haben Recht, das Volk reagiert schizophren. Es stellt extrem hohe Ansprüche an den Sozialstaat, will Deutschland wieder an der Leistungsspitze sehen, lehnt aber alle wirkungsvollen Therapien ab. Risikobereitschaft, Mut: Fehlanzeige. Auch die viel beschworenen deutschen Tugenden sind nur noch ein Mythos. Es herrschen Neid, Bequemlichkeit und Angst.

Demokratie wird im Inneren morsch, wenn die Mehrheit der Demokraten sich nicht mehr als ihre Akteure und Teilhaber versteht, sondern als zahlendes Publikum, das die schlechte Show auf der Bühne ausbuht und sich um sein Vergnügen betrogen fühlt.

Und warum nur werden Politiker pauschal verhöhnt und verachtet, als seien sie alle mehr oder weniger von der gleichen Art? Gleich borniert, gleich blind, gleich intrigant, gleich korrupt. Die Politiker sind aber nicht gleich, sind nicht alle Versager und wehren sich gegen solche Vorurteile.

Dürfen Politiker nicht mehr Gerechtigkeit von ihren Wählern erwarten? Mehr Urteilsfähigkeit, Interesse, Informiertheit? Man kann sich seine Wähler nicht backen, kein anderes Volk wählen. Aber fest steht, nicht nur Politiker versagen, sondern auch die Wähler. Politiker können kaum noch damit rechnen, dass die Wähler einschneidende Maßnahmen akzeptieren, so notwendig sie auch sein mögen.

Quertreiber, die sich als Umweltschützer aufspielen, bekommen vor Gericht auch noch Recht. Sie jammern über Arbeitslosigkeit, beklagen den Stillstand im Land, gefährden aber selbst Tausende von Arbeitsplätzen, weil sie die Maßstäbe verlieren. Ein paar hundert Kamm-Molche sind ihnen wichtiger als die Wohlfahrt einer ganzen Region. So verzögern sie den Bau der Autobahn von Kassel nach Gießen. Die Liebe einiger Menschen zum Feldhamster verhindert den Bau eines hochmodernen Braunkohlekraftwerks am Niederrhein. Der Einsatz für einige Exemplare der Großtrappe, eines kranichartigen Vogels in Brandenburg, kostet die Bundesbahn Abermillionen für Erdwälle beiderseits der neuen Strecke Berlin-Hannover, die stolze Hauptstadt wird auch zwanzig Jahre nach der Wiedervereinigung noch keinen Großflughafen haben, weil Hausbesitzern der Lärm missfällt. Bürger bedrohen auch die dringende Erweiterung des Frankfurter Flughafens und den Ausbau des Main-Donau-Kanals in Niederbayern. Und nur mit Müh und Not und sanfter Gewalt konnte eine Handvoll Apfelbauern davon abgehalten werden, die Airbuswerft in Hamburg zu verhindern. Wer hat eigentlich so blödsinnige Vorschriften wie die EU-Richtlinie Fauna-Flora-Habitat veranlasst, auf die sich so viele berufen?

Gründe, das Volk für blöd zu halten, gibt es genug. Und weil es so dumm ist, hopst es populistischen Parolen auf den Leim. In München dürfen keine Hochhäuser mehr gebaut werden, die höher sind als 100 Meter, weil der frühere Oberbürgermeister Georg Kronawitter genügend Spießer aufhetzte, seinem Volksbegehren zuzustimmen. Die Fachleute greifen sich an den Kopf. Die Diskussion verlief auf »primitivstmöglichem Niveau«, so der Architekt Christoph Ingenhoven.[46] Jedes Kind kapiert, dass es nicht allein auf die Höhe ankommt, auch ein niedrigeres Gebäude kann die Stadt verschandeln.

Über Architektur abzustimmen mag demokratisch sein, aber ohne das nötige Grundwissen geht es nicht. Über manches sollten nur Fachleute und Politiker entscheiden. Architektur ist dafür nur ein Beispiel. Was allen gefällt, wird so mittelmäßig wie ein Imbiss von McDonalds. Demokratie sei der Tod des Außergewöhnlichen, heißt es. Aber nicht immer sind Politiker daran schuld.

Die Parteien seien »machtversessen und machtvergessen« – so das Urteil des Bundespräsidenten Richard von Weizsäcker, der zwar schon lange nicht mehr im Amt, dessen böses Wort aber noch immer in aller Munde ist. Die Kritisierten drehen den Spieß um: nichts sei populistischer als so ein Generalverdikt von oben herab. Bürger Weizsäcker, der als Präsident so tat, als sei er kein Politiker mehr: eine Nervensäge.

Und was soll der Vorwurf, in den Parteien seien lediglich zwei Prozent der Wähler organisiert? Es steht doch jedem frei, beizutreten, selbst Verantwortung zu übernehmen. Aber es kostet Zeit und Mühe. Und die Mitarbeit in einer Partei bringt kein Ansehen. Das schlechte Image der Parteien schreckt ab.

Jetzt beißt sich die Katze in den Schwanz. »Es ist nicht zu erwarten, dass die Bereitschaft von Menschen, sich zu engagieren, wieder zunimmt, solange sie allein dadurch reflexartig als Angehörige einer verachtungswürdigen Kaste betrachtet werden – als Kollektivschuldige an allen politischen und gesellschaftlichen Missständen.«[47]

So klagen Politiker über den schleichenden Verlust ihres Ansehens – und verwechseln ihn prompt mit mangelndem Respekt vor der Demokratie.

Sie haben sich ja schließlich nicht selber gewählt. Zweifellos drückt sich in der manchmal maßlosen und maßlos arroganten Verachtung der Politiker, wie sie in Deutschland allgemein üblich geworden ist, eine verhängnisvolle Mentalität aus. Vor allem auch völliges Unverständnis dafür, dass der Staat die Gemeinschaft der Bürger ist – kein Club von Politikern.

Was die Bürger nicht daran hindert, eben diesen Staat für alles verantwortlich zu machen, was nicht klappt. Versagen die Eltern bei der Erziehung ihrer Kinder, ist das Bildungssystem schuld. Produziert die Wirtschaft Arbeitslose, soll der Staat sich um sie kümmern. Der Philosoph Norbert Bolz: »Nüchtern betrachtet ist die Politik die Müllkippe, auf der die anderen sozialen Systeme die Folgelasten ihres Operierens abladen.«[48]

Ins Bedauern über die mangelnde Mitwirkung der Bürger in den Parteien mischen sich Krokodilstränen. Als viele Achtundsechziger in die SPD eintraten, altbewährte Funktionäre reihenweise stürzten und die Partei ideologisch aufmischten, war die Führung alles andere als beglückt über den frischen Wind. Der Marsch durch die Institution SPD ließ Schlimmes befürchten. Er hat die Marschierenden schneller und nachhaltiger verändert, als sie es selbst für möglich hielten. Sie lernten schnell, wie man Ämter und Privilegien, wenn man sie einmal hat, verteidigt. Aber erst einmal sorgten sie für Unruhe.

Es wäre schon wünschenswert, wenn die Parteien wieder Zulauf bekämen. Nur nicht von angepassten Strebern. Aber es wäre eine Illusion, davon rasch eine grundlegende Erneuerung der Parteien zu erwarten.

Auf was wartet das Land? Auf welchen Befreiungsschlag? Die Deutschen neigten noch immer dazu, das Kind mit dem Bade auszuschütten. Ehe sie fähig und bereit sind zu notwendigen Korrekturen, wird das System in Frage gestellt.

Und niemals akzeptieren die Deutschen ihre eigene Verantwortung. Nicht sie waren Verbrecher, sondern die Nationalsozialisten. Nicht die Ostdeutschen haben versagt, sondern nur der real existierende Sozialismus. Und nun sind nicht die

Bürger schuld am Abstieg ihres Landes, sondern die Demokratie.

Mittelmäßige Bürger schwadronieren über die Mittelmäßigkeit der Politiker. Ein Volkssport. Der generelle Vorwurf an die Demokratie lautet, Mittelmäßigkeit zu erzeugen. Doch der Vorwurf ist absurd. Wenn Demokratie Volksherrschaft ist, herrscht immer Mittelmäßigkeit. Herrschen Eliten, kann von Demokratie keine Rede sein. Auch eine Diktatur der Besten hat niemals funktioniert. Platon hatte es versucht. Schon die Anmaßung, zu den Besten zu zählen, führt bekanntlich in die Despotie.

ZWEI

Die Reihen fest geschlossen

Demokratie ist die Herrschaft des Volkes. An dieser Stelle darf gelacht werden. Aber es lacht niemand, der Witz ist zu alt. Jedes Kind, das gelegentlich die Tagesschau sieht, weiß, dass Politiker über das Volk herrschen. Es gibt oben und unten auch in der Demokratie.

Da die Politiker aber nun einmal in einer Demokratie herrschen, wird von ihnen *Bürgernähe* erwartet. Dieser ebenso beliebte wie ausgeleierte Begriff bringt ein Missverständnis zum Ausdruck. Auch Politiker sind Bürger, deshalb ist der Begriff Bürgernähe unsinnig. Sollten sich aber Politiker den Bürgern tatsächlich übergeordnet fühlen, dann wäre Bürgernähe huldvolles Entgegenkommen seitens der Obrigkeit.

Theoretisch kennt die Demokratie keine Untertanen. Die Wähler sind der Souverän. Das wiederum muss nicht heißen, dass sie souverän sind. »Die weder dienen noch herrschen können, sind Bürger«, meinte Stefan George.[1] Das Zitat ist zwar nicht mehr taufrisch, trifft aber die Verhältnisse auf den Kopf. Wer nicht dienen will, aber nicht herrschen kann, darf sich nach Herzenslust über die Herrschenden beklagen. Dies ist sein gutes demokratisches Recht. So erschöpft sich der politische Wille des Bürgers im Unzufriedensein. Man könnte auch zynisch sagen: Der demokratische Bürger ist ein verkorkster Untertan. Und der frei gewählte Abgeordnete ist verkorkste Obrigkeit, mehr Untertan als Gesetzgeber.

Von zweierlei Untertanen also handelt dieses Kapitel, von jenen im Parlament und jenen außerhalb desselben. Von ihrer Machtlosigkeit und der Machtvergessenheit der Mächtigen, und von den Gründen dieser Ohnmacht.

Führen in der Demokratie

Je unübersichtlicher die Zeiten sind, desto lauter ertönt der Ruf nach Führung. So wie die Leute fromm werden, wenn das Schicksal zuschlägt, so werden sie folgsam, wenn Orientierungslosigkeit und Angst sie erfassen. Das ist noch keine Neigung zu einem autoritären Regime, aber doch Sehnsucht nach väterlicher Autorität, nach Fürsorge, Verlässlichkeit und einer starken Schulter. Erweist Vater Staat sich als unfähig, dieses Bedürfnis nach Sicherheit und Wegweisung zu erfüllen, schlägt die Liebe leicht in Enttäuschung und sogar Verachtung um.

Die Wähler überfordern mit ihren Bedürfnissen die Politik bei weitem. Politiker, die behaupten, die Wünsche ihrer Wähler erfüllen zu können, sind nicht ernst zu nehmen. Seriöse Politik kann viel, nur eines nicht: Sicherheit geben. Die moderne Welt ist undurchschaubar und deshalb unregelbar geworden. Norbert Bolz formuliert es so: »Damit wir modern leben können, ist es notwendig, dass nichts, was ist, notwendig so ist; dass das, was ist, nicht alles ist und nichts für immer.«[2] Nichts ist mehr eindeutig im chaotischen Weltsystem. Kein Weg führt sicher ans Ziel. Nichts ist berechenbar, keine Lösung endgültig. Für große Zukunftsentwürfe, für Visionen ist die Gegenwart nicht geschaffen. Die größte Leistung der Politik wäre es, eine Gesellschaft elastisch zu halten, veränderungsfähig, fit für den permanenten Wandel. Wahrscheinlich ist eine Politik des Durchwurschtelns nicht die schlechteste, sondern die modernste. Aber sie wird von den Wählern nicht als Qualität, sondern als Versagen erachtet.

Wähler bevorzugen Politiker, die vorgeben oder sogar glauben, im Besitz der Wahrheit zu sein, die vor Selbstgewissheit platzen. Dabei ist solche Gewissheit Ausdruck von Verbohrtheit. Fundamentalismus und politischer Radikalismus profitieren von der Sehnsucht der Leute nach Gewissheit. Wirklich vernünftige Politiker können damit nicht dienen. Aber welcher Politiker gibt das gerne zu?

Was also heißt *führen* in einer Demokratie, zumal unter solch schwierigen Bedingungen?

Demokratie ist ein ausgetüfteltes System der Teilung und Kontrolle von Macht. Nach den historischen Erfahrungen der Weimarer Republik, nach dem Zusammenbruch der ersten deutschen Demokratie mangels demokratischer Gesinnung, haben die Väter und Mütter des Grundgesetzes dafür gesorgt, dass nach menschlichem Ermessen niemals wieder ein Politiker vom Schlage Hitlers auf legalem Wege an die Macht kommen kann. Sie haben deshalb viele Beschränkungen der Regierungsmacht eingebaut.

Zum einen geschieht dies durch das Wahlrecht. Noch nie hat im Bund eine Partei allein regiert. In Koalitionsbündnissen kontrollieren sich die Parteien gegenseitig. In anderen Ländern haben Regierungschefs ganz andere Möglichkeiten der Gestaltung. Eine Maggie Thatcher, wie sie so oft von den Verdrossenen beschworen und herbeigewünscht wird, hätte in

Deutschland keine Chance. In Großbritannien war sie dank des Mehrheitswahlrechts fast so etwas wie eine Diktatorin auf Zeit.

Außerdem regieren in Deutschland die Länder mit. Die CDU ist im Bundestag die größte Oppositionspartei. Aber im Bundesrat kann sie derzeit die Politik der Bundesregierung fast vollständig blockieren.

Sowohl das Verhältniswahlrecht als auch die derzeitige Verfasstheit des Bund-Länder-Verhältnisses erweisen sich als bedeutende Bremse politischer Führung. Mit der Blockade des Bundesrates begründete Schröder die Entscheidung für vorgezogene Wahlen. Allerdings ändert die Wahl nichts an den Mehrheitsverhältnissen im Bundesrat. Darüber wird bei Bundestagswahlen nicht entschieden.

So kommt es, dass die historisch begründete demokratische Machtbalance zwischen Bund und Ländern dazu führt, dass das Vertrauen der Bürger in die demokratische Führung stark leidet. Verfassungen sind nicht für die Ewigkeit gemacht. Das Grundgesetz müsste dringend der veränderten Situation in Deutschland, in Europa und in der globalisierten Welt angepasst werden. Die Politik braucht Spielregeln, die Führung möglich machen. Doch Führung ist mehr als nur die Anwendung demokratischer Spielregeln.

Das sind Binsenweisheiten. Was aber ist Macht? Diktatorische Macht ist einfach zu definieren. Der Diktator muss dafür sorgen, dass sie ihm niemand streitig machen kann. Friedhofsruhe ist der Normalzustand der Diktatur.

Demokratie dagegen ist ständiger Machtkampf, und Macht hat hier einen einfachen Namen: Mehrheit. Führen heißt in der Demokratie deshalb zunächst einmal, die notwendigen Mehrheiten zu organisieren und bei Wahlen zu verteidigen.

Aber das allein ist es nicht, was die Bürger von ihren Führern verlangen. Politisch führen heißt, »ein Ziel vorzugeben, sich für einen Weg zu entscheiden, Unterstützung für den Kurs, den man für richtig hält, zu mobilisieren, Widerstände zu überwinden und zur Verantwortung zu stehen, die man als Weichensteller übernommen hat«.[3] Politische Führung bedeutet also auch, den Zeithorizont der eigenen politischen Karriere zu durchbrechen und Lösungen für die Zukunft anzustreben. Führen ist, wenn Berufspolitiker über den eigenen Schatten springen. Das scheint zu viel verlangt.

Der Wirtschaftsethiker Josef Wieland spricht von der Krise eines überkommenen Führungsmodells: »Politiker haben ein gesellschaftstheoretisches Modell der Steuerung, aus dem die Tatsachen inzwischen ausgewandert sind.«[4] Schöner kann man es nicht ausdrücken. Allenfalls mit der Bibel: Und sie wissen nicht, was sie tun.

Welche Qualifikationen zeichnen einen guten demokratischen Führer aus? »Er sollte auf der Suche nach besseren Wahlchancen oder Macht oder Prestige das Konsenskorsett sprengen, neuen Institutionen und Rahmenbedingungen zum Durchbruch verhelfen und so den politischen Stillstand überwinden.«[5] So formuliert es eine Schweizer Untersuchung, die politische und wirtschaftliche Reformprozesse in verschiedenen Ländern untersucht hat und dabei zu der nicht sehr überraschenden Erkenntnis kam, dass die Bedeutung einzelner Persönlichkeiten für das Gelingen ein wesentlicher Faktor ist.

Ein erfahrener Politiker, der einen Reformprozess erfolgreich gestaltet hat, ist Roger Douglas, der frühere Finanzminister Neuseelands. Das Land hat einen ähnlichen Reformstau wie den der Bundesrepublik bewältigt. Zu den Führungsprinzipien, die für den Erfolg der Reform in Neuseeland ausschlaggebend waren, zählt Douglas erstens: Kompromisslose Orientierung an der Qualität eines Reformkonzeptes, denn Kompromisse liefern nicht die erwünschten Ergebnisse. Douglas: »Wo immer wir die Reformen nicht kompromisslos durchgeführt haben … gibt es auch heute noch heftig polarisierende Debatten.«[6]

Zweitens braucht man dazu die richtigen Leute. »Insofern hängt politischer Erfolg oft davon ab, die richtigen Leute an die richtigen Stellen zu bringen.« Auch das zeichnet Führer aus: Keine Angst vor starken Mitarbeitern zu haben, nicht nur die folgsamsten Anhänger in verantwortliche Positionen zu hieven, sondern die stärksten, durchsetzungsfähigsten. Das sind selten zugleich die loyalsten.

Drittens: »Man sollte Reformen in großen Paketen angehen. Ein Vorgehen in kleinen Schritten gibt den Reformgegnern Gelegenheit zur Mobilisierung. Große Reformpakete können diesen Widerstand neutralisieren. Geschwindigkeit ist entscheidend … Jede Verzögerung gefährdet den Erfolg des Reformprojekts. Nicht Geschwindigkeit, sondern Unsicherheit zerstört Reformvorhaben.«

Viertens: »Konsens für harte, wohl überlegte Reformentscheidungen kann nicht geschaffen werden, bevor diese Entscheidungen getroffen werden, sondern erst danach, wenn sich zeigt, dass die Maßnahmen greifen.«

Und fünftens: »Glaubwürdigkeit ist absolut notwendig … Außerdem muss der Hund den Hasen sehen können. Die Bürger werden einen Reformprozess nur dann mitzutragen bereit sein, wenn sie wissen, welches Ziel damit verfolgt wird. Es lohnt sich nie, den Bürger zu hintergehen.«

Zumindest am letzten Satz sind Zweifel angebracht. Die Erfahrung zeigt, dass es sich sehr wohl lohnt, den Bürger zu hintergehen. Die Deutschen haben Kohl mit Begeisterung gewählt, obwohl er die voraussehbaren Lasten der Wiedervereinigung schamlos verschwiegen hatte.

Zugegeben, es ist leichter, die neuseeländische Gesellschaft mit vier Millionen Menschen zu reformieren als eine mit achtzig Millionen, die dazu noch in sich so zerrissen ist wie die deutsche. Aber die Führungsprinzipien gelten überall.

Voraussetzung ist, dass die Politiker überhaupt ein klares Ziel haben und eine Grundüberzeugung davon, was zu tun und zu lassen wäre. Die meisten Politiker sind nur davon überzeugt, dass sie das Zeug zum Führer haben. Und die meisten verwechseln ihre Fernsehtauglichkeit mit Führungsfähigkeit.

Braucht Demokratie überhaupt Führer? Schon das an und für sich treffliche deutsche Hauptwort ist durch den *Führer* für alle Zeiten gründlich diskreditiert. Abgesehen davon wird die Frage mit zunehmender Intensität auf hochseriösen und wissenschaftlichen Kongressen diskutiert, auch wenn dort bevorzugt von *Leadership* die Rede ist. Ohne Führung ist offenbar auch Demokratie nicht erfolgreich zu haben, darüber besteht breites Einverständnis.

In der Tat wurden die meisten wichtigen Richtungsentscheidungen in Deutschland gegen den anfänglichen Widerstand der Bevölkerung und der meinungsbildenden Medien durchgesetzt. Dies galt nach dem Krieg für die Entscheidung zur Währungsreform und zur sozialen Marktwirtschaft, zur Westbindung der Bundesrepublik unter vorläufigem Verzicht auf Wiedervereinigung, zu Wiederbewaffnung, NATO-Beitritt und Gründung der Europäischen Wirtschaftsgemeinschaft. Adenauer war zweifellos ein politischer Führer von hohen Graden und darin das Gegenteil eines Populisten.

Allerdings ist es nicht automatisch ein Zeichen von Führungskunst, gegen die Mehrheit der Bevölkerung Weichenstellungen durchzudrücken. Das Volk zu überzeugen ist die Kunst, nicht, es zu ignorieren. Die besinnungslose Erweiterung der Europäischen Union gegen den Willen der Mehrheit der Bürger ist gewiss kein Beispiel für Führungsstärke.

Die Reform der Sozialsysteme ist ohne Führungskraft nicht

zu erreichen. Gerhard Schröder aber hat gegen sämtliche Prinzipien verstoßen, die der erfolgreiche Staatssanierer Douglas aus seinen neuseeländischen Erfahrungen heraus formulierte. Schröder hat zweifellos nicht immer die richtigen Leute an die richtige Stelle gebracht. Er hat die Reform nicht in großen Paketen gestaltet, sondern zu spät und in kleinen Schritten gehandelt und damit die Reformgegner mobilisiert. Die Bürger haben bis heute keine Vorstellung davon, welches Bild von Deutschland Schröder eigentlich vorschwebt. Und der Reformprozess ist alles andere als kompromisslos verlaufen. Aber Schröder wäre 2002 vermutlich nicht mehr wiedergewählt worden, hätte er seine Agenda 2010 vor der Wahl zur Diskussion gestellt.

Schröder ist nicht genau das, was man sich unter einem großen politischen Führer vorstellen mag. Er hat andere Qualitäten, zählt eher zum »neuen Typus des Star-Politikers«, den die Mediendemokratie hervorgebracht hat. Der Medienforscher Hans Mathias Kepplinger beschrieb diesen als »unterhaltsam, schlagfertig, witzig«, als »Siegertyp«, der auch »eine Talkshow leiten könnte … Mit Blick auf ihre nachhaltige Gestaltungsfähigkeit stellen diese Eigenschaften jedoch nur eine periphere Qualifikation dar.«[7]

Leadership aber ist etwas anderes. Die entscheidende Frage in der Demokratie lautet nicht: Wie sähe der ideale Führer aus? Sondern vielmehr, ob die Wähler überhaupt in der Lage sind, jenen Politikern die Macht anzuvertrauen, die zum Führen am besten geeignet wären. Daran darf gezweifelt werden.

Diejenigen, die über die notwendigen Qualifikationen und Charaktereigenschaften verfügen, haben kaum eine Chance. »Es dürften folglich eher mehr als weniger Politiker in Spitzenämter gelangen, die ausgezeichnete Voraussetzungen für den Machtgewinn, jedoch nur mäßige für die Machtausübung mitbringen.«[8] Schön gesagt.

Die Wähler beurteilen Politiker nicht nach ihrer echten Leistung für das Land. Denn das öffentliche Bild, das von den Politikern existiert, bildet ihre Leistungen nicht ab. Es ist eine Inszenierung.

Weil Leistung in der Politik so wenig zählt, zieht es diejenigen, die leistungsfähig wären und sich gern an ihrer Leistung messen lassen würden, nicht in die Politik. Vielmehr lockt die Politik diejenigen an, die das Talent und Vergnügen daran haben, sich selbst zu inszenieren.

Ein Teufelskreis; wie überall in der Natur überleben auch in der Politik die am besten an die Bedingungen der Umwelt Angepassten. Das sind aber nicht die besten Politiker. Auf diese Weise degeneriert die Kaste der Politiker.

Die Wähler erkennen und honorieren nicht die wahre politische Leistung. Sie verwechseln Stärke im permanenten Machtkampf mit Führungsqualität. Merkwürdigerweise scheint das Volk an seinen Politikern vor allem zu schätzen, dass sie sich an der Macht halten können.

Bei Ötzi fällt die Kühlung aus. Er wacht auf. Seine erste Frage lautet: Ist Genscher immer noch Außenminister? Diesen Witz erzählt Hans-Dietrich Genscher am liebsten selbst. Er hält den Weltrekord im Amt. Nur der sowjetische Außenminister Gromyko konnte sich – in einer Diktatur – noch länger am Ruder halten. Genscher war in der Regierung Kohl der beliebteste Minister. Man hielt ihn für schlitzohrig, ausgebufft, gelenkig. Als er sein Amt endlich freiwillig aufgab, wurde dies als demokratische Großtat gefeiert. Kohl blieb 16 Jahre lang Bundeskanzler. Er verdankt es dem Mauerfall. Was Kohl mit seiner Macht bewirkte, welches Unheil er anrichtete, mit welchen autoritären, undemokratischen Mitteln er seine Macht verteidigte, nahm ihm die Mehrheit der Bürger nicht übel. Die Deutschen scheinen die Macht an sich zu lieben. Ein Minister, der ohne große Abwehrschlacht Verantwortung für Fehler übernimmt und geht, ist schnell aus dem Sinn. Er gilt als Verlierer. Ein Minister, der sich trotz seiner Fehler an die Macht klammert und seine Affäre durchsteht, erntet dagegen Bewunderung. Er gilt als stark. Welch fundamentales Missverständnis von Demokratie!

Macht sollte kein Selbstzweck, sondern muss Mittel der Gestaltung sein. Dem stimmen alle Politiker vorbehaltlos zu. Nur verhalten sie sich so, als sei die Erringung von Macht der Zweck der Politik.

Wie Fernsehproduzenten verwechseln Politiker Qualität mit Quote. Sie glauben, Mehrheit sei die einzige Qualität, auf die es ankomme. Aber der Bundeskanzler hat nicht geschworen, seine Zustimmungsquote zu mehren, sondern das Wohl des Volkes.

Der Geschlossenheitskult

Weil die Deutschen die Macht so sehr verehren, lieben sie auch den äußeren Schein von Macht. Macht ist Mehrheit. Macht ist *Geschlossenheit.* Die meisten Wähler erwarten von den Parteien genau dies: Geschlossenheit. Gewiss stehen Parteien untereinander im Wettbewerb. Aber zunächst einmal müssen sie selbst um die richtige Antwort auf brennende Probleme ringen. Dieser Klärungsprozess ist ihre erste Aufgabe. Sie müssen erst wissen, wofür sie kandidieren, ehe sie es tun.

Demokratie lebt vom Streit der Meinungen und Interessen. Streit ist das Mehl, aus dem Demokratie gebacken wird. Und dennoch haben die Parteiführer nichts Dringenderes zu tun, als ständig, vor allem aber im Wahlkampf, Geschlossenheit einzufordern. Geschlossenheit und noch einmal Geschlossenheit.

Das grundlegende Missverständnis besteht darin, demokratischen Streit nur als Wettstreit konkurrierender Parteien zu begreifen. Auf diesem Spielfeld prallen nur Meinungen aufeinander, die schon zigfach abgestimmt, verhandelt, vorgeformt worden sind. Es sind Fertigprodukte, nicht Ideen. Die eigentliche Meinungsbildung findet in den Parteien statt. Jedenfalls sollte es so sein.

Aufgabe der Parteien ist es, den politischen Streit in den eigenen Reihen und nicht nur gegen andere Parteien zu organisieren und zu kanalisieren. Dennoch versuchen die Parteiführer pausenlos, Debatten zu vermeiden und Meinungsstreit unter den Teppich zu kehren. Sie erwarten von ihren Mitgliedern, Funktionären und Mandatsträgern ein hohes Maß an Konformismus und Gefolgschaft. Das dient zweifellos ihrem Führungsanspruch, nicht aber der Demokratie. Dieses Land braucht Politiker, die von ihrer Gewissensfreiheit Gebrauch machen und sagen, was sie denken.

An dieser Stelle lächeln altgediente Parteigranden mitleidsvoll. Sie halten diese Auffassung für naiv. Eine Partei sei kein antiautoritärer Kindergarten, sondern eine Kampfformation mit der Aufgabe, die nächsten Wahlen zu gewinnen und die Konkurrenten anderer Parteien aus ihren Jobs zu jagen. Das ist die Logik unserer verschlampten Parteienherrschaft.

»Das psychologische Schlüsselproblem der Parteien ... ist die Obsession der Geschlossenheit. Sie fordert von den Politikern der Parteien individuelle Profillosigkeit. Sie gilt als Voraussetzung für Wahlerfolge. Tatsächlich lähmt diese Obsession die Parteien, macht sie steril und lernunfähig ... Es tut weh, zu sehen, was viele Politiker mit sich machen lassen – nicht einmal aus Karrieregründen, sondern aus gut gemeinter Loyalitätsbereitschaft.«[9] So urteilt der Politiker Hermann Scheer.

Eine offene Gesellschaft, die Ernst macht mit Freiheit, die

um die besten Entscheidungen ringt, braucht keine Kampftruppen von Duckmäusern, sondern Politiker, die ungeniert und selbstbewusst ihre Rechte nutzen, ohne dadurch um ihre Karriere fürchten zu müssen.

Es macht nicht den Anschein, als stünden die wenigen wirklich unabhängigen Abgeordneten in besonders hoher Achtung bei den Wählern. Die meisten Bürger erwarten von ihren Politikern vor allem korrektes Verhalten in Kombination mit demonstrativer Bescheidenheit. Der gläserne Saubermann, der brav und unauffällig um seinen Job zittert, ist das Idealbild des Wählers vom Abgeordneten. Und es stört ihn nicht, wenn dieser stets pflichtbewusst tut, was seine Parteiführung von ihm verlangt. Deutschland braucht aber nicht disziplinierte und korrektere Politiker, sondern bessere. An ihrem Beitrag zum Meinungsstreit sollten sie gemessen werden, nicht an ihrer Tadellosigkeit.

Doch das hochverehrte Publikum schätzt ihn nicht, den Streit innerhalb der Parteien. Ereignet er sich unvermeidbar doch, wird er von den Parteioberen zugelassen oder gar provoziert, wird er als Führungsschwäche ausgelegt. Deshalb ist Geschlossenheit der Götze, der in allen Parteien angebetet wird.

Tatsächlich finden überall in der Gesellschaft täglich Millionen von Machtkämpfen statt. Zwischen Konkurrenten auf den Märkten, zwischen Paaren, zwischen Eltern und ihren Kindern. In praktisch jeder kleineren und größeren Gruppe von Menschen wird um die Hackordnung gestritten, stoßen unterschiedliche Interessen aufeinander. Der Unterschied ist nur, dass politischer Streit öffentlich geschieht. Deshalb haben die meisten Bürger den Eindruck, in der Politik werde zu viel und pausenlos Streit angefacht, zumal Unfriede von der unproduktiven Art, Streit, bei dem es nicht um die Richtung der Politik geht, sondern nur um Ämter, Mandate und Posten.

Gegen den soliden Streit um bessere Lösungen wäre überhaupt nichts einzuwenden, im Gegenteil. Dazu müssten die Auseinandersetzungen allerdings einigen Grundregeln intellektueller Redlichkeit gehorchen. Man könnte auch sagen, es bedarf einer gewissen Streitkultur. Dieser Begriff wird in Deutschland immer dann eingeklagt, wenn die Heftigkeit einer Meinungsverschiedenheit beklagt wird. Ein Mangel an Streitkultur ist aber vor allem ein Mangel an Streit.

Streit sollte von denen, die streiten, nicht selbst ständig als überflüssig, vordergründig und von hinterhältiger Absicht denunziert werden. Das Denunzieren von Auseinandersetzungen gehört zum Standard der politischen Unkultur. Die Parteien erklären Streit gerne für vermeidbar. Der Gegner brauche bloß dem Unabweisbaren zustimmen und schon siege die Vernunft. Streitkultur ist etwas anderes.

Die Vorstellung, der jeweils eigene Vorschlag sei objektiv die einzige oder zumindest beste Lösung eines Sachproblems, ist ebenso beliebt wie falsch. Es ist durch und durch unpolitisch, wenn nicht gar undemokratisch, zu meinen, die größeren Probleme dieses Landes seien zwar verzwickt, aber letztlich so eindeutig zu lösen wie eine Mathematikaufgabe.

Das am häufigsten benutzte Argument zur Rechtfertigung auch noch der verkehrtesten Politik lautet: Es gibt keine Alternative. Es gebe keine Alternative zur Streichung von dieser und jener Vergünstigung, weil sonst alles noch viel schlimmer werde und das ganze System oder der ganze Staat zusammenbreche. Es gebe keine Alternative zum Festhalten an dieser und jener längst überholten Leistung oder Staatsaufgabe oder Gewohnheit, weil sonst die Ungerechtigkeit unerträglich werde. Vor allem gibt es natürlich keine Alternative zu dem Schindluder, das die Parteien mit diesem Staat treiben.

Aber es gibt immer Alternativen. Es gibt sogar Alternativen zur parlamentarischen Demokratie. »Die angeblich alternativlosen Demokraten schaufeln sich selbst ihr Grab. Und dazu trägt die ständig sinnlos wiederholte Behauptung, es gebe keine Alternative, kräftig bei. Sie ist nichts anderes als Denkfaulheit und Ignoranz.«[10]

Tatsächlich gehorchen alle politischen Entscheidungen Interessen und einer Hierarchie von Werten. Zwar behauptet jeder Politiker, es gehe ihm etwa allein und ausschließlich um Arbeitsplätze. Wer gegen seinen Vorschlag sei, gefährde Existenzen. Aber der eine denkt dabei an ein staatliches Investitionsprogramm, der andere an Steuersenkungen für Unternehmer. Der eine betont die »soziale Verantwortung« als höchsten Wert, der andere sieht ihn darin, dass die Bürger selber am besten wüssten, was sie mit ihrem Geld tun. Alle politischen Konzepte sind durchtränkt von Ideologie.

Die offene Gesellschaft muss sich damit abfinden, dass es keine objektiv richtige Lösung für irgendein nennenswertes Problem gibt. Schädlich ist nur der Glaube, die Gegensätze seien miteinander vereinbar. Aber selbst die Experten und Wissenschaftler, die als Hilfstruppen ins Feld geführt werden, sind nicht ideologiefrei. Sie mögen im parteipolitischen Sinn unabhängig und unparteiisch sein – frei von Weltanschauungen sind sie nicht, das wäre auch unmöglich.

Ideologien behaupten Gewissheiten. Aber noch fast alle Wahrheiten sind im Lauf der Geschichte widerlegt worden. Demokratien haben den Vorteil, keine Ideologie zu benötigen. Im Gegenteil, Demokratie ist die einzige Staatsform, in der Herrschaft nach dem Prinzip von *trial and error* funktioniert. Jede neue Regierung produziert neue Versuche und neue Irrtümer. Die Korrektur der Irrtümer macht die Qualität von Demokratie aus, nicht das Postulat neuer Wahrheiten.

Der SPD-Abgeordnete Hermann Scheer meint: »Der einzig denkbare Ausweg aus diesem Gerangel um letztlich nicht einlösbare Maßstäbe wäre, dass sich Politiker zu ihren jeweiligen

Werthaltungen und daraus folgenden politischen Bewertungskriterien offen bekennen. Damit könnten sie nicht nur aufklärerisch wirken. Sie kämen damit auch einer anderen Erwartung entgegen, die in der Gesellschaft ebenfalls existiert, ja sogar zunimmt: der Sehnsucht nach Politikern, die Überzeugungen haben und dazu stehen.«[11]

Ich glaube nicht, dass Scheers Folgerung zutrifft, so sympathisch sie sein mag. Auch aus Scheer spricht ein ideologisch gefärbtes Weltbild, nämlich die unausrottbare Überzeugung, die Wähler seien rationale Wesen. Politiker, die für ihre Überzeugungen geliebt (und befördert) werden, sind eine Sehnsucht Scheers. Das Volk aber liebt nicht Glaubensfestigkeit, sondern Durchsetzungsfähigkeit. Egal, was ihr macht, macht endlich was! Diskussionen werden als lähmend empfunden.

Hinter Sachauseinandersetzungen verbergen sich ideologische Kontroversen, als solche werden sie aber nicht wahrgenommen. Mit dem Verlangen nach Konsens steigt die Verlogenheit. Dafür, dass Politiker ihre Überzeugungen hinunterschlucken, werden sie mit Posten und Privilegien entschädigt.

Scheer hat aber Recht, wenn er an anderer Stelle meint: »Weil es im Kampf um die Zukunft keinen Konsens in der Gesellschaft gibt, ist der Ruf nach Konsens unter Politikern prinzipiell abwegig.«[12] Abwegig schon, aber eben unausrottbar. Dabei bedienen sich Politiker, Journalisten oder Interessenvertreter gerne des schönen Begriffs Gemeinwohl.

Gemeinwohl gibt es nicht. Es wird von den Parteien nur immer wieder zur Rechtfertigung ihrer Taten und Untaten in Anspruch genommen. Nationales Interesse sollte nicht mit Gemeinwohl verwechselt werden. Auch hier handelt es sich um ein ideologisches Konstrukt. Die Ächtung der Kernenergie mag im Interesse aller sein. Aber vielleicht ist sie auch nur grüne Ideologie und dafür mitverantwortlich, dass Strom immer teurer wird, was wiederum alle belastet. Jeder definiert Gemeinwohl so, wie es ihm passt.

Dass es keine letzten Wahrheiten gibt, gilt als den Wählern nicht vermittelbar. Nach schlechter deutscher Tradition repräsentiert der Staat die Wahrheit. Man kann das nicht nur an der Politik sehen. Auch das Rechtssystem geht von der Existenz eines absoluten Rechts aus. Deshalb dienen vor Gericht sowohl Verteidiger wie auch Staatsanwälte der Wahrheitsfindung – was auch immer dies sein mag. Das angelsächsische Recht kennt diese Anmaßung nicht. Dort stehen sich Ankläger und Verteidiger gleichberechtigt als Parteien gegenüber und ringen um ihren subjektiven Vorteil. Sie wissen, dass es objektive Gerechtigkeit nicht geben kann.

Die Spitzenleute der Parteien verwenden den größten Teil ihrer Zeit und Kraft auf das Vermeiden von Streit. Wäre es nicht sinnvoller, alle Kraft dafür zu investieren, bessere Antworten auf eine immer komplexere Wirklichkeit zu finden?

»Im Inneren sind die Parteien stillgelegt und homogenisiert wie wohl noch nie in den demokratischen Zeiten der modernen deutschen Geschichte«, urteilt der Parteienforscher Franz Walter.[13] Aus diesem Grund werden die besten Lösungen oft von vornherein ausgeschlossen. Im ständigen Bestreben, Streit einzudämmen und zu kanalisieren, werden nur bestimmte Vorschläge zugelassen. Sie müssen potenziell mehrheitsfähig sein, das ist ihre Grundbedingung. Damit scheiden die meisten Maßnahmen aus, die ein Problem an der Wurzel packen wollen. Denn jede Wurzelbehandlung tut weh, vor allem jenen, die von den bestehenden Strukturen am meisten profitieren, den Funktionären von Organisationen und Interessenverbänden, die auch in den Parteien stark vertreten sind.

Den Wählern werden Entscheidungen schmackhaft gemacht, welche die Illusion vermitteln, grundlegende Probleme könnten ohne grundlegende Veränderungen gelöst werden. Das ist so, also verschrieben die Parteien Hustensaft gegen Lungenkrebs. Hustensaft, den sie wie Quacksalber als neues Wundermittel anpreisen. Hauptsache, der Patient hustet vorübergehend nicht mehr. Alles Weitere ist, bitte sehr, Aufgabe der nächsten Legislaturperiode oder besser noch der nächsten Generation. Willkommen ist, was den Seelenfrieden und die Ruhe in der eigenen Partei nicht stört, aber dazu taugt, den politischen Gegner zu bekämpfen.

Warum überhaupt neue Ideen entwickeln, lästige Vorschläge machen? Mehr Beifall bekommen ohnehin immer die, die nicht für, sondern gegen etwas sind. Reflexartige Ablehnung statt Reflektion prägt die politische Debatte. Die Neinsager haben es immer leichter. Vor allem dann, wenn sie, wie fast immer, als Jasager daherkommen. Als Jasager im Dienste der jeweils herrschenden Meinung oder im Dienste der oder des Vorsitzenden. Es erleichtert den weiteren Aufstieg, garantiert Wiederaufstellung und Wiederwahl. Die Vorsitzenden achten peinlich darauf, dass niemand ihre Autorität durch selbstständiges Denken untergräbt.

Auf die für das Land entscheidenden Fragen haben die Parteien keine befriedigenden Antworten oder die Denkverbote lassen sie nicht zu. Glaubt ein Politiker dennoch, gegenteiliger Ansicht sein zu müssen, behält er es besser für sich. Leute mit eigenem Kopf gefährden sich selbst.

Ob brauchbar oder nicht, eine abweichende Meinung destabilisiert die Stellung des Machthabers. Der wird nicht dafür belohnt, wie lebendig es in seiner Partei zugeht. Er wird vielmehr danach beurteilt, ob er seinen Laden im Griff hat. Deshalb ist die Weiter-so-Fraktion immer in der Mehrheit. Weiter so kann auch bedeuten: Weiter so mit unzulänglichen Reformkonzepten.

Gemeinhin ist der Geschlossenheitskult in Regierungsparteien stärker ausgeprägt als in Oppositionsparteien, die nicht entscheiden und sich deshalb nicht vor den tatsächlichen Folgen ihrer Politik fürchten müssen. Dennoch macht die Union, sieht man von wenigen Ausnahmen wie den Streit um die Gesundheitsreform ab, »einen geschlossenen, monokulturellen Eindruck. Wie will eine Partei den Wettbewerb um politische Ideen und Konzepte gewinnen, wenn sie ihn intern nicht zulässt und organisiert?«[14] So kritisiert im gewiss nicht SPD-nahen *Rheinischen Merkur* Daniel Dettling den Zustand der künftigen Regierungspartei und kommt zu dem Schluss: »Die Partei ist intellektuell abgewirtschaftet.« Von Öffnung keine Spur. Die hoch anregende, immer wieder zu fruchtbarer Debatte führende Mitarbeit von Friedrich Merz war offenbar nicht erwünscht. Er störte die Friedhofsruhe, die Angela Merkel einfordert, weil sie in aller Ruhe Kanzlerin werden will. Unter Parteipolitik versteht sie nicht Öffnung, sondern Machtgewinnung. Diesem Ziel hat sich unterzuordnen, was dieses Land noch dringender bräuchte: Unbequeme und aufregende, lebendige Politiker.

Es sitzen aber eben nicht nur unselbstständige Dummköpfe im Bundestag. Welchen Preis zahlen die Unangepassteren für die Wahrnehmung ihrer Meinungsfreiheit? »Ich gehe neun Mal einen faulen Kompromiss ein, um ein Mal eine Lippe riskieren zu dürfen«, berichtet ein CSU-Abgeordneter. Andere finden sich mit ihrer Außenseiterrolle ab und schreiben Bücher wie der SPD-Abgeordnete Scheer, immerhin Träger des alternativen Nobelpreises. Er stellt fest: Es gilt »schnell als weltfremd, wer über die Tagesprobleme hinausschaut. Und selbst wenn es gelegentlich an den Kern der Probleme geht, so laufen diese Diskussionen unverbunden neben den Entscheidungsprozessen her.«[15]

Parteiführer legen großen Wert auf strenge Hierarchien.

Der frei gewählte, nur seinem Gewissen verantwortliche Abgeordnete ist allenfalls eine Illusion. Es ist schon richtig, dass kein Abgeordneter von seinem Gewissen aufgestellt wird. Aber der Demokratie ist es abträglich, wenn Politiker von ihren Parteien mit Denkverboten belegt werden.

Der durchschnittliche Hinterbänkler genießt weniger Meinungsfreiheit als ein durchschnittlicher Zeitungsredakteur. Das Erste, was er bei seinem Einzug in den Bundestag lernt, ist, wie er sich anzupassen hat.

Immer wieder ecken die gescheitesten, intelligentesten und brillantesten Köpfe an und verlieren sogar ihre Ämter. Helmut Kohl trennte sich von den Generalsekretären Heiner Geißler und Kurt Biedenkopf, weil sie lebendigere Parteien wollten. Die Bundesgeschäftsführer Egon Bahr und Peter Glotz wären heute in der SPD nicht mehr denkbar. Heute sind Generalsekretäre in allen Parteien Flügeladjutanten ihrer Feldherren, aber keine selbstständigen Strategen. Entweder reüssieren graue Langweiler, die den Parteiapparat mit advokatischer Raffinesse beherrschen, oder ehrgeizige Eiferer.

Oswald Metzger, der zwar eitle, aber doch fähige Wirtschaftsfachmann der Grünen, verlor seinen Parlamentssitz, weil er sich nicht anpassen wollte. Das Land brauche, meinte er, »Politiker mit Authentizität«, die das Gefühl vermittelten, »die meinen's ernst«.[16] Metzger zählt zu den Idealisten, die noch immer glauben, dass irgendwann die Vernunft und die besseren Argumente gegen die »Volksbeglückungsmentalität« der Parteien siegen werden, wenn nur der Problemdruck groß genug werde.

Nur wenigen Spitzenpolitikern gelingt es, sich als Dauerkritiker ihrer eigenen Partei zu etablieren, Horst Seehofer zählt dazu. Als CSU-Vize blieb er im Sattel, gerade weil er als Sozialexperte nicht domestizierbar war. Er selbst sieht sich in der Bevölkerung und der Parteibasis verankert. Trotzdem musste er mit dem Verlust des Amtes des stellvertretenden Fraktionsvorsitzenden büßen.

»Wenn Sie unbeirrt an einer abweichenden Meinung festhalten, gibt es so eine Stufenfolge. Zunächst zieht man den Gesundheitszustand und die Glaubwürdigkeit des Abweichlers in Zweifel. In der zweiten Stufe werden Drucksituationen aufgebaut, plötzlich kommt von allen möglichen Seiten der diskrete Hinweis, man sollte jetzt möglichst nicht mehr öffentlich auftreten, man sollte sich zurückhalten in seinem eigenen Interesse. Die dritte Stufe ist die brutale Ausgrenzung.«[17] Seehofers Selbstwertgefühl benötigt die Rolle des einsamen Kämpfers: »Wenn ich meine Grundüberzeugung verraten würde und mit meinem Vorsitzenden blendend auskäme – dann wäre ich mit mir jedenfalls nicht im Reinen.«

Nicht unterschlagen werden darf die Mitverantwortung der Medien für die heruntergekommene Streitkultur in Deutschland. Wie die Medien – nicht nur das Fernsehen – den Geschlossenheitskult übernehmen und verstärken, kann an einem einzigen Artikel beispielhaft belegt werden. Er erschien im *Spiegel* Nr. 9, 2005, und befasste sich mit Wirtschaftsminister Wolfgang Clement.

Es gibt angesichts der Massenarbeitslosigkeit wahrlich gute Gründe, den zuständigen Minister zu kritisieren. Interessant aber ist, für was und wie er in diesem Artikel kritisiert wurde. Nicht für seine schlechten Leistungen, sondern dafür, dass er »in der Gunst der Bundesbürger tief gesunken« ist und in der eigenen Partei und im Kabinett aneckt. »Keiner strapaziert die Nerven der Koalition so ausdauernd wie Clement.« Er ist der »Störenfried der Regierung«. Nicht für seine Unterlassungen wird er getadelt, sondern für seine Pläne und Ideen. Nicht dafür, dass diese nichts taugten, sondern dafür, dass er mit ihnen am Widerstand in den eigenen Reihen scheitert. Dabei hat Clement nur als einer der wenigen Spitzenpolitiker der SPD begriffen, dass die Reformen noch bei weitem nicht ausreichen. Clement tanzt aus der Reihe. Eigentlich wäre dies zu loben. Aber aus der Logik der herrschenden Machtmechanismen wird ihm daraus der größte Vorwurf gemacht.

Statt Clement hoch anzurechnen, dass er die Tatenlosigkeit der Regierung nicht akzeptiert, wird ihm genau dies angekreidet. Er falle »durch Eigenmächtigkeiten« auf, »an die Absprache im SPD-Präsidium, bis dahin sei das Thema tabu, fühlt sich einer wie Clement nicht gebunden«, der Vorsitzende Müntefering sei »genervt von Clements mangelnder Disziplin«, die Presse melde »rote Chaostage«. Clements Verletzung der Sekundärtugenden Disziplin, Unterordnung und Schnauze halten wird sofort geahndet. »Wir haben dem die rote Kelle gezeigt«, wird genüsslich ein Mitarbeiter des Finanzministers zitiert. Eichel verlangt von dem unbotmäßigen Kollegen: »Mit dem öffentlichen Streit muss jetzt Schluss sein.« Clement soll endlich damit aufhören, Vorschläge zu machen, die ihm ja doch immer wieder nur abgeschmettert werden. Die Vorschläge sind nicht aufgrund ihrer mangelnden inhaltlichen Qualität schlecht, sondern weil die SPD »wieder als Kakophonie-Verein wahrgenommen wird«. Wo käme man auch hin, wenn einer wie Clement »das Land an jeder denkbaren Ecke reformieren« will. Genau dies wäre notwendig und Clement sollte sich nicht davon abhalten lassen, dass er »für allergische Abwehrreaktionen« sorgt, dass sein »Versuchsballon platzt«, dass er »die falschen Signale an unsere Anhänger« sendet und sich nicht von vornherein »politisch absichert« (weil er dann alle seine Vorschläge von vornherein vergessen könnte).

Gäbe es doch mehr Regelverletzer wie Clement! Ihm, der sich offenbar nicht an die Spielregeln des Geschlossenheitskults halten mag, wird auch vom *Spiegel* und der übrigen Presse attestiert, er sei ein »Luftikus«. Der populistische Stopp der Reformpolitik vor den Wahlen wird als die Regel akzeptiert, gegen die ein offenbar unbeherrschter, unberechenbarer Minister noch immer rebelliert.

Die Medien wären durchaus in der Lage, die Neigung der Parteichefs, sich mit unterwürfigen Vasallen zu umgeben, zu konterkarieren. Niemand zwingt die Talkshowredaktionen dazu, immer wieder dieselben Langweiler einzuladen, nur weil sie in Amt und Würden stehen. Im falsch verstandenen Quotenwahn gilt nur Prominenz. Ein Irrtum, denn manch weniger Prominente brächten nicht nur interessantere Argumente, sondern auch unterhaltsamere Streitgespräche zustande.

Joschka Fischer wurde durch seine freche Schnauze bekannt, ehe er Parteichef und Minister wurde. Das Gleiche gilt für Franz Josef Strauß selig oder den späteren Bundeskanzler Helmut Schmidt. Große Talente zeigen sich in der Politik in der Kunst der Rede, die jedoch Freiheit im Kopf voraussetzt. Der derzeit dominierende Karrierist braucht nicht gut reden zu können, denn dafür wird er von seinen Chefs nicht gelobt. Reden sollen nur die, die schon oben sind. Dann hört man ihnen auch zu, wenn sie nicht reden können.

Schwache Parteichefs umgeben sich mit Schwachen, aus Angst vor Debatten und vor der Infragestellung ihrer Position. Schwäche macht Karriere im Schatten schwacher Chefs. Selten wird darüber offen gesprochen. Wolfgang Nowak, einst Planungschef im Kanzleramt unter Schröder, tat es. »Die Mitarbeiter, die jemand sich auswählt, entstellen ihn zur Kenntlichkeit. Schwache Chefs multiplizieren sich selbst, sie fördern das Unwesen von schwachen, intriganten Subchefs, die umso erfolgreicher sind, je besser sie die Neurosen ihrer Chefs widerspiegeln, buckelnde Zwerge, deren Ziel es ist, alles vom Chef zu wissen.«[18]

Man kennt solche Schwächlinge aus der eigenen Firma. Oft

machen sie schneller Karriere, ziehen an Besseren vorbei, deren Lust, die Dinge anzupacken, dadurch nicht gerade steigt. Die schwachen Chefs glauben, von den Schwächlingen geschützt und besser bedient zu werden. Nowak: »Ich habe mich immer vor Schwächlingen gefürchtet. Schwächlinge sind diejenigen, auf die man sich nicht verlassen kann, vor denen man sich in Acht nehmen muss, auch in Verwaltungen. Schlimm ist, wenn Schwächlinge Macht bekommen.«

Leute mit Vorschlägen gelten als gefährlich für das Meinungsklima. Partei- und Regierungschefs mit Ideen sind aber ganz und gar unmöglich. Sie müssten ihre eigenen Vorstellungen nämlich auch noch selbst durchsetzen. Sie dürfen nicht riskieren, mit der eigenen Idee zu scheitern. Was sie nicht durchsetzen können, muss wenigstens von anderen stammen, sonst leidet die eigene Autorität.

Deshalb herrscht eine verhängnisvolle Arbeitsteilung in der Politik, Kreativität und Macht sind streng voneinander getrennt. Der Parteichef redet, solange es geht, so zweideutig wie möglich. Er muss sich lossagen können von der geäußerten Position, falls der Wind sich dreht, falls die Widerstände gegen ein Vorhaben zu groß werden. Im Zweifel muss ein Vorsitzender falsch verstanden worden sein können.

Im Durchschnitt sind Politiker gewiss nicht feiger als andere Berufsgruppen. Auch im Fernsehen beherrschen freundlich lächelnde Duckmäuser die Bildschirme. In der Wirtschaft regiert der nach den Regeln des herrschenden Turbokapitalismus aufgestiegene glatte Unternehmensberatertypus und die Schulen werden überwiegend von Direktoren geleitet, die keinen Streit mit dem Ministerium wagen. Das schlechte Vorbild trägt dazu bei, dass nichts Besseres nachkommt. Eigenständige Köpfe werden allenfalls als exzellente Experten akzeptiert, auf die auch eine Duckmäusergesellschaft nicht verzichten kann.

Der Geschlossenheitskult bedroht paradoxerweise langfristig den inneren Frieden eines Landes. Denn er verhindert nachhaltige Lösungen der drängendsten Probleme. Ein Volk von Hosenscheißern ist die größte Gefahr für die Demokratie.

Political Correctness

Umgekehrt gilt: Je mehr eine Gesellschaft Nonkonformismus schätzt, desto toleranter ist sie, desto offener für Ideen, desto besser gerüstet für Veränderungen.

Die Mehrheit der Deutschen hat obrigkeitsstaatlichen Konformismus immer verblüffend leicht und widerstandslos akzeptiert. Politischer Gleichschritt wurde im militaristischen Kaiserreich unter der Flagge von Preußens Gloria, unter den braunen Kolonnen im Dritten Reich und auch unter dem Spießerdiktat der SED selten – von wenigen – als Bedrohung empfunden.

Es wäre ein Irrtum zu glauben, in der Demokratie gäbe es keinen Zwang zu Konformismus. Nur die Mittel, Konformismus durchzusetzen, sind subtiler. Eines dieser Mittel trägt die auch im Deutschen gebräuchliche amerikanische Bezeichnung *political correctness.* Aus den USA wissen wir seit George W. Bush, was patriotischer Konformitätsdruck bewirkt, wie viel Intoleranz, Hysterie, Unrecht, Verbohrtheit und Freiheitsverlust er gebiert, dies aber politisch vorbildlich korrekt.

Political Correctness garantiert mitnichten ein gesittetes, liberales, menschenwürdiges Meinungsklima. So führt das politisch hochkorrekte Verbot jeglicher sexueller Interaktion zwischen beruflich voneinander Abhängigen oft nur zu neurotischem statt erotischem Verhalten. Und wenn Schwarze »politisch korrekt« als African Americans bezeichnet werden müssen, garantiert dies noch keinesfalls Chancengleichheit.

Man sollte meinen, Political Correctness sei unverzichtbar in einer modernen Gesellschaft, weil sie den Streit um Interessen zivilisiert, Vorurteile unterbindet, Minderheiten schont und schützt, auf die Empfindlichkeiten der Schwachen Rücksicht nimmt, eine stillschweigende Übereinkunft darstellt gegen leicht entzündliche Vorurteile und eine Art Versicherungsschutz gegen die Ausdünstungen der Stammtische. In Wahrheit ist sie aber kein Beweis von demokratischer Reife, sondern das Gegenteil, nämlich der sprachliche Ausdruck für die Unfähigkeit einer Gesellschaft, ihre Konflikte angemessen auszutragen.

Denn »dass man die Freiheit hat, zu sagen, was man denkt, besagt nicht viel, wenn man nicht denkt, was man nicht sagen darf«. In Zeiten der Political Correctness ist »moralische Häresie so gefährlich wie theologische Häresie im Mittelalter. Man könnte auch sagen: Der Verstoß gegen Political Correctness ist die postmoderne Sünde.«[19] (Norbert Bolz)

Ein berühmtes Beispiel für deren verhängnisvolle Wirkung ist das weltweite Verbot des Insektengifts DDT. Es war das wirksamste Mittel gegen die Malaria-Mücke. Die rasante Ausbreitung dieser Seuche, die Millionen Menschen jährlich das Leben kostet, ist dem Verbot zuzuschreiben. »Der DDT-Bann ist wahrscheinlich der schlimmste Akt von Genozid der Menschheitsgeschichte«, urteilt Arthur B. Robinson, der Chef des Oregon Institute of Science and Medicine.[20] Längst ist die Unschädlichkeit des DDT-Einsatzes in der Landwirtschaft für Menschen erwiesen. Aber es ist nun einmal politisch korrekt, dass Vogelschutz vor Menschenschutz geht.

Political Correctness ist eine Form geistiger Versklavung. Sie funktioniert über Selbstzensur. Sie ist ein Instrument der Gleichschaltung.

Wenn einmal etwas politisch korrekt ist, braucht nach dem Sinn nicht mehr gefragt zu werden. So wird das Leben einfacher. Political Correctness ist auch eine Methode, die Komplexität von Sachverhalten zu reduzieren, und zwar mit moralischen Mitteln. Eine Äußerung ist zulässig oder unzulässig, anständig oder unanständig. Damit wird jede feinere Differenzierung denunziert. An dieser Stelle darf ein politisch korrekter Hinweis nicht fehlen: Tabubrüche haben der Wahrheit zu dienen und sind kein Selbstzweck. Die Leugnung des Holocaust ist zwar nicht politisch korrekt, aber selbstverständlich dennoch ein Verbrechen.

Als die ersten Einwanderer in die Bundesrepublik kamen, sprach man politisch korrekt von *Gastarbeitern.* Ein freundlicher Selbstbetrug. Weder wurden die Einwanderer wie Gäste empfangen noch war davon auszugehen, dass sie wie Gäste alsbald wieder abreisen würden. Später, als längst klar war, dass die zweite Welle der Einwanderung, vorwiegend aus der Türkei, zu massiven Problemen führen würde, galten die Fremden als *ausländische Mitbürger.* Wiederum wurden die ernsthaften gesellschaftlichen Folgen sprachlich vertuscht. Die meisten Einwanderer dachten gar nicht daran, sich als Mitbürger zu fühlen. Sie wollten Fremde bleiben, sich in ihrer eigenen Kultur abschotten.

Der CDU-Politiker Friedrich Merz verstieß dann mit dem Begriff der *deutschen Leitkultur* als einer der Ersten gegen die Regel der Political Correctness. Aber er löste damit endlich die längst fällige Debatte darüber aus, welche Anpassungsleistungen von Einwanderern erwartet werden können und müssen. Der Satz »Deutschland ist kein Einwanderungsland« ist jedoch ungefähr so intelligent und zutreffend wie »Die Renten sind sicher«. Selbstverständlich ist es auch ganz und gar nicht politisch korrekt, die Eignung einer Kanzlerkandidatin in Frage zu stellen, weil sie in der DDR gelebt hat.

Political Correctness orientiert sich an Wunschbildern statt an der Wirklichkeit. Umso dankbarer ist das Publikum, wenn die Sprachbarriere des Verfälschens und Verschweigens durchbrochen wird.

Unentwegt reden Politiker und Moderatoren von *den Menschen* statt einfach von den Leuten, die gerade gemeint sind. Es klingt ein wenig pathetisch und übertrieben. Muss es immer gleich um den Menschen an sich gehen? Diese kleine sprachliche Mode kleistert alle Unterschiede zu.

Ganz und gar nicht politisch korrekt war beispielsweise lange die richtige Feststellung, dass es in Deutschland wieder eine Klassengesellschaft, also auch eine Unterschicht gibt. Wäre es anders, hätte Harald Schmidt nicht mit dem Begriff des »Unterschichtenfernsehens« einen Running Gag produzieren können.

Es gehörte zu den festen Überzeugungen der Deutschen, in einer mehr oder weniger klassenlosen Gesellschaft zu leben. Umso fassungsloser betrachten sie nun die Millioneneinkommen der Manager-Kaste. Die systematische Selbstverblödung der Unterschicht durch extensiven Fernsehgenuss dagegen gilt als harmlos.

In jeder Gesellschaft schleppt sich eine Herde ausgemergelter heiliger Kühe über abgegraste Traditionswiesen. Sie sind Manifestationen eines kollektiven Selbstbildes. Die meisten heiligen Kühe sind nichts anderes als abgelebte Klischees, an denen nur noch blinder Patriotismus pralle Euter entdecken kann. Es ist politisch nicht korrekt, auf ihren wahren Zustand hinzuweisen.

Zu den hiesigen heiligen Kühen zählt noch immer die längst widerlegte Vorstellung, die Deutschen seien überdurchschnittlich tüchtig und fleißig. Dieser Irrglaube verkennt die wahren Ursachen der gegenwärtigen ökonomischen Krise. Fleißige Menschen arbeiten. Haben sie keine Arbeit, ist nicht mangelnder Fleiß (oder schlechte Ausbildung) daran schuld, sondern die Arbeit ist nur falsch verteilt, so die Illusion. Daher der Glaube, man müsse nur die Arbeit entsprechend verteilen. Durch Arbeitszeitverkürzung würden neue Arbeitsplätze frei. So entstand der gewaltige Moloch der Arbeitsverwaltung. Nur Arbeit entstand nicht. Da die Deutschen so überaus fleißig und tüchtig sind und schon deshalb nichts für die Massenarbeitslosigkeit können, kann es sich auch nicht um ein dauerhaftes Problem handeln, sondern lediglich um unglückliche Umstände einer vorübergehend erschlafften Konjunktur. Nichts liegt deshalb näher, als diese Schwächephase durch Schuldenmachen zu überbrücken. Der Wohlstand der Deutschen wächst: An dieses Gesetz glaubte der Deutsche felsenfest. Heilige Kühe sind aber als Versicherung gegen den Lauf der Welt denkbar ungeeignet. »Zu lange hat die Political Correctness den Weg der Ursachenbekämpfung verstellt, und die Politik hat sich auf Symptomtherapie beschränkt«, so Bundespräsident Köhler.

Auch die politisch korrekte Vorstellung, die Gesellschaft sei eine Art runder Tisch, an dem sich alles irgendwie durch gutes Zureden und guten Willen lösen lasse, ist von gefährlicher Naivität, dennoch weit verbreitet. Wie auch die Bereitschaft, frommen Menschen einen gewissen moralischen Bonus einzuräumen. Dass ein Übermaß an Frömmigkeit leicht in den Fanatismus führen kann, muss man niemandem erzählen. Dennoch wird Bush seine Frömmigkeit gutgeschrieben. Dem Papst sowieso, obwohl dessen Kampf gegen die angebliche »Diktatur des Relativismus« nichts anderes ist als totalitäres Geschwätz. Nicht derjenige, der absolute Wahrheiten in unserer hochkomplexen Welt für Anmaßung hält, ist ein Diktator, sondern derjenige, der seine eigenen Wahrheiten für unangreifbar hält.

Zu den Lieblingswörtern der politisch korrekten Rede zählt auch die *Menschenwürde.* Wann immer sich Fortschrittsfeinde den Chancen der modernen Biotechnologie, die ein Segen für die Menschheit sein wird, verweigern, kommt die Menschenwürde ins Spiel. Wer dagegen hält, wird moralisch disqualifiziert. Denkverbote verhindern notwendige Weichenstellungen und schicken Deutschland auf ein Abstellgleis. Political Correctness verhindert Visionen und ist der Klebstoff, der ein Land an die Vergangenheit bindet und ihm die Zukunft versperrt.

Zu ihr gehört in Deutschland auch der Begriff der *sozialen Gerechtigkeit.* Aber diese hat mit Gerechtigkeit nichts zu tun, allenfalls mit Gleichmacherei. Wer soziale Gerechtigkeit will, dem ist die gewöhnliche Gerechtigkeit nicht gut genug. Statt von sozialer Gerechtigkeit sollte man deshalb ehrlicher von Neid sprechen.

Die Umverteilung folgt komplizierten Regeln. Sie sind absichtlich undurchschaubar. Wären sie durchschaubar, würde jedermann schnell klar, dass soziale Gerechtigkeit nichts mit Gerechtigkeit zu tun hat, sondern mit Politik. Wer dies kritisiert, dem wird Ungerechtigkeit angekreidet.

Kein Zweifel, in Deutschland nimmt die Toleranz gegenüber Ungleichheit ab: ein Krisensymptom der Demokratie.

Die Deutschen halten sich aber für Musterdemokraten. Auch dies ist inzwischen eine heilige Kuh, auf welche die Deutschen angesichts ihrer Geschichte besonders stolz sind. Deshalb wäre es politisch absolut nicht korrekt, den Wählern vom Wählen abzuraten. Aber weshalb eigentlich nicht?

DREI
Die Entwertung der Politik

Die Entmachtung der Parlamente

Die laute Klage im Land gilt heute paradoxerweise sowohl dem Machtmissbrauch der Parteien als auch dem Umstand, dass sie mit ihrer Macht nicht tun, was zu tun wäre. Die Demokratie verkommt, weil die Parteien ihrer Verantwortung nicht auf die richtige Weise nachkommen.

Das betrifft in erster Linie die Arbeit der Parlamente. Dort stünde den Parteien die wichtigste Bühne ihres Kräftemessens zur Verfügung. Dort müssten die großen Richtungsdebatten stattfinden. Die Augen der Nation sollten sich auf den Bundestag richten. Dort wäre auch das Podium, auf dem die nachrückenden politischen Talente sich bewähren und in den Vordergrund spielen sollten. Dort müsste das Herz der Demokratie schlagen.

Aber da schlägt nicht mehr viel. Die Parlamente sind heute der Ort, an welchem die Verkommenheit der Demokratie inspiziert werden kann. Die Parlamentarier selbst klagen zu

Recht über ihren schwindenden Einfluss. Und die Fachleute stimmen ihnen zu. Parteienforscher Franz Walter kommt zu dem Schluss: »Es geht um die Rechtfertigung und Zukunft der Demokratie. In den beiden letzten Jahrzehnten haben die zentralen Orte der repräsentativen Demokratie, die nationalen Parlamente, erheblich an Einfluss und Wirksamkeit verloren. Die entscheidenden Weichenstellungen für das ökonomische, ökologische und soziale Leben der Völker fallen in kleinen, intransparenten Netzwerken, die nicht demokratisch gewählt wurden. Eben das aber geht an die Legitimationswurzeln der Demokratie.«[1]

Der leidenschaftliche Parlamentarier Lord Dahrendorf, der selbst im britischen Oberhaus sitzt, resümiert: »Es ist eine heute allgemein verbreitete Überzeugung, dass man gescheitert ist, dass man ein bloßer ›Parteisoldat‹ ist, wenn man es nur bis zum Abgeordneten gebracht hat; dies sagt viel über die Wertschätzung, die heutzutage die Parlamente genießen, die bestenfalls als Machtreserve gelten. Es ist ein weiterer Beleg für die Krise der parlamentarischen Demokratie. Auch wenn die Demokratie nicht tot ist, die Parlamente sind es sicherlich.«[2]

Was ist die Ursache dieser verhängnisvollen Entwicklung? Macht kann sich nicht in nichts auflösen, irgendwo muss sie geblieben sein. Weshalb und an wen haben die Parlamente verloren?

Im Wesentlichen sind es sechs Lecks, die aus den Parlamenten die Luft der Demokratie weichen lassen.

- Erstens: Die Parlamente verlieren Macht an die Regierung beziehungsweise entmachten sich selbst.
- Zweitens: Die Parlamente verlieren Macht an die Bürokratie.
- Drittens: Die Parlamente verlieren Macht an die Medien.
- Viertens: Die Parlamente verlieren Macht an Berater.

- Fünftens: Der Bundestag verliert Macht an die Europäische Union.
- Sechstens: Der Bundestag verliert Einfluss an die globale Wirtschaft.

Die Macht der Regierung und die Selbstentmachtung der Parlamente

Bewirken neue Gesetze nichts, zu wenig oder das Falsche, führen Politiker in der Regel Klage, die Reform sei unzureichend kommuniziert worden. Damit reduzieren sie ihr Versäumnis auf den Vermittlungsprozess. Es geht aber nicht um ein paar weitere Auftritte in Talkshows, und auch nicht um PR-Kampagnen, sondern darum, die Öffentlichkeit (und die Parlamente als Organe der repräsentativen Demokratie) an Entscheidungsprozessen zu beteiligen. Voraussetzung dafür wäre allerdings zum Beispiel, das Volk über die wahre Größe der Probleme und über die Grenzen ihrer Lösbarkeit nicht ständig zu täuschen. Ohne Wahrheit ist Demokratie nicht zu haben.

Wahrheit gilt unter den bürgerverdrossenen Politikern jedoch als größte Gefahr für die eigene Karriere. Auch die Wahrheit im Parlament gilt als Unzumutbarkeit. Die Arroganz der Regierenden verbindet sich mit der Angst vor ihren Auftraggebern. Deshalb trauen die Machthaber den demokratischen Institutionen selbst nicht mehr zu, die Herausforderungen des Wandels zu bestehen.

Folgen wir an dieser Stelle getrost dem SPD-Abgeordneten Hermann Scheer, der dem gegenwärtigen Regierungslager angehört und dessen Klage über den Machtmissbrauch der Regierung deshalb glaubwürdiger klingt als die aus dem Munde von Oppositionsabgeordneten. »Im System der politischen Institutionen selbst ist ein schleichender Verfall des Demokratiebewusstseins« unverkennbar.[3] Scheer beklagt eine »proautoritäre Entwicklung«. Selbst die großen Umbrüche der Gesellschaft würden nicht von den Parlamenten, sondern von den Regierungen durchgepaukt. Die Parlamente stimmten mehr oder weniger nur durch Akklamation zu.

Das ist zweifellos eine richtige Beobachtung, die umso unverständlicher ist, als Rot-Grün einst als eine Generation zur Machtübernahme antrat, die für sich beanspruchte, die Demokratie mit Löffeln gefressen zu haben.

Helmut Kohls autoritärer Regierungsstil zuvor gründete in der vollkommenen Unterwerfung der CDU und der nach dem Tod von Franz Josef Strauß vollkommenen freiwilligen Unterwerfung der Schwesterpartei CSU unter seinen persönlichen Willen.

Sind überhaupt größere Stunden des Parlaments vorstellbar als die des Mauerfalls, als die der Entscheidung darüber, wie die Befreiung Ostdeutschlands von der sozialistischen Tyrannei unterstützt und beantwortet werden konnte? Dieser historische Einschnitt hätte alle Kräfte des Bundestags lebendig werden lassen müssen. Doch dies geschah nicht. Vielmehr sah der Bundestag dem von der Regierung Kohl/Genscher gesteuerten Prozess zu und segnete ihn ab. Dabei bekleckerten sich auch die Oppositionsparteien nicht mit demokratischem Ruhm. Als patriotischer Gesangsverein waren die Damen und Herren willkommen, als kritische Kontrollinstanz galten sie als überflüssig. Und sie nahmen ihre Ausschaltung ohne jeden Widerspruch hin.

Man könnte darüber hinwegsehen, wäre der Prozess der Wiedervereinigung fabelhaft gelaufen. Aber es wurden kardinale Fehler gemacht: zu früher Umtausch der Ost-Mark in D-Mark zum falschen Kurs, unvorbereitete Übernahme der schon im Westen reformbedürftigen Sozialsysteme, überhaupt die Finanzierung der Einheit überwiegend durch die Sozialkassen, die zu rasche Angleichung von Löhnen und Gehältern. Wahrlich Diskussionsstoff für das Parlament. Doch der Bundestag gab sein Recht an der patriotischen Garderobe ab.

Und so war es wieder, als die Europäische Union erweitert wurde. Erst die Folgen, Billigarbeiter, die den heimischen Handwerkern das Leben schwer machen, beschäftigten dann den Bundestag. Auch über das Ziel der Aufnahme der Türkei entschied die Bundesregierung, ohne sich um das Votum des Parlaments zu scheren. Ihm wurde die Erweiterung – wie einst die Wiedervereinigung – als historische Pflicht angepriesen.

Nur eine kleine Minderheit von Oppositions-Abgeordneten ließ ihre abweichende Meinung zu Europas Erweiterung und Verfassung hören. Allerdings zum Missvergnügen ihrer Fraktionsführung. Abweichler gelten als Störenfriede.

Vor allem bei Politikern in Regierungsverantwortung entwickelt sich eine gefährliche Mentalität. Scheer beschreibt sie so: »Die unausgesprochene Handlungsmaxime lautet: nur noch so viel Demokratie wie nötig, um sie nicht formal aufkündigen zu müssen. Demokratie gilt mittlerweile als dysfunktional für ›sachgerechtes‹ Handeln, als langwierig und umständlich, als bloßer regelmäßiger Wahlakt und kaum noch als gesellschaftlicher Kommunikationsprozess.«[4]

Parlamentsarbeit wird als Sand im Getriebe empfunden. »Im Normverhalten eines Großteils des politischen Führungspersonals und der Medien überwiegt die Tendenz, den demokratischen Prozess der Meinungsbildung nicht mehr ernst zu nehmen. So wird die Demokratie zur Farce.«[5]

Der Bedeutungsverlust der Parlamente hat damit zu tun, dass viele brennende Themen gar nicht auf die Agenda der Politik kommen. Es könnte die Wähler nur verwirren und ängstigen.

Die Macht der Bürokratie

Die meisten Bürger denken, wenn sie *Demokratie* hören, zuerst an den Staat. Was aber ist der Staat? Der Staat ist für den Bürger zunächst das, was er unmittelbar spürt. Es ist die Bürokratie. Der ewige Ärger mit dem Finanzamt, der Baubehörde, den Schulen, den Krankenkassen. Ob etwas anzumelden, abzumelden, zu bezahlen, zu beantragen, zu überprüfen oder zu beanstanden ist: die Dienstleistungswüste hat in den Behörden ihre steinigste und ausgetrocknetste Gegend. Alles ist maßlos kompliziert, dauert unendlich lange, widerspricht allzu oft der Vernunft.

Demokratie kann keine Herzensangelegenheit der Bürger sein, solange sie – in Gestalt der Behörden – den Staat als Gegner empfinden, der ihnen permanent ans Geld will oder zumindest die Zeit stiehlt. Die Vorstellung, dass Demokratie etwas mit Freiheit zu tun haben könnte, will sich im Alltag, will sich im Labyrinth der Behörden nicht einstellen. Wenn in Deutschland so oft die Frage gestellt wird – sehr gern auch in Talkshows und Podiumsdiskussionen –, was wohl die Gesellschaft noch zusammenhalte und miteinander verbinde, dann wäre die ehrlichste Antwort wohl die: Im Gefühl der Ohnmacht gegen die Bürokratie fühlen sich alle vereint, Ossis und Wessis, Linke und Rechte, Reiche und Arme.

Die Bürokratie ist keineswegs nur in den Augen der Endverbraucher eine Großmacht. Die Minister wie ihre Kontrolleure im Parlament sind auf das Fachwissen der Bürokraten angewiesen; ja sie sind ihm regelrecht ausgeliefert. Um sich nicht zu blamieren, folgen sie ihnen. Dennoch misstrauen Politiker und Bürokraten einander. Bürokraten wissen Vorschläge aus der Politik wirkungsvoll zu verzögern und zu verhindern. Zweifellos übersteigt der Einfluss höherer Ministerialbeamter den der meisten frei gewählten Abgeordneten. Die Bürokratie engt den politischen Spielraum ein. Und sind die Erlasse erst einmal da, sorgen die Gerichte dafür, dass sie bis auf das letzte Komma angewendet werden, notfalls durch alle Instanzen.

Die Kompliziertheit des Gesetzes- und Vorschriftendschungels ist das wahre Herrschaftsgebiet der Bürokratie. In ihm soll sich der Bürger machtlos fühlen, angewiesen auf die Gerechtigkeit der Verwaltung. Die Reformunfähigkeit dieser Republik ist deshalb auch der Macht der Bürokratie geschuldet.

Sie gilt auch als eine der wichtigsten Ursachen für das geringe Wirtschaftswachstum. Wer eine Firma gründet, muss in Deutschland durchschnittlich 45 Tage auf die Genehmigungen von neun Behörden warten. In Australien sind es zwei Tage und zwei Ämter. Der deutsche Arbeitsmarkt kennt fünf Mal so viele Vorschriften wie der britische. Ein Familienbetrieb wendet 300 Stunden im Jahr nur für die Abrechnung von Steuern und Sozialabgaben auf. Unternehmen geben Milliarden dafür aus, um die Regelungswut zu bewältigen. Gründlichkeit nach der Devise: »Lass es die anderen ruhig besser machen, solange wir es nur besser wissen.«[6]

Hinter dem Scheitern praktisch aller Entbürokratisierungskampagnen steckt die zähe Abwehrstrategie der Bürokratie. Sie verteidigt mit ihren Regeln und Vorschriften auch ihre Privilegien – und davon ist das wichtigste das Fachwissen. Gesetze müssen so kompliziert sein, damit nur die Eingeweihten sie verstehen. Fachwissen ist das Herrschaftswissen der Bürokraten. Selbst Politiker können nur an der Hand der Bürokraten das Gelände passieren.

Auch die Bundestagsabgeordneten rechnen sich die Zahl der neuen Gesetze als Leistung an. Offenbar gibt es psychologische Ursachen für diese Kapitulation vor dem Apparat. Das Volk soll gefälligst spüren, dass es regiert wird, also müssen immer mehr Gesetze her. Würde sich der Bundestag überwiegend damit beschäftigen, überflüssige Paragraphen zu beseitigen, würden die Bürger es womöglich nicht gebührend zur Kenntnis nehmen. Außerdem könnte eine Protestwelle anrollen, weil jede Vereinfachung natürlich die Gerechtigkeit mindert und viele Gruppeninteressen nicht mehr eigens berücksichtigt. Dass trotzdem die meisten allein durch den geringeren Aufwand profitieren würden, zählt nicht. Steuererklärungen auf einem Bierdeckel: unmöglich! Damit kam Friedrich Merz nicht einmal in der eigenen Partei durch.

Und wo bliebe da die Einzelfallgerechtigkeit? Die Kompliziertheit und Undurchschaubarkeit wird den Bürgern als unausweichlicher Preis für totale Gerechtigkeit verkauft. Nur wenn jeder einzelne Fall Berücksichtigung finde, könne ein System vollkommen gerecht sein. In Wahrheit ist es die Undurchschaubarkeit, welche die staatliche Gerechtigkeit zu Willkür pervertiert. Was ich nicht durchschaue, kann ich nicht als gerecht empfinden.

Je komplizierter Entscheidungen sind, je verschlungener die Kompromisse, auf die sich die Politiker einigen, desto besser für die Bürokraten. Für Kompliziertheit sind sie zuständig.

Warum aber setzen sich die Abgeordneten nicht zur Wehr? Weil der Gesetzgeber Gesetze geben will, nicht abschaffen. Zugleich ist die Regelungswut auch ein Symbol für die Anmaßung der Politik, sich in alle Lebensbereiche der Bürger einzumischen und sie zu bevormunden. Die Deutschen wollen sich bevormunden lassen – Hauptsache die Gängelung erweckt den Anschein von Gerechtigkeit. Deshalb glauben so viele Deutsche noch immer an den Staat. Was täten sie auch ohne ihn? Sie müssten ihren eigenen Verstand gebrauchen.

Die Macht der Medien

Für gewöhnlich – doch zu Unrecht – werden die Medien als vierte Gewalt im Staat bezeichnet. Zweifellos glauben die Politiker, die Medien seien wesentlich mit daran schuld, dass sie beim Bürger in so schlechtem Ansehen stehen. Doch die Sphären sind nicht klar voneinander getrennt.

Die Medien sind einerseits Bühne und Resonanzboden der Politik. Andererseits verwandeln sich die politischen Organe selbst zu Mitarbeitern der Medien. Deshalb degeneriert Demokratie zur Videokratie. Regierungen und Parteien kommunizieren mit den Wählern lieber über Talkshows statt im dafür zuständigen Parlament.

Politische Propaganda im herkömmlichen Stil wirkt grobschlächtig, banal und lächerlich. Die Politik hat jedoch von der Wirtschaft gelernt. Es kommt beim Marketing weniger auf simple Werbung – etwa mit dem Gebrauchswert eines Produkts – an, sondern auf den emotionalen Mehrwert der Ware. Sein Träger ist die Marke. Mit ihr verbinden sich Lebensgefühl, Stilempfinden und Einzigartigkeit. Ein Opel transportiert vermutlich genauso zuverlässig und bequem wie ein vergleichbares Fahrzeug von Mercedes. Trotzdem ist das Image der beiden Marken grundverschieden.

Die emotionale Aufladung einer Marke wird Branding genannt. Branding gibt es längst auch in der Politik. Zum Beispiel versuchen die Parteien, Themen zu besetzen. Die Wähler sollen glauben, eine bestimmte Partei verfüge für die Lösung eines bestimmten Problems über Kompetenz.

Branding ersetzt Information. Audi ist technisch spitze: der Kunde will es nicht im Detail wissen, er glaubt es einfach, weil ihm Marke und Image verlässlich erscheinen. In der Politik ist das Image aber nicht verlässlich. Die SPD sei sozialer als die Union, verspricht die Marke. Das ist natürlich – siehe Hartz IV – falsch. Die CDU könne besser mit dem Geld der Steuerzahler umgehen. Auch dies ist, siehe Kohls DDR-Kauf, kompletter Unsinn, wird aber gerne behauptet und wohl auch gern geglaubt. Markenimages sind Werturteile, keine

Informationen. Deshalb erspart politisches Branding den Wählern nicht die Mühe, sich zu informieren. Die meisten tun es trotzdem nicht.

Auch Spitzenpolitiker sind in diesem Sinne eine Marke. Sie stehen umso höher im Kurs, je mehr sie als Person ein bestimmtes Markenimage verkörpern. Politiker halten sich für Marketing-Experten. Davon, meinen sie, verstünden sie wirklich etwas. Außerdem halten sie sich eine Vielzahl von Marketing- und Medienberatern. Von ihren *Spin Doctors* werden sie wie Produkte behandelt. Das Ziel ist, zur Kultmarke aufzusteigen.

Die Überbetonung von Image und inhaltsleerer Medienwirkung ist nicht nur eine Folge der intensiven Mediennutzung der Wähler, sondern auch der Verkümmerung von Politik oder – wenn man so will – der Verkümmerung der demokratischen Substanz von Politik. Es wird gar nicht mehr versucht, die Bürger substanziell mit der Komplexität politischer Entscheidungen vertraut zu machen. Am liebsten spricht die Politik gar nicht über ein so schwieriges Thema wie die Europäische Verfassung. Es muss auch unter allen Umständen vermieden werden, beim Publikum den Eindruck zu hinterlassen, bestimmte Probleme seien nicht zu aller Zufriedenheit und mit sicherem Erfolg lösbar. Die Politiker trauen ihren Wählern das nötige Verständnis für die wichtigen Themen nicht zu, tun aber auch nichts, um dieses Verständnis zu schaffen. Sie reden lieber nur über die Probleme und glauben, das reiche aus.

Es interessiert sich heute kaum mehr jemand für das, was im Bundestag verhandelt wird. Nicht einmal mehr in den Nachrichtensendungen werden regelmäßig die wichtigsten Redeausschnitte gesendet. Und wer schaut schon Phoenix? Damit fällt dieses wichtige Forum der Meinungsbildung aus. Es fällt auch aus als Bühne für rhetorische Talente. Diese

Kunst ist offenbar überhaupt kein Kriterium mehr für politische Karrieren. Über die alles entscheidende Popularität und Bekanntheit der Politiker entscheiden Auftritte in Talkshows und ähnlichen Unterhaltungsformaten. Da im Showgeschäft nur der Star zählt, werden immer nur dieselben Stars eingeladen.

Da inzwischen auch die Politik der Dramaturgie der Talkshow folgt, geben sich Regierungschefs selbst wie Moderatoren oder Showmaster. Auch in der Politik zählt der Star mehr als die Story beziehungsweise die Sachdebatte. Stäbe von Medienberatern arbeiten am Image der führenden Politiker und Parteien. Dagegen gibt es in Deutschland so gut wie keine *think tanks*, deren Aufgabe es wäre, Inhalte zu bearbeiten.

Als besonders erfolgreich erweist sich in Talkshows die Methode, gestellte Fragen nicht zu beantworten, dafür aber unter allen Umständen die Botschaften auszusenden, die der Teilnehmer vermitteln will. Die Kunst eines guten Talkmasters besteht darin, Fragen zu stellen, die zu den Antworten passen.

Nachdenklichkeit kommt nicht sonderlich gut an. Noch schlechter ist es, wenn sich jemand in seinem Redefluss unterbrechen lässt. Stark wirkt derjenige, der unbeirrbar und rücksichtslos auftritt. Er zieht die Aufmerksamkeit des Publikums auf sich. So kommt es, dass Dominanz in der Show mit Dominanz in der Politik gleichgesetzt wird. »Wer hier erfolgreich auftreten will, muss die Imperative der Massenmedien befolgen, also auf Argumente und Kontexte verzichten. Das läuft auf eine Rhetorik des Statements hinaus, die für Spitzenpolitiker charakteristisch ist.«[7]

Talkshows machen aus Politikern Stars. Ein Star ist jemand, der bekannt ist. Bekannt ist jemand, der entweder ein Spitzenamt bekleidet oder ständig in Talkshows auftritt. Dazu zählt auch eine Reihe ehemaliger hochrangiger Politiker (wie etwa Geißler, Glotz oder Späth). So kommt es, dass alle politischen

Talkshows von wenigen Dutzend Darstellern dominiert werden. Möglicherweise brillante, aber unentdeckte Abgeordnete erhalten keine Chance. In der Mediendemokratie ist nicht bekannt, wer am besten argumentiert. Man ist bekannt, weil man bekannt ist. Das ist das idiotische Gesetz der Talkshow.

Wie selbstverständlich beschäftigen sich die Talkshows aller Kanäle immer mit dem einen, gerade besonders angesagten Thema. Andere, womöglich wichtigere Themen werden nicht angesprochen. Auch dies ist ein verhängnisvoller Mechanismus. Im Parlament ist die Tagesordnung viel breiter. Der Mediendemokratie reichen die wenigen Säue, die gerade durchs Dorf getrieben werden. Was sonst noch von Belang wäre, findet für die Wähler gar nicht statt.

Und doch ist womöglich die gegenwärtige Vertrauenskrise auch eine Antwort auf die falsche Inszenierung von Politik. Es hat Herrn Steinbrück und Frau Simonis nichts genützt, die populäreren, vor den Kameras wendigeren und selbstsichereren Politiker gewesen zu sein. Ihre weniger attraktiven Herausforderer machten das Rennen. Womöglich wird auch Gerhard Schröders zweifellos hoch ausgeprägtes Talent, mit dem Fernsehen als Medium zu spielen, kein Vorteil sein.

Die Entwertung der politischen Organe zugunsten der Medien hindert Politiker nicht daran, für ihr Missvergnügen an der Politik eben jene Medien verantwortlich zu machen. Gerhard Schröder warnte jüngst in München anlässlich der Verleihung des Herbert-Riehl-Heyse-Preises vor »Boulevardisierung, Personalisierung und auch Skandalisierung«. Er kritisierte, dass die Medien von der Analyse komplizierter Probleme ablenkten.[8] Er hat vollkommen Recht – nur beteiligt sich die Politik an dieser Verfälschung und Entwertung des Politischen.

Und der jüngst verstorbene ehemalige *Spiegel*-Chefredakteur und spätere Politiker Günter Gaus bekannte: »Ich bin vor allem deshalb kein Demokrat mehr, weil aus dem gesellschaftlichen Zusammenwirken von Wählern und Gewählten eine Schauveranstaltung geworden ist.«[9]

Die Macht der Berater

Auch der Einfluss demokratisch nicht legitimierter Interessengruppen und Expertengremien wächst zu Lasten der Volksvertreter. Immer häufiger beruft die Regierung Komissionen. Der VW-Manager Peter Hartz entwarf die wichtigsten Sozialreformen. Auch wenn er sich inzwischen vom Ergebnis »Hartz I bis IV« distanziert: er gab dem Kind sogar seinen Namen. Ähnlich einflussreich ist der Rentenexperte Rürup. In Fragen des Aufbaus Ost gab eine Expertengruppe um den ehemaligen DDR-Banker Edgar Most und den ehemaligen Hamburger Bürgermeister Klaus von Dohnanyi den Ton vor. Der Ethikrat der Regierung bestimmt die Richtlinien der so zukunftswichtigen Biotechnologie. Und die Einwanderungspolitik bereitete eine Kommission um die CDU-Politikerin Süssmuth vor – engagiert vom SPD-Kanzler. All diese Gremien sind demokratisch nicht legitimiert, ihre Mitglieder nicht gewählt und ihre Arbeit wird vom Parlament nicht kontrolliert. »Berater helfen vergessen, warum frühere Reformen gescheitert sind. Das ist für Politiker, die unsere Gesellschaft verbessern wollen, überlebenswichtig. Denn der Glaube an die Reformfähigkeit einer Organisation nährt sich vom Vergessen früherer Reformanstrengungen. Und der Mut zur Reform braucht die Kraft des Vergessens.«[10]

Als Christian Wulff in Niedersachsen Ministerpräsident wurde, legte er sich bei *Sabine Christiansen* mit Roland Berger, dem Berater seines Vorgängers an. Die Beratertätigkeiten seien nicht nur häufig nichts wert, sie gingen auch auf Kosten der Steuerzahler und beruhten zudem auf nichts anderem als auf »Kartellen und Seilschaften«.[11]

Eine besondere Art von Beratern hat noch mehr Einfluss:

die Demoskopen. Erstaunlich, wie präzise die Wahlforscher das Ergebnis von Wahlen bereits vor Schließung der Wahllokale voraussagen können. Sie sind keine Propheten. Sie fragen nur nach, wie Wähler, die gerade aus den Wahllokalen kommen, abgestimmt haben. Dazu reicht eine kleine, repräsentative Teilmenge.

Die Spitzenpolitiker sind in den Stunden vor der Wahl bereits gut informiert. Sie feilen schon an ihren Erklärungen, wenn die Bürger noch wählen. Die Macht der Meinungsforscher steigt, denn sie liefern nicht nur blanke Zahlen, sondern interpretieren sie auch und entwickeln daraus strategische Vorgaben für die Politik. Sie erklären die wissenschaftlich gemessenen Wünsche des Volkes. Zum Beispiel machen erst die so genannten Wählerwanderungen die Wahlergebnisse lesbar. Dass die SPD in Nordrhein-Westfalen verlor, überraschte niemanden, aber dass trotz Kapitalismuskritik Arbeiter und sogar Arbeitslose in hellen Scharen von der SPD zur CDU überliefen, machte das Ergebnis erst wirklich niederschmetternd für die SPD.

Die modernen technischen und sozialwissenschaftlichen Mittel der Meinungsforschung erlauben viel präzisere und komplexere Bilder vom Willen des Volkes als die Stimmzettel. Demoskopen gehen ein und aus in den Machtzentralen der Parteien und Regierungen. Sie haben die Rolle, die früher einmal Hofastrologen einnahmen.

Durch ihren Einfluss hat die Demokratie eine andere Qualität bekommen, von Demoskopie steht aber nichts in der Verfassung. Das haben die Meinungsforscher auch nicht nötig, ihnen genügt die Demoskopiehörigkeit der Populisten. Eine von Umfragen gelenkte Demokratie ist keine parlamentarische Demokratie.

Demokratische Politiker haben die Aufgabe, ihrem Gewissen, ihren festen, begründeten Überzeugungen und ihrem

Wissen zu folgen. Demokratische Politik ist nicht einfach der Vollzug der gerade herrschenden Stimmung; sie sollte ein Ringen um den besten, nicht um den bequemsten Weg sein. Demoskopiehörige Politiker verfehlen ihren Beruf.

»Die öffentliche Meinung ist oft unsicher und oberflächlich; Leute sollen sich zu Themen äußern, zu denen sie gar keine klare Meinung haben und sich am liebsten gar nicht äußern würden … Ich neige eher zu der Auffassung, dass die politische Führung die Aufgabe hat zu führen, anstatt sich von Meinungsumfragen leiten zu lassen«[12], so Lord Dahrendorf. Politiker wollen zwar führen, ihre Entscheidungen zugleich aber von Meinungsumfragen »absegnen« lassen.

Meinungsumfragen wecken Erwartungen, auch bei den Wählern selbst. Deshalb beeinflussen Umfragen vor Wahlen das Wahlverhalten. Meinungsumfragen bestimmen auch die Wichtigkeit von Themen. Die Stimmungen der Befragten sind aber nicht immer deckungsgleich mit der tatsächlichen Bedeutung der Themen.

Die Europapolitik zum Beispiel tauchte lange nicht in den vorderen Rängen des Interesses auf, sie fand auch in den Medien kaum angemessene Resonanz. Mit Europa ließen sich keine Leser und Zuschauer locken. Deshalb waren die Bürger nicht auf die Europäische Verfassung und die Konsequenzen der EU-Erweiterung vorbereitet. Fast unbemerkt von der Öffentlichkeit hatte sich die Kompetenz des Nationalstaats verflüchtigt. Ablehnend reagieren nun die Bürger auf längst vollzogene Entwicklungen. Ein glattes Versagen der Streitkultur im Land – trotz oder gerade wegen ständiger Volksbefragungen.

Entnationalisierung

Die Europäische Union ist zweifellos ein faszinierendes, in der Weltgeschichte einmaliges Experiment. Nicht Staatenbund, nicht Bundesstaat. Eine transnationale Demokratie – und deshalb keine richtige Demokratie, denn die gab es bisher nur in Nationalstaaten. Bei Abstimmungen entscheidet in einem komplizierten Verfahren sowohl die Mehrheit der Mitgliedsstaaten als auch die Mehrheit der Bürger. Aber das europäische Parlament ist noch keine Volksvertretung, wie sie die Bürger gewohnt sind.

Die nationalen Parlamente verlieren Macht an die Europäische Union. Deren wichtigste Institution, die Kommission, entzieht sich immer noch weitgehend der demokratischen Kontrolle durch das Europäische Parlament. Aus Brüssel kommen schon weit mehr Gesetze als aus dem Bundestag, freilich nicht aus dem Europäischen Parlament, sondern aus der europäischen Bürokratie.

Der grüne Abgeordnete Christian Ströbele befürchtet, das deutsche Parlament werde bald nur noch »Vollzugsorgan« Brüssels sein. Volker Beck, der parlamentarische Geschäftsführer der Grünen, glaubt, »dass jeder Beamte in Europa mehr Einfluss hat als das gesamte Parlament«.[13]

Aber der Bundestag könnte mehr Einfluss haben, als er wahrhaben und wahrnehmen möchte. Europäische Gesetze, die in nationales Recht umgewandelt werden müssen, wurden bisher immer nur routiniert durchgewunken. Das Parlament schaute der Bundesregierung tatenlos zu, wie sie in Brüssel Fakten schuf. Der Bundestag versäumte es, die Europapolitik der eigenen Regierung pflichtgemäß zu kontrollieren.

Die demokratischen Staaten verfehlen ihre Aufgabe, die Macht der »Marktfundamentalisten« zu kontrollieren und zu reglementieren, weil ihre nationalstaatliche Souveränität nichts ausrichten kann gegen das global agierende Kapital.

»Marktfundamentalisten behaupten, dem Gemeinwohl sei am besten gedient, wenn man jedermann gestatte, seine Eigeninteressen zu verfolgen. Das hört sich nach einer verlockenden Idee an – leider stimmt sie nur zur Hälfte. Für die Verfolgung privater Interessen eignen Märkte sich hervorragend, aber sie sind nicht dafür gemacht, die Interessen der Allgemeinheit zu schützen.«[14] Diese Kritik kommt von einem Erzkapitalisten, dem milliardenschweren George Soros.

Es kommt zu einer verhängnisvollen Rückkopplung: Weil die Nationalstaaten nicht mehr in der Lage sind, die Konzerne zu zwingen, ihren finanziellen Anteil an den öffentlichen Aufgaben zu leisten, fällt es dem Staat immer schwerer, seine Funktion zu erfüllen. Dies wiederum lässt den Zweifel der Bürger an den Parteien und am politischen System wachsen. Die Schwächung der Demokratie erfährt durch den globalen Kapitalismus also eine permanente Verstärkung. »Das wäre nicht weiter schlimm, wenn man sich darauf verlassen könnte, dass die freien Märkte sämtliche Bedürfnisse regeln. Aber das ist offenkundig nicht der Fall … Folglich können menschliche und soziale Werte nur durch gesellschaftliche und politische Abmachungen zur Geltung kommen, selbst, wenn diese weniger effizient sind als Märkte.«[15]

Es sei ein neoliberaler Irrglaube, die Finanzmärkte durch mehr Disziplin bändigen zu können. Aber die Finanzmärkte sind »ihrem Wesen nach instabil« und so viel Instabilität kann die Politik nicht abfedern und ausgleichen und können die Gesellschaften nicht verkraften.

Soros zieht daraus die richtigen politischen Schlüsse: Die Schwächung der Nationalstaaten muss durch eine Stärkung internationaler Institutionen kompensiert werden. Er fordert unter anderem die Schaffung einer Weltzentralbank.

Indessen reagiert die Politik nicht mit konkreten Maßnahmen, sondern mit populistischen Reflexen. Sie versucht mit untauglichen Mitteln die Illusion zu erzeugen, mit einer Rückbesinnung auf deutsche Werte und deutsche Interessen sei ihr Machtverlust aufzuhalten.

Als Karl Popper – der große Philosoph und Lehrer von Soros – 1945 in seinem furiosen Klassiker die Feinde der offenen Gesellschaft attackierte, war klar, wer diese Feinde waren: die totalitären Ideologien des Kommunismus und Faschismus. Demokratie und Totalitarismus standen sich klar gegenüber. Inzwischen sind nicht Kommunismus und Faschismus die größte Gefahr der Demokratie; vielmehr ist der größte Feind der offenen Gesellschaft in ihr selbst zu finden, und er hat alle gesellschaftlichen Bereiche durchdrungen, insbesondere die Machteliten selbst. Sie wollen »alle politischen und sozialen Werte den Marktwerten unterordnen«.[16]

Die Profitgier der Unternehmen gefährde langfristig die Demokratie, meint die Mehrheit der Deutschen (58 Prozent) und sogar noch unter den CDU-Anhängern mit 47 Prozent die relative Mehrheit.[17] Dennoch wäre es eine Illusion zu glauben, Jobs ließen sich mit dirigistischen, protektionistischen Methoden erhalten. Handlungshoheit für Nationalstaaten, wie sie Franz Müntefering forderte, gibt es nicht mehr.

Wir stehen, meint Parteienforscher Franz Walter, »zumindest im internationalen Zusammenhang unverkennbar am Abschluss der parlamentarischen Epoche. Wie aber kann die demokratische Organisation der vielzitierten Weltgesellschaft überhaupt aussehen?«[18] Eine Frage ohne Antwort und kein Trost für den Deutschen Bundestag.

Nur eines kann der Bundestag nach wie vor schaffen: neue Möglichkeiten der Umverteilung. 57,4 Prozent der in Deutschland geschaffenen Werte beschlagnahmt der Staat und verteilt sie um. Deutschland liege »dem Kommunismus schon näher als der Marktwirtschaft«, kritisiert der Ökonom Hans-Werner

Sinn, Chef des Münchener Ifo-Instituts. Aber das kann keine sinnvolle Antwort auf die Globalisierung sein.

Die falschen Parteien

Die Parteien haben es in den vergangenen Jahren und Jahrzehnten versäumt, ihr Denken weiterzuentwickeln. Sie befinden sich »in einer großen Transformationskrise, verlieren kontinuierlich an Überzeugungskraft«.[19] Das gilt für alle Parteien, sowohl für die Gewinner wie für die Verlierer der nächsten Wahl. Der Unterschied wird nur sein, dass die Gewinner dies nicht zur Kenntnis nehmen werden. Haben sie nicht das Vertrauen der Wähler bekommen?

Die Sozialdemokraten: Welche künftige Gesellschaft stellen sie sich vor? Gegen was und wofür kämpfen sie? Die Wahlkampfparolen erklären es nicht, die bisherige Regierungspolitik auch nicht. Will die SPD hinauf mit den Steuern (Erbschaftssteuer, Vermögenssteuer, Mehrwertsteuer) oder bleibt Schröder dabei, die Unternehmenssteuern zu senken? Will die SPD weiterhin Europa inklusive Türkei oder kämpft sie gegen die Zumutungen eines offenen europäischen Arbeitsmarkts? Beides passt nicht zusammen. Wieso tritt die SPD wieder mit Schröder an, der eine so wirtschaftsfreundliche Politik gemacht hat wie keiner vor ihm, nun aber behauptet, es sei eine Richtungsentscheidung zwischen kaltem »Marktradikalismus« (Müntefering) und warmem Sozialstaat zu treffen? Warum kandidiert nicht Müntefering, dann wäre die angekündigte Wende wenigstens glaubhaft?

Und die CDU/CSU? Was heißt überhaupt christlich? Konservativ? Wo ist die Mitte? Hat die Union wirklich eine Antwort für die vielen Arbeiter und Arbeitslosen, die in Nordrhein-Westfalen erstmals CDU gewählt haben?

Hat die FDP das Trauma verkraftet, nicht mehr die einzige liberale Partei Deutschlands zu sein? Die Grünen sind es auch. Sozialdemokratisch sind alle Parteien irgendwie – mit Ausnahme der FDP vielleicht. Obwohl selbst Westerwelle behauptete, bei seiner Partei seien die Interessen der Arbeitnehmer besser aufgehoben als bei den Gewerkschaften. Und was ist aus dem großen Reformprojekt der Grünen geworden? Wo blieb die alte Leidenschaft?

Die Parteien werden auch bei dieser Wahl nicht ihre Chance nutzen, mit den richtigen Leuten einen klaren, sauberen Kurs zu bieten. Ein *Merkelismus* nach Art der Eisernen Lady Thatcher wäre einen Versuch wert. Trial and error! Nach vier Jahren darf, was Deutschland nicht auf die Sprünge geholfen hat, wieder korrigiert werden. Aber wenigstens würde etwas versucht, was anders ist als die bisher gescheiterte Politik. Nur wird es dazu nicht kommen. Die CDU ist ja nun eine »Arbeiterpartei«, so der Wahlsieger von Nordrhein-Westfalen, Jürgen Rüttgers.

Vielleicht ist schon im Wesen der Parteienherrschaft ein grundlegender Fehler eingebaut, der einfach hingenommen wird, obwohl er vollkommen der Realität widerspricht.

Was steht eigentlich zur Wahl? Parteien und ihre Programme. Es sind Pauschalangebote, das ganze Menü. Der Wähler hat nur begrenzt die Wahl. Was soll er tun, wenn ihm die Vorspeise im Menü einer Partei am meisten zusagt, er die Hauptspeise jedoch lieber aus dem Menü einer anderen Partei nehmen würde? Warum kann man Politik nicht à la carte haben? Mancher Wähler fühlt sich zwar von den Steuersenkungsplänen der CDU angesprochen, vorausgesetzt, sie entpuppen sich nicht als Steuererhöhungspläne. Zugleich lehnt er jedoch das patriotische Getue der Union ab und kann auch ihre Einwanderungspolitik nicht vertragen. Andere würden gerne die Bildungspolitik der SPD wählen, aber die zunehmende Einschränkung der Bürgerrechte, wie sie SPD-Innenminister Schily durchsetzt, geht ihnen gegen den Strich. Der eine ist Vegetarier, bekommt sein Gemüse aber nur mit fettem Speck. Der andere ist Antialkoholiker, doch die Milch ist nur im Doppelpack mit Schnaps zu kriegen. Das ist die Realität in der Politik.

In ihrer Not würden die meisten Wähler lieber einen Teil des nolens volens gewählten Menüs stehen lassen. Sie haben sich vielleicht gar nicht für die Speisekarte einer Partei entschieden, sondern für den Küchenchef und dessen Ruf, für den, der ihnen vertrauenswürdiger oder auch nur sympathischer vorkommt. Deshalb zählen die Spitzenkandidaten häufig mehr als die Inhalte der Politik. Die Parteien bieten Konzepte, Entwürfe, Werte im Paket, die gar nicht mehr zusammenpassen.

Es mag sein, dass dies vor Jahrzehnten noch anders war. Damals waren Milieus und Weltbilder geschlossener als heute. Die Pauschal-Parteien entsprechen heute weder der Differenziertheit einer stark individualisierten Gesellschaft noch ihren komplexen Problemen.

Die Parteien, wie sie heute zur Wahl stehen, bilden die eigentlichen Gegensätze und Alternativen gar nicht mehr ab. Die größten Kontroversen gehen mitten durch die altbekannten Lager. In Wahrheit gibt es zwei große Volksparteien in Deutschland, die auf keinem Wahlzettel stehen: die Partei der Modernisierer und die Partei der Bewahrer. Die Verteidiger des Altbewährten und die Reformer. Den rheinischen Kapitalismus nach gewerkschaftlich-christlichem Rezept verteidigen Sozialdemokraten wie Christdemokraten – Lafontaine wie Seehofer. Die neoliberale Wende hat Kanzler Schröder ebenso im Programm wie Frau Merkel. Und das Gegenteil davon auch.

Aber das Parteiensystem soll halten. Die innerparteilichen Fronten müssen deshalb überbrückt werden, und wenn das nicht geht, wenigstens ignoriert oder mit den Mitteln der Parteiräson gebändigt.

Es sieht nun so aus, als würde es die SPD zuerst zerreißen. Das Linksbündnis mit Gysi und Lafontaine ist nur auf den ersten, täuschenden Blick die erwünschte, echte Alternative. Die PDS ist nach wie vor die Partei der DDR-Nostalgie, der alten SED-Funktionärsmentalität, der Steinzeitsozialisten und Traumtänzer ohne Kontakt zur Wirklichkeit. Lafontaine, der 1990 erfreulicherweise Kohls Beitritts-Populismus bekämpft hatte, ist ein Fossil der Bonner Republik. In diesem neuen, linkspopulistischen Bündnis passt nichts wirklich zusammen.

Das einzige Motiv Lafontaines ist Rache an Schröder und der SPD. Von der Wahl dieser so genannten Alternative ist dringend abzuraten. Sie verspricht die Verwandlung dieser Republik in eine *DDR light*. Es ist nicht auszuschließen, dass eine große Zahl ehemaliger DDR-Bürger genau dies wünscht. Das kann zum denkbar schlimmsten Ergebnis führen: zur großen Koalition, zur Zementierung der lauen Kompromiss-Politik, zum endgültigen Ruin dieser Demokratie. Wer protestieren will, sollte lieber gar nicht wählen.

Das Gewissen der Politiker wird der Parteidisziplin untergeordnet. Und es werden Fronten zwischen den Parteien aufgebaut, die gar nicht den Sachfragen entsprechen. So sind die Parteien zwar immer weniger voneinander unterscheidbar, zementieren im Parlament aber trotzdem den starren Fraktionszwang. Machtpolitik geht vor Sachpolitik.

»Das alles ist nichts anderes als programmierte Unsachlichkeit! Eine schwere, kaum als solche erkannte Kinderkrankheit der Demokratie.«[20] Der Parteienkritiker Johannes Heinrichs hat aus dieser Erkenntnis interessante Vorschläge entwickelt. Er fordert, die Pauschalparteien und auch die Pauschalparlamente aufzulösen. Er schlägt stattdessen ein abgestuftes System von vier Parlamenten vor. Das erste entscheidet Wirtschaftsfragen, das zweite trifft im engeren Sinne politische Entscheidungen, das dritte ist für kulturelle Fragen zuständig. Über diesen dreien steht ein Grundwerteparlament. Die Abgeordneten in diesen vier Häusern sind Experten, aber anders als die Experten, die heute Einfluss auf die Politik nehmen, zugleich gewählte Abgeordnete und somit demokratisch legitimiert. Es sind Experten des Vertrauens und nicht mehr Allround-Politiker, die von nichts wirklich viel verstehen, aber alles entscheiden. Zur Wahl stehen also Sachparteien. Dieses Konzept ist wahrscheinlich weder durchsetzbar noch praktikabel. Aber es bietet die richtige Analyse.

Im Pauschal-Parlament herrscht zwar ebenfalls ein zunehmender Zwang zur Spezialisierung der einzelnen Abgeordneten. Hier aber wirkt er kontraproduktiv. Er führt dazu, dass wichtige Sachfragen nur noch in kleinen Expertenzirkeln entschieden werden. Die Masse der Abgeordneten folgt mehr oder weniger blind ihren Arbeitskreisvorsitzenden, Sprechern, Obleuten. Eine Vielzahl herausgehobener Posten verdankt sich dieser Art der Spezialisierung. Das ist gut für das Ego formal aufgewerteter Hinterbänkler, schlecht für die Streitkultur. Die Arbeit im Parlament ähnelt immer mehr der Arbeit in einer Behörde. Eine Hierarchie entsteht, die aus der verfassungsmäßigen Unabhängigkeit der Abgeordneten eine Farce macht. »Der Fraktionsvorsitzende wird zum Behördenchef, seine Stellvertreter zu Abteilungsleitern, die Arbeitsgruppenvorsitzenden zu Referatsleitern, die ›einfachen Abgeordneten‹ zu Sachbearbeitern.«[21] Dieses System führt aber nicht zu klaren Alternativen.

Die Anmaßung der Parteien

Zum Wesen der Demokratie gehört die Teilung der Macht. Die Legislative beschließt die Gesetze, die Exekutive setzt sie um. Unabhängig von beiden ist die Justiz, die dritte Gewalt. So weit die Theorie. Tatsächlich üben die Parteien, die im Parlament die Mehrheit der Sitze einnehmen, die Herrschaft über Exekutive und Legislative, über Regierung und Parlament aus.

Ihre tatsächliche Macht wird von dem in der Verfassung garantierten Recht auf *Mitwirkung* nicht annähernd gedeckt. Von Mitwirkung kann keine Rede mehr sein. Die Parteien belagern die Gesellschaft, die aus diesem Belagerungsring ausbrechen muss. Nur wie soll das geschehen, wenn nur die Parteien selbst dies leisten könnten? Freiwillig hat noch keine Partei auf Macht verzichtet.

Die Parteien sind nicht die Lösung, sondern das Problem. Sie sind unfähig, den notwendigen Wandel zu organisieren, sie erschöpfen sich in Wahlkämpfen, sie jagen ewig nach Ämtern und Pfründen.

Die Ausübung fast aller Berufe von einiger Bedeutung unterliegt exakten, strengen Regeln der Zulassung. Wer Arzt, Rechtsanwalt, Lehrer werden möchte, muss selbstverständlich ein vorgeschriebenes Studium absolvieren und mit entsprechenden Examina abschließen. Aber auch Elektriker, Automechaniker und Dachdecker sind geprüfte Fachleute. Wer ein Geschäft betreibt, das auch nur die geringsten Auswirkungen auf die Sicherheit der Kunden haben könnte, wird auf die Einhaltung strikter Qualitätsmaßstäbe kontrolliert.

Man wäre ein Demokratieverächter ersten Ranges, würde man behaupten, Abgeordnete könnten keinen vergleichbaren Schaden anrichten; jeder Koch, der ein verdorbenes Essen serviert, jeder Heizungsmonteur, der eine Gasleitung falsch installiert, jeder Zahnarzt, der ein schlecht sitzendes Implantat fabriziert, sei gefährlicher als eine Null im Bundestag. Im Gegenteil: Politiker üben einen Beruf aus, der mindestens so verantwortungsvoll ist wie der eines Metzgers, Richters oder Ingenieurs. Dennoch ist weit und breit niemand zu erkennen, der Maßstäbe für die Qualität dieser für das öffentliche wie für das private Wohl der Bürger so maßgeblichen Arbeit festlegte, niemand, der die Kandidaten entsprechenden Prüfungen unterzöge.

Anderswo, etwa in England, ist dies durchaus der Fall. Dort werden Wahlkreiskandidaten umfassenden und anspruchsvollen Eignungsprüfungen unterzogen. Da in Großbritannien das Mehrheitswahlrecht gilt und alle Abgeordneten ihren Wahlkreis gewinnen müssen, ist das Verfahren unumstritten. In Deutschland dagegen werden Kandidaten auf Landeslisten abgesichert. Sie sind also noch nicht einmal direkt von den Stimmen ihrer Wähler abhängig; es reicht, wenn Parteidelegierte sie gut genug platzieren. So sorgt das Verhältniswahlrecht – bei dem die Zweitstimmen für die Parteien entscheidend sind – für die ausgesprochen undemokratische Situation, dass Abgeordnete ins Parlament einziehen, die sich niemals persönlich den Wählern gestellt haben.

In Deutschland achtet niemand auf die grundsätzliche Tauglichkeit der Politiker, nicht einmal, wenn sie in hohe und höchste Staatsämter aufsteigen. Wie jedermann weiß, müssen sich in den USA Spitzenbeamte und Regierungsmitglieder, die der Präsident berufen möchte, den kritischen, ja durchaus inquisitorischen Fragen des Parlaments stellen. Sie werden nicht nur bezüglich ihrer politischen Meinung befragt, sondern auch nach Fachkenntnis und persönlicher Eignung.

In Deutschland dagegen können Gestalten mühelos aufsteigen, denen niemand sein Geld und schon gar nicht eine leitende Aufgabe anvertrauen würde, Kandidaten, die es in keinem anderen Beruf zu etwas bringen würden.

Die modernen Demokratien haben früh erkannt, dass die Aufgaben der Politik nicht von Freizeitpolitikern gemeistert werden können. Die Tätigkeit verlangt die volle Kraft und Aufmerksamkeit der Gewählten. Sehr schnell entwickelte sich deshalb das Berufsbild des Politikers. Doch die qualitative Professionalisierung blieb aus. Politiker werden wie Profis ausgestattet und bezahlt, nur Qualifizierung und Zulassung blieben auf dem Stand der Amateurpolitik stehen. In einer Zeit, in der die Anforderungen an das Wissen und die Notwendigkeit der Weiter- und Fortbildung immens steigen, ist dies ein Versäumnis, das nur Kopfschütteln hervorrufen kann.

Es ist nicht auszuschließen, dass es auch Ärzte, Ingenieure oder Professoren gibt, die borniert, faul und dumm ihren Weg machen – wahrscheinlich, weil sie sich politischer Protektion erfreuen. Außerdem, wenden Politiker ein, könnten Leistung und Erfolg in der Politik nicht an Studiengänge geknüpft werden. Schließlich sind Germanisten nur selten begabte Dichter, Kommunikationswissenschaftler nur in Ausnahmefällen brauchbare Journalisten und Politologen nun einmal keine besseren Politiker, als es gestandene Frauen und Männer aus allen Lebensbereichen sind. Trotzdem wäre gegen eine gewisse Akademisierung nichts einzuwenden. Sie gibt es auch in anderen Berufen. Früher konnten Studienabbrecher ohne weiteres Chefredakteur werden. Heute verlangt man schon von jedem Volontär ein abgeschlossenes Hochschulstudium. Die großen Unternehmensberatungsgesellschaften suchen nicht nur Betriebswirte, auch Juristen und Philosophen haben eine Chance. Aber alle werden auf Herz und Nieren geprüft: soziales Engagement, rhetorische Fähigkeiten, Allgemeinbildung spielen eine Rolle. Nur nicht, wenn jemand beschließt, Politiker zu werden.

Politik und das Gespür dafür lernt man nur in der Praxis, behaupten Parteipolitiker. Kandidaten müssen sich jahrelang für die Partei engagiert und bewährt haben. Die Partei ist die Institution, die über die fachliche wie charakterliche Eignung der Politiker befindet.

Angenommen, ein Bewerber für eine Kandidatur zur Bundestagswahl besäße tatsächlich die volle Tauglichkeit. Er wäre in der Lage, im Deutschen Bundestag über die Entsendung deutscher Soldaten nach Afghanistan, die Zulassung biotechnologischer Verfahren, die Energiepolitik, die Reform der Sozialsysteme mitzureden und mitzuentscheiden – nehmen wir dies nur einmal an –, die Leute, die über seine Kandidatur entschieden, wüssten von seinen Fähigkeiten kaum etwas. Sie würden sie nicht wirklich interessieren. Entscheidend ist allein, ob der Bewerber sich in seinem Wahlkreis gegen andere Bewerber durchsetzen kann. Kenntnisse über die lokalen Gegebenheiten, vor allem über das feine Gespinst der örtlichen Machtverhältnisse, über Seilschaften und Loyalitäten sichern ihm den Erfolg. Die Partei ist Netzwerk und Jobagentur. Über die Platzierung auf den Landeslisten entscheidet darüber hinaus auch das Gesetz des parteiinternen Proporzes. Regionale Herkunft, Alter, Geschlecht, Konfession, Zugehörigkeit zu diesem oder jenen Flügel sind wesentliche Faktoren.

Der erfolgreiche Bewerber hat das Spiel der Macht gelernt. Er wird sich vom ersten Tag nach der Wahl an um die Wiederwahl bemühen. Wichtigste Regel: Parteiarbeit ist wichtiger als Parlamentsarbeit. Nicht seine Sachkenntnis und sein Fleiß in einem Bundestagsausschuss werden entscheiden, sondern allein seine Präsenz im Wahlkreis und sein Geschick, die Delegierten dort bei Laune zu halten. Er weiß auch, worauf es in Berlin ankommt: nicht auf gute Ideen, nicht auf gute Reden, nicht auf Gewissenhaftigkeit, sondern auf den Pakt mit den starken Truppen in der eigenen Fraktion. In allen einschlägigen Sachfragen wird er die Sprachregelung der Fraktion übernehmen und so verinnerlichen, dass er sie mühelos in jeder Situation reproduzieren kann.

Er wird, ehe er überhaupt in den Genuss der Kandidatur kommt, seinen erlernten Beruf vernachlässigen müssen, denn politische Basisarbeit ist zeitraubend. Es ist kein Zufall, dass im Bundestag so viele Beamte und Angestellte des öffentlichen Dienstes und der Verbände sitzen. Offensichtlich steht das Berufsziel Politiker zuerst fest, dann erst wird ein Beruf gewählt, der den schnellsten Weg zum Ziel verspricht. Er gewährt viel Zeit für politische Betätigung (Lehrer) oder er bietet eine Art Vorschule der Politik (Angestellter bei Parteien und Verbänden). Im politischen Milieu beginnt auch gleich die Entfremdung vom wahren Leben. Öffentlich besoldete Politkandidaten mussten nie um ihren Arbeitsplatz bangen.

Umgekehrt empfinden Newcomer aus der Wirtschaft und den freien Berufen den Einstieg in die Berufspolitik als Kulturschock. Sie stoßen sehr schnell an Gummiwände, sehen sich zu Selbstverleugnung und Unterordnung gezwungen.

Warum will überhaupt jemand Politiker werden? Gemeinhin streben Menschen einen Beruf an, der Eigenschaften verlangt, die sie sich selbst zuschreiben (oder aber gerne besitzen würden). Man darf davon ausgehen, dass Kandidaten für die Politik über ein ansehnliches Selbstwertgefühl verfügen. Aber so wie Ärzte nicht unbedingt einfühlsam und gewissenhaft sind, besitzen Politiker nicht immer die Fähigkeit, Probleme zu lösen. Kandidaten für Managementaufgaben werden in diese Richtung getestet, Politiker nicht.

Die örtliche Parteibasis – genauer gesagt: ihre ehrenamtliche Funktionärskaste – ist denkbar ungeeignet, über die notwendige Qualität eines Bundespolitikers zu befinden. Sie ist nur kompetent, wenn es um Kandidaten für ein Bürgermeisteramt oder auch noch für ein Landtagsmandat geht.

Das alles ist nicht neu. Man geniert sich fast, den tausendfach zitierten Max Weber noch einmal anzuführen. Aber es hat nun einmal niemand pointierter den menschlichen Faktor der Parteipolitik beschrieben, und dies bereits 1919: »Alle Parteikämpfe sind nicht nur Kämpfe um sachliche Ziele, sondern vor allem: Ämterpatronage.«[22] Die Macht der Parteien dient nicht allein Staat und Gesellschaft, sondern ist Selbstzweck, »um das Prestigegefühl, das sie gibt, zu genießen«.[23] So ist laut Weber, man kann ihm darin nur zustimmen, die »ganz gemeine Eitelkeit« der Todfeind des Politikers. Eitelkeit »strebt nach dem glänzenden Schein der Macht statt der wirklichen Macht«.[24] Deshalb gibt es »keine verderblichere Verzerrung der politischen Kraft als das parvenümäßige Bramarbasieren mit Macht, überhaupt die Anbetung der Macht rein als solcher ... Sie ist das Produkt einer höchst dürftigen und oberflächlichen Blasiertheit gegenüber dem Sinn menschlichen Handelns, welche keinerlei Verwandtschaft hat mit dem Wissen um die Tragik, in die alles Tun, zumal aber das politische Tun, in Wahrheit verflochten ist.«[25] Sollten nicht alle Abgeordneten diese giftigen Sentenzen aus der Werkstatt protestantischer Gesinnungsethik auswendig lernen müssen? Es würde am menschlichen Faktor von Politik nichts ändern.

1919 stand Deutschland am Beginn eines ersten zum Scheitern verurteilten demokratischen Versuchs. Nach der Katastrophe des Naziregimes schien die Hoffnung begründet, dass die Generation der Geschlagenen die Aufgabe des Wiederaufbaus mit anderer Berufsauffassung ins Werk setzen würde. Trotzdem hat sich im Grunde seit Weber nichts geändert. Selbst die Generation der Achtundsechziger hat ihr groß angekündigtes demokratisches *Projekt* nicht vollendet. Der Aufbruch von einst ist vergessen, die Leidenschaft dieser Generation ermattet, sie reißt niemanden mehr mit, nicht einmal sie selbst. Weshalb?

Weil die Macht auf Dauer jeden deformiert. Und weil heute

die Ohnmacht der Politik im scharfen Kontrast steht zur Größe der unerledigten Aufgaben. Deshalb zweifeln die Wähler am Sinn der Demokratie. So weit ist es gekommen.

VIER
Das Elend des Populismus

Die Choreografie der Macht

Billiger Populismus ist eine Lieblingsvokabel des amtierenden Bundeskanzlers, hervorgestoßen mit Ekel in Stimme und Gesicht. Ein Vorwurf, der sich gegen alles richtet, was die Opposition verlangt.

Populismus ist ein Schimpfwort, im Munde von Politikern ebenso wie im Munde der Wähler. Weshalb? Ist Schröder etwa kein Populist?

Silvio Berlusconi in Italien ist der Prototyp eines modernen Populisten. Er hat, so Umberto Eco, »ein Regime des Massenmedien-Populismus« errichtet, dessen Ziel es ist, eine »direkte Verbindung zwischen Premier und Volk herzustellen und damit die Autorität des Parlaments zu untergraben«.[1] Berlusconi gibt wichtige Entscheidungen im Fernsehen bekannt und nicht im Parlament.

Aber ist das in Deutschland anders oder entschuldbarer? Franz Müntefering gab seine und des Kanzlers Entscheidung, den Bundestag mittels einer verfassungsrechtlich höchst fragwürdigen, fingierten Niederlage auf eine Vertrauensfrage aufzulösen, wie selbstverständlich vor den Fernsehkameras bekannt. Das Parlament, selbst die eigenen Abgeordneten, die diese Operation vollziehen sollen, wurden von der Nachricht überrascht. Es wurde über sie verfügt.

Was ist Populismus? Es soll hier nicht die Rede sein von Rechtspopulisten vom Schlage eines Le Pen in Frankreich und Haider in Österreich, deren Ansehen eher zu sinken scheint. Vielmehr geht es um einen Mainstream-Populismus, der sich in allen demokratischen Parteien als eine Art Kulturtechnik breit macht. Populistische Politiker handeln, als wären sie direkt vom Volk beauftragt und nicht vom Parlament legitimiert. Deshalb ist Popularität wichtiger, als politische Programme es sind.

Populismus »ist der Versuch – eines Führers oder einer Nomenklatura –, Entscheidungen möglichst jenseits aller verfassungsmäßigen, also parlamentarischen Kontrolle zu treffen, und dies angesichts einer grundsätzlich desinteressierten und apathischen Bevölkerung«.[2] (Dahrendorf)

Populistische Politiker lassen sich ihre Ziele, ihre Grundsätze, ihre besseren Einsichten von Umfragen abkaufen. »Und gerade deshalb reagieren Politiker so gereizt auf das Label ›Populismus‹. Es rührt an das finstere Geheimnis der Massendemokratie: die opportunistische Wertorientierung der Politik.«[3] (Bolz) Populismus läuft auf eine Selbstschwächung von Herrschaft hinaus. Die Mächtigen können sich dies natürlich nicht offen eingestehen.

Populismus ist die moderne Choreografie der Macht. Die Politik kompensiert ihre Schwächen in der Sachpolitik durch das Machtspiel um Posten und Ämter. Doch auch der dümmste Wähler kapiert, was Macht bedeutet. Fast alles dreht sich nur noch um Personen. Der Wähler soll Glauben gemacht werden, es gehe in Wahrheit um die Sache. Es ist genau umgekehrt: Weil es nicht um die Sache geht, geht es um Personen.

Wenn Politik nach Max Weber das geduldige Bohren dicker Bretter bedeutet, dann haben wir es beim Populismus mit Laubsägearbeiten zu tun. Er kennzeichnet ein politisches System, in welchem sich die Dummheit der Wähler und die Dummheit der Politiker gegenseitig bedingen und entsprechen.

Populismus ist ein Begriff, der die Feigheit und Verlogenheit der Politik gegenüber der Bevölkerung beschreibt. Populistische Politiker suchen »Konsens auf Grund vermeintlicher oder tatsächlicher, mehr oder weniger tief empfundener Gefühle der Bevölkerung«.[4] Sie operieren mit einfachen Thesen und billigen Effekten.

Freilich glauben die Parteien, jeden Grund zu haben, sich vor Mut und Offenheit zu fürchten. »Sagen sie der Bevölkerung zwischen den Wahlen umfassend und ungeschminkt die Wahrheit, wendet sie sich von ihnen ab, weil die besten Vorschläge im Trommelfeuer der öffentlichen Kritik untergehen. Täuschen sie die Bevölkerung, werden sie abgestraft, wenn sie in der Regierungsverantwortung das Unvermeidliche tun, weil die Wähler die Täuschung dauerhaft als Kränkung empfinden.«[5] Populismus ist also die Diktatur des Gefühls über die Rationalität.

Wie Populismus zu falschen politischen Entwicklungen führen kann, zeigt ein Beispiel, das der Kriminologe Christian Pfeiffer, selbst einst Minister in Niedersachsen, untersucht hat. Die Kriminalität ist in den meisten Bereichen zurückgegangen. Trotzdem sind die Wähler mit großer Mehrheit der Ansicht, das Gegenteil sei der Fall. Diese Verzerrung der Wahrnehmung ist eine direkte Folge des Fernsehkonsums, vorwiegend der privaten Sender. Dort wird übermäßig und in alarmierender Form über Verbrechen berichtet. Die Leute wünschen härtere Strafen. Die populistische Politik nahm die falsche Wahrnehmung für ein Faktum. In 40 Straftatbeständen wurde die Strafe deutlich verschärft und der Vollzug dieser Verschärfung kostete fünf Milliarden Euro zusätzlich. Sinnlos verschwendetes Geld. Auch die Gerichte urteilen populistisch. So nahm die Zahl ausländischer Strafgefangener seit 1993 um 70 Prozent zu, obwohl die Zahl ausländischer Angeklagter um ein Fünftel zurückging. Nicht die Fakten machen Stimmung, sondern die Angst der Bevölkerung.[6] Die Quote ersetzt die Wahrheit: Das gilt im Fernsehen wie auch in der populistischen Politik.

Das Publikum ahnt, dass die Politik, so wie sie in diesem Land gemacht wird, die Probleme der Zukunft nicht lösen kann. Trotzdem erwartet es genau dies von der Politik. Diese Schizophrenie ist immer dann besonders deutlich, wenn ein Regierungswechsel ansteht. Das Stimmungshoch für Frau Merkel und ihre Partei verstärkte sich noch, als Schröder vorgezogene Wahlen ankündigte. Die programmatischen Ankündigungen der Kanzlerkandidatin lieferten dafür kaum Berechtigung.

Aber vermutlich macht genau dies die Faszination der Politik aus. Es ist das leicht masochistische Gefühl des Publikums, am Ende doch nie das zu bekommen, was man wählen will.

Wären die Politiker keine Populisten, würden sie die Unlösbarkeit der Probleme ohne Weiteres zugeben. Aber sie wollen ihr Publikum unter gar keinen Umständen enttäuschen. Also behaupten sie, Zukunft gestalten zu können. Damit ist die Enttäuschung programmiert.

Es wird unendlich viel über Zukunft geredet. *Zukunft* dürfte eine der meistbenutzten Vokabeln der Politik überhaupt sein. In groteskem Gegensatz zu diesem Gerede steht die Kurzatmigkeit der Politik. In Wahrheit wollen die Politiker sich nicht mit Zukunft belasten. Sie neigen eher dazu, die Folgen falscher Politik in die Zukunft zu verschieben. Aber die Wähler sind nicht viel besser. Auch ihnen liegt das Bewahren des gegenwärtigen Lebensstandards mehr am Herzen als die ungewisse Zukunft. Wäre die Rentenversicherung nicht Pflicht, würde nur ein Bruchteil der Beiträge für die Alterssicherung zurückgelegt werden.

So wird mit Zustimmung der Wähler ungeniert Politik auf Kosten nachfolgender Generationen gemacht. Reformen haben es auch deshalb so schwer in Deutschland, weil der Satz gilt: Nach uns die Sintflut. Buchstäblich, denn in der Wirtschaftskrise interessieren sich nicht mehr viele für den Treibhauseffekt. Das Thema ist von der Agenda praktisch verschwunden. Es interessieren nur noch die hohen Benzinpreise, nicht aber das voraussehbare Ende fossiler Rohstoffe. Würde die Gesellschaft sich wirklich dafür interessieren, käme eine ganz andere Energie- und Forschungspolitik heraus.

Wenn tatsächlich Zukunftspolitik gemacht wird, lassen sich die Politiker von ihrem eigenen Populismus foppen. Es gibt zum Beispiel die Neigung, nur solche Daten als Grundlage von Entscheidungen heranzuziehen, die den eigenen Wünschen entsprechen. Andere Informationen werden abgewehrt. Die durch die Alterung der Gesellschaft längst abzusehende Misere der Sozialsysteme hat jahrzehntelang keine Partei zu entschiedenem Handeln animiert. Man hat die Fakten nicht zur Kenntnis genommen oder sträflich immer nur mit optimalen Rahmenbedingungen gerechnet: mit zu hohem Wirtschaftswachstum, zu hoher Beschäftigung. Jede Steuerschätzung geht nach diesem Muster in die Hose. Populistische Politiker sind auch nicht in der Lage, aus solchen Fehlern zu lernen.

Politische Programme, die sich mehr auf die Zukunftsfolgen statt auf die Gegenwart konzentrieren würden, wären ganz sicher nicht mehrheitsfähig. Es sei eine fundamentale demokratische Tugend, die Ungewissheit zu lieben, meint Adam Przeworski.[7] An dieser demokratischen Tugend herrscht jedoch Mangel.

Doch immer wieder einmal schlagen die Ängste durch die Mauer der Verdrängung. Dann ist die Stunde der Ideologen und Extremisten, Fundamentalisten und populistischen Scharlatane gekommen. Die Sehnsucht nach Führung, nach Autorität ist eine Reaktion auf unerträgliche Ungewissheit. Die Kunst demokratischer Politiker ist es, diese Ungewissheit niemals unerträglich werden zu lassen. Was autoritäre Regime, Moralisten und religiöse Organisationen tatsächlich zu bieten haben, ist natürlich nur die Illusion von Gewissheit, die Fiktion von Stabilität.

Im Folgenden werden einige in Berlin geläufige Methoden populistischer Politik beschrieben.

Angst vor Komplexität

»Liebe Mitbürgerinnen und Mitbürger, ich erkläre Ihnen jetzt, wie kompliziert alles ist und im Grunde unlösbar.« Würde sich ein Staatsmann so an sein Volk wenden, bekäme er die Quittung wie einst Oskar Lafontaine, der im ersten gesamtdeutschen Wahlkampf den Ostdeutschen die Aussicht zumutete, dass es ein paar Probleme mehr geben könnte, als ins patriotische Weltbild des Kanzlers passten.

Alle erfolgreichen Politiker verfügen über die Fähigkeit, die Verhältnisse einfacher zu zeichnen, als sie es in Wahrheit sind. Je übersichtlicher sie die Welt, je berechenbarer sie die Zukunft erscheinen lassen, desto leichter können sie Menschen an sich binden. Die Wähler sehnen sich nach Halt im Unüberschaubaren. Mit der Komplexität der Dinge wächst die Sehnsucht nach einfachen Erklärungen. Die Fähigkeit, Komplexität zu reduzieren, ist die Kernkompetenz der Populisten.

»Leben Sie. Wir kümmern uns um die Details«: der Werbespruch einer Bank könnte sehr wohl auch als Wahlkampfslogan herhalten. Oft genug glauben die Vereinfacher selbst an die Einfachheit der Dinge. Sie tragen ein schlichtes Weltbild in sich. Wer die Dinge aber immer nur vereinfacht, kann sie nicht wirklich verstehen.

Dass große Vereinfacher meist große Optimisten sind, versteht sich von selbst. Sie blenden das Risiko, das Unbestimmbare einfach aus. Der legendäre Manager Jack Welsh, der aus General Electric das ertragreichste Unternehmen der Welt machte, formulierte es so: »Gute Führer geben einfache Botschaften und machen sie den Leuten klar. Man braucht eine Menge Selbstvertrauen, um einfach zu sein. Selbstvertrauen ist eine sehr wichtige Eigenschaft aller, die entscheiden. Und einfach denkende Leute besitzen mehr Selbstvertrauen, mehr Führungskraft und sie sind schneller.«[8] Das gilt gewiss auch für Politiker.

Um zu führen müssen sie »Daten begrenzen, nicht zu viel über künftige Konsequenzen wissen wollen und Alternativen ignorieren«.[9] Diese Art von Kurzsichtigkeit verträgt es auch nicht, über den Zeithorizont der nächsten Wahl hinauszublicken. Eine wirksame Methode der Reduktion von Komplexität ist das gern gehörte Argument: Hauptsache, wir gewinnen erst einmal die Wahl. Dann schauen wir, was sich durchsetzen lässt.

Populistische Politiker behaupten grundsätzlich, die Probleme seien lösbar. Es ist ihr Selbstverständnis von Politik. Ich löse, also bin ich. Und zwar so und nicht anders.

Der verordnete Optimismus

Fürchtet euch nicht, ich bin bei uns, bedeutete der Kanzler dem Volk, alle Jahre wieder, meist zur besinnlichen Weihnachtszeit. Die Halbierung der Arbeitslosigkeit versprach er einst, daran wolle er sich messen lassen. »Wenn wir die Arbeitslosigkeit nicht spürbar senken, dann haben wir es nicht verdient, wiedergewählt zu werden«, so Schröder im Dezember 1998. Er wurde wiedergewählt, obwohl nach seinen ersten vier Jahren im Amt die Arbeitslosigkeit drastisch weiter gestiegen war. Danach gingen die Versprechungen weiter.

Ende 2001: »Wir werden den neuen Aufschwung schaffen.«

Ende 2002: »Diese Gesetze werden, dessen bin ich mir sicher, der Anfang sein für eine neue Dynamik wirtschaftlicher Leistung in unserem Land.«

Ende 2003: »Ich sehe den wirtschaftlichen Aufschwung, der sich bereits deutlich abzeichnet, an Fahrt gewinnen.«

Ende 2004: »Das Land ist wieder zukunftsfähig. Wir sind auf dem richtigen Weg.«

Währenddessen stieg die Arbeitslosigkeit von 3,8 Millionen (2001) auf 5,2 Millionen im Februar 2005. Schon im März hieß es nach leichter, saisongemäßer Besserung: »Die Spitze der Arbeitslosigkeit ist gebrochen, der Zenit überschritten« (Wirtschaftsminister Wolfgang Clement). Es war aber nur der Zenit der Regierung überschritten. Die Staatsverschuldung nahm nicht ab, die Sozialkassen waren nicht saniert. Deutschland ist in Europa weiterhin Schlusslicht. Das Land steckt noch immer im Reformstau. Aber auch an den Stammtischen weiß man seit Ludwig Erhard, dass Wirtschaft zu fünfzig Prozent Psychologie ist, Optimismus also Staatsräson.

Der Populist lässt sich seine Laune allenfalls von schlechten Umfragewerten vermiesen, niemals aber von Fakten. Seine Unterhäuptlinge tun es ihm gleich, ja bemühen sich nach

Kräften, ihn an irrealer Zuversicht noch zu übertreffen. Von einem »Wettstreit der Schönredner« spricht der *Spiegel*.[10]

Wirtschaftsminister Wolfgang Clement schoss den Vogel ab, als er Ende 2004, unmittelbar nachdem die Wirtschaftsweisen ihre Wachstumsprognose ein weiteres Mal nach unten korrigiert hatten, in einem Interview verkündete: »Wir können wieder Vollbeschäftigung erreichen.«[11] Das hätte als politisches Kabarett durchgehen können. Oder als Rauschzustand. Optimismus als Opium fürs Volk. Es hält nur nicht ewig vor. Es macht süchtig, aber nicht satt.

Vollbeschäftigung! Schon beim Klang dieses Wortes umfasst die Älteren im Land ein seliges Gefühl. Es ist ein goldenes Wort aus der Tiefe des vergangenen Jahrhunderts, als der Begriff Globalisierung noch nicht einmal erfunden worden war. Damals mussten sogar einige Millionen so genannter Gastarbeiter zu Hilfe gerufen werden, um die viele Arbeit zu erledigen, die das so genannte Wirtschaftswunder machte. Auch dies ein goldenes Wort aus der sozialdemokratischen Epoche des Gelobten Landes BRD. Bis auf ein paar Arbeitsscheue oder Arbeitsunfähige wurde jeder gebraucht. Es war eine Zeitspanne von wenig mehr als zwei Jahrzehnten, in denen die Löhne und Gehälter von Jahr zu Jahr manchmal zweistellig zunahmen und dazu die Freizeit und die Sozialleistungen. Kein Fantasy-Film würde seinen Zuschauern noch solch schlaraffenländische Traumgespinste zumuten. Aber die Welt ist eine andere geworden. Das Wirtschaftswachstum hat sich von der Beschäftigung abgekoppelt. Die alten Gewissheiten gelten nicht mehr.

Doch selbst Politiker, die in der Lage wären, neue Antworten zu finden, behalten sie lieber für sich, weil sie Angst vor den Wählern haben. Nichts ist dem Volk unangenehmer als Politiker, die alles in Frage stellen, was vorgestern noch gut und richtig war. Im Gegenteil: Die Vorstellung des Vergangenen wärmt und anästhesiert ein wenig gegen das Ungefähre der Zukunft. Vollbeschäftigung und Wachstum sind ein romantischer Hörnerklang aus besseren Tagen.

So wird die längst überfällige Debatte über die Gesellschaft der Zukunft vermieden – über eine Gesellschaft, in der sich die Menschen nicht mehr über ihre Arbeit definieren können.

Eigentlich ist Optimismus eine der Zukunft gegenüber positiv geladene Emotion. In der populistischen Politik haben wir es dagegen mit einer Art rückwärtsgewandtem Optimismus zu tun, der Zukunft als Wiederkehr eines vergangenen Goldenen Zeitalters beschwört.

Schröder und Clement, Merkel und Stoiber sind viel zu klug, um selbst daran zu glauben. Deshalb baute Clement auch eine Hintertür ins Luftschloss. Er konditionierte sein Versprechen und meinte, seine Prognose treffe zu, »eine einigermaßen vernünftige Entwicklung der Weltwirtschaft vorausgesetzt«. Die Weltwirtschaft wollte aber bereits zum Zeitpunkt der Aussage nicht mitspielen. Clement ging es gar nicht um das tatsächliche Eintreffen des Wunders, sondern darum, »dass wir die Trendumkehr schaffen«. Das war schon eine andere Aussage als das große Wort von der Vollbeschäftigung.

Der Populist gleicht dem Wunderheiler, der die Wunde bespricht. Als das Wünschen noch geholfen hat, mag es eine sinnvolle Therapie gewesen sein. Es soll immer alles besser werden, verspricht der Populist. Aber dabei soll sich nichts ändern. Da es jedoch keine wirksame Arznei ohne unerwünschte Nebenwirkungen gibt, gibt es auch keine effektive Politik ohne unerwünschte Nebenwirkungen. Wer dies glauben machen will, ist ein Populist.

Manchmal ist es nicht verkehrt, auf chirurgische Eingriffe zu verzichten, um dem unheilbar Kranken Schmerzen zu ersparen. Er soll noch etwas vom Leben haben. Aber in der Politik kann das keine Therapie sein. Die Politiker sehen das naturgemäß anders. Sie warten, bis der Patient mit Blaulicht in die Klinik muss. Dann ist es zu spät für ihre homöopathische Kur.

Nur wenige Wochen nach Clements Heilsversprechen registrierte die Bundesanstalt für Arbeit die bisher höchste Arbeitslosenquote in der Geschichte der Republik. Interessant war, was Clement jetzt zu sagen hatte. Er meinte, das sei völlig normal! Die Zahl müsse steigen, denn dank Hartz IV würden nun alle arbeitsfähigen früheren Sozialhilfeempfänger mitgezählt. Bundeskanzler Schröder: »Die Zahlen sind bedrückend, aber sie sind ehrlich.« Doch genau dies waren sie nicht. Die Erklärung des politischen Desasters zum statistischen Effekt war nur eine andere Spielart der Schönfärberei. In Wahrheit betrug die Arbeitslosigkeit im Januar 2005 eher sieben als fünf Millionen. Auch Arbeitslose in Weiterbildung und Umschulung (oft nichts anderes als Augenwischerei), Inhaber subventionierter Jobs und Arbeitnehmer im so genannten Vorruhestand gehören zu jenen, die der wirkliche Arbeitsmarkt ausgespuckt hat. Die Schönfärberei gilt jedoch als eine Art politische Notlüge. Das Land dürfe nicht in »Schockstarre« verfallen, so der Wirtschaftsminister.

Von wem spricht er eigentlich, wenn er Land sagt? Von der Schockstarre der Politiker? Seit Jahrzehnten ist die Ursache der hohen Arbeitslosigkeit bekannt. In Deutschland ist Arbeit oft nicht mehr bezahlbar; nicht, weil die Leute zu viel verdienen, sondern weil die Lohnnebenkosten die höchsten der Welt sind. Wenn ein Schreiner zwei Stunden arbeiten muss, um sich eine Stunde lang einen Maurer leisten zu können, ist etwas faul. Deshalb nimmt sich der Schreiner guten Gewissens einen Schwarzarbeiter, vielleicht auch noch einen polnischen, und ein deutscher Maurer geht stattdessen zum Arbeitsamt – und nebenbei zur Schwarzarbeit. Reformen wie Hartz IV kamen zu spät, gehen nicht weit genug und verursachen bürokratischen Aufwand. Die regierenden Populisten machten aber lieber ihren Frieden mit den Gewerkschaften und hofften auf die Konjunktur. Die Konjunktur aber macht um Deutschland einen weiten Bogen.

»Vielleicht kann dieses Land die ganze Wahrheit auch nicht vertragen. Vielleicht ist es besser, wenn die Deutschen sich selbst betrügen?«[12] Diese Vermutung scheint die Regierung zu teilen. Deshalb attackiert sie den Pessimismus der Leute und erklärt Optimismus zur patriotischen Pflicht. Frau Merkel wird es nicht anders halten.

Einerseits meint tatsächlich die Mehrheit, nämlich 57 Prozent der Deutschen: »Wir haben einfach zu wenig Vertrauen in die eigene Kraft und die eigenen Fähigkeiten. Wir brauchen vor allem mehr Optimismus und Zuversicht.« Andererseits stimmt die überwiegende Mehrheit in derselben Allensbachumfrage den Ansichten zu: »Die Zeiten werden ernster, es wird härter« (73 Prozent), »Deutschland ist in der Krise, es muss sich unbedingt etwas ändern« (70 Prozent), »Es wird uns schlechter gehen, wir werden auf vieles verzichten müssen« (50 Prozent). Nur 29 Prozent fanden den Satz richtig: »Es gibt bei uns in Deutschland viele Probleme, aber das kriegen wir schon in den Griff.«[13]

Der dröhnende Optimismus der populistischen Wahlkämpfer hat also mit der Stimmung der Wähler wenig zu tun. Er ist nicht realistisch, sondern propagandistisch. Die Wähler sollen die gespielte Gelassenheit und Zuversicht der Wahlkämpfer mit der Wirklichkeit verwechseln. »Wir dürfen nicht so lange schwarz malen, bis alle schwarz wählen«, lautete das Credo des Kanzlers – ehe er ankündigte, sich das Vertrauen entziehen zu lassen.

Mitten in der Wüste von Milch und Honig zu fantasieren, das macht den populistischen Führer aus. Und eine ganze

Weile lässt sich das Volk auch mit der virtuellen Speisekarte zufrieden stellen. Aber irgendwann ist Manna fällig. Manna, nicht Salbe für die Augen.

Machtworte

Der Bundeskanzler, so steht es in der Verfassung, bestimmt die Richtlinien der Politik. Trotzdem teilt er de facto seine Richtlinienkompetenz mit anderen. Das Programm der Regierung legt schließlich nicht der Kanzler allein fest; es ist das Ergebnis von Verhandlungen zwischen den Koalitionspartnern. Die Politik, die am Ende herauskommt, ist wieder etwas anderes. Da haben neben den Regierungsparteien auch noch die Länder im Bundesrat mitzureden.

Es gibt in einer guten Demokratie viele Möglichkeiten, der Macht eines Regierungschefs Grenzen zu setzen, zum Beispiel mit Hilfe des Bundesverfassungsgerichts. Das Einzige, wofür der Kanzler als eine Art Vorstandsvorsitzender seiner Regierung wirklich allein Verantwortung trägt, ist, ob beschlossene Vorhaben auch tatsächlich realisiert werden.

Gelegentlich spricht der Kanzler ein *Machtwort.* Was auch immer das sein mag, wir finden es nicht in der Geschäftsordnung der Bundesregierung.

Das Machtwort ist eigentlich eine Floskel für etwas Selbstverständliches. Dennoch eine Floskel, die jedes Mal wieder ordentlich Wirkung zeigt. Seht her, sagen Zeitungsleser und Fernsehzuschauer: Unser Kanzler greift durch, er regiert tatsächlich. Zugegeben, Schröder hat schon lange keines mehr gesprochen.

Machtworte kündigen praktisch niemals neue Ideen oder gar Reformen an. Sie ertönen immer nur dann, wenn etwas, das in einer gut organisierten Regierung reibungslos ablaufen sollte, nicht geklappt hat. Eigentlich bedeutet jedes Zur-Chefsache-Erklären und Machtwortsprechen das öffentliche Eingeständnis eines Versagens. Aber der Populist im Chefsessel hofft, dass die Leute so dumm sind, sich von seinem *Basta!* beeindrucken zu lassen.

Längst hätte Verkehrsminister Stolpe entlassen werden müssen, als Schröder in Sachen LKW-Maut sein Machtwort sprach. Der Milliardenverlust war längst eingetreten, als der Kanzler seine Entschlossenheit bekundete, keine noch größere Blamage akzeptieren zu wollen.

Am besten machen sich Chefsachen-Machtworte dann, wenn es überhaupt kein Problem gibt. *Bild* stellt einen Sozialhilfeempfänger namens »Florida-Rolf« an den Schlagzeilen-Pranger, weil er sich die Freiheit genommen hatte, das ihm zustehende Geld unter freundlicher Sonne auszugeben. Weil der Fall die Stammtische erregte, dauerte es nur wenige Tage, bis der Kanzler den Skandal zur Chefsache gemacht und sein Machtwort gesprochen hatte. Reformen von einiger Bedeutung dagegen warten bis heute vergebens darauf, per Machtwort in Gang gesetzt zu werden.

Reformen sind viel zu kompliziert für Machtworte. Gordische Knoten werden in Berlin nicht zerhauen. Sie werden allenfalls einem Minister um den Hals gelegt. Gordische Knoten ziehen sich nicht zu, sie würgen nur ein bisschen.

Hinrichtungen sind Chefsache. Die Entlassung eines Ministers gilt meist nicht als Eingeständnis einer falschen Personalentscheidung, sondern als Demonstration von Führungskraft. Inzwischen ist es für Schröder freilich zu spät, noch irgendwen, den Finanzminister etwa, zu entlassen. Das erledigen jetzt die Wähler.

Manchmal beobachten wir das Pilatus-Syndrom. Da wäscht einer seine Hände zu Unrecht in Unschuld, manchmal auch prophylaktisch. Zur Einführung von Hartz IV, dem

Inbegriff eines bürokratischen Reform-Monsters, meinte der Kanzler, der Wirtschaftsminister sei dafür verantwortlich, dass die größte Arbeitsmarktreform der deutschen Geschichte funktioniere.

Für Historisches ist der Kanzler zu haben, die lästigen Tücken der Umsetzung dagegen soll man ihm vom Hals halten. Dabei erweist sich der Erfolg jeder Reform immer erst in der Umsetzung. Geht sie schief, ist am ganzen Konzept etwas faul. Dann nützen Machtworte nichts mehr.

Das große Als-ob

Das Spiel geht zum Beispiel so: Die Oppositionspolitiker Merkel und Stoiber schreiben aus tiefster Sorge um Deutschland dem Bundeskanzler einen Brief. Selbstverständlich schicken sie ihn nicht mit der Post ans Kanzleramt, sondern lassen ihn zunächst in *Bild* drucken (jede Zeitung gäbe sich dazu gerne her).

Die Journalisten wissen, was von so einem Brief zu halten ist. Wollten Regierung und Opposition ernsthaft etwas gemeinsam tun, genügten ein Anruf und ein vertrauliches Gespräch. Zehn Wochen vor der wichtigen Landtagswahl in Nordrhein-Westfalen ging es aber nicht um politisches Handeln, sondern um Wahlkampf. Man darf nur die Wähler nicht für völlig beschränkt halten, deshalb sollte auch symbolische Politik ein wenig mehr sein als bloße Show.

Merkel und Stoiber forderten in ihrem Brief eine gemeinsame Kraftanstrengung gegen die Massenarbeitslosigkeit. Gegen einen solchen Brief ist der Bundeskanzler völlig machtlos. Er hat keine andere Möglichkeit, als auf ihn einzugehen und seinerseits einen nationalen Job-Gipfel vorzuschlagen. Schon zittern die Fachleute, denn meistens werden bei so einem Elefantentreffen Dinge vereinbart, deren Fehler erst später ans Tageslicht kommen. Aber nur so bekommt auch der Kanzler seine Schlagzeilen. Das Publikum staunt. Es mussten nur etliche Jahre versäumter, verspäteter und verfehlter Wirtschaftspolitik vergehen und schon machen die Politiker Ernst; jedenfalls bemühen sie sich, den Anschein zu erwecken.

Die Opposition durfte die Sache bereits als Erfolg abbuchen. Sie konnte behaupten, ohne ihren Brief wäre die Regierung noch immer nicht aktiv geworden. Der Kanzler hatte nur noch eine Chance, gut aus der Sache herauszukommen, wenn die Opposition all seine Vorschläge ablehnen würde (die er bisher selbst nicht für richtig gehalten hatte, sonst hätte er sie ja längst verwirklicht). In der Tat hätte der Kanzler keine Opposition gebraucht, um längst das zu tun, was seit Jahren so gut wie alle Fachleute forderten.

Der Kanzler musste nun aber zusehen, wie er das Scheitern seiner Politik auch der Opposition in die Schuhe schieben konnte. Die wiederum konnte kein Interesse daran haben, all ihre eigenen Ideen vom Kanzler aufgegriffen zu sehen. Ihr bliebe für das eigene Regierungsprogramm nichts mehr übrig, schließlich wollte sie nicht die Wahlaussichten der Regierung verbessern. So hatte der Jobgipfel nur eine Aufgabe: Die Regierung wollte demonstrieren, dass sie noch regierte, und die Opposition wollte verdeutlichen, dass genau dies nicht mehr der Fall war.

Die Medien schrieben den Job-Gipfel dennoch zum epochalen Ereignis hoch. Es ging um nicht weniger als um die Rettung Deutschlands aus selbst verschuldetem Unheil.

Über das, was bei der Gipfelfarce herauskommen konnte, ließ sich nur eines voraussagen: Sie würde der Massenarbeitslosigkeit nichts anhaben können. Der Kanzler holte schnell selbst einen überraschenden Vorschlag aus der Tasche. Steuersenkung für Unternehmer? Hatte er nicht genau für diesen

Vorschlag den eigenen Wirtschaftsminister zum notorischen Querkopf erklärt? Das Ergebnis war wie üblich ein winziger Schritt in die richtige Richtung, »konjunkturpolitisch eine Nullnummer«, wie am Tag darauf bereits der Chef des Instituts für Makroökonomie und Konjunkturforschung, Gustav Adolf Horn, erklärte.[14] Viel Lärm um nichts. Inzwischen hat sich auch die vereinbarte Steuersenkung wieder verflüchtigt.

In diesem Fall war noch etwas anderes schief gegangen. Der große Auftritt wurde überschattet vom schmählichen Ende der rot-grünen Koalition in Kiel. Was nützt der schönste Job-Gipfel, wenn am Ende die Schlagzeilen ausbleiben? Denn diese Spielart populistischer Politik ist ohne aktive Mitwirkung der Massenmedien nicht möglich. Statt das große Als-ob zu entzaubern, blähen sie die bunten Ballons mit heißer Luft noch auf. Danach kann man sie mit einem schönen Knall platzen lassen, was ein zweites Mal Anlass zu hübschen Schlagzeilen und markigen Kommentaren gibt.

Das Glück im Unglück finden

Für regierende Populisten gibt es kein größeres Geschenk des Himmels als eine Naturkatastrophe, vorausgesetzt, sie ist groß genug. Seine erste Wiederwahl verdankte Gerhard Schröder dem Hochwasser an der Oder und George W. Bush, den man ja durchaus auch als Naturkatastrophe bezeichnen könnte.

Naturkatastrophen haben zwei unübertreffliche Vorzüge. Der erste ist, die Regierung kann garantiert nichts dafür. Nicht einmal der böswilligste Oppositionspolitiker kann die Verantwortung der Regierung zuschieben. Er wird auch nicht Geldverschwendung kritisieren können, allenfalls noch mehr

Großzügigkeit fordern. Das ernste, entschlossene Gesicht des Kanzlers am Tisch des Krisenstabs und des Außenministers am Ort der Verwüstung ist genau das, was die Leute am Abend in der Tagesschau sehen wollen. Keiner fragt dann, ob sie mit ihren Auftritten nicht den Einsatzkräften die Zeit stehlen. »Unglück und Katastrophen bieten nämlich die Gelegenheit, Politik als Emotional Design zu präsentieren, wo es scheinbar nur noch um Menschen geht, nicht um Systeme. Bürokraten, diese Sündenböcke jeder populistischen Politik«, haben dann scheinbar ausgespielt und die Politiker versprechen »unbürokratische Hilfe«.[15]

Der zweite Vorzug: Andere, den eigenen Versäumnissen geschuldete Krisen geraten augenblicklich in den Hintergrund. Sie machen keine Schlagzeilen mehr. Das ganze Entsetzen des Volkes und sein ins Mitleid gewendete Jammern richten sich auf das Naturschauspiel. Keinem Satz wird das Volk eifriger zustimmen als diesem: »Unsere Sorgen möchte ich haben.« Ist ja nicht ganz falsch. Alles Ungenügen, alle Dummheiten und alle Ängste im eigenen Land sind nichts gegen ein Seebeben im Indischen Ozean. Diese Erkenntnis baut auf. Plötzlich wird allen klar: Wir leben in einem Land, in dem irgendwie beinahe fast alles funktioniert.

Wir schwimmen sozusagen im Glück, denn Glück ist immer relativ. Ohne Unglück kein Glück. Das wussten seit jeher die Philosophen und nun endlich, Tsunami sei Dank, wissen es auch wir. Haben wir nicht ausgesprochenes Glück im Unglück mit unserer Regierung?

Tage-, nein wochenlang starrte die Welt gebannt und entsetzt nach Sumatra, Thailand, Sri Lanka und Indien. Die Neujahrsansprachen der Regierenden im Jahr 2005 waren erfüllt von tiefster Erschütterung. Wie kleinlich, in solchen Stunden über die Massenarbeitslosigkeit, den Zusammenbruch der Sozialsysteme, über verfehlte und versäumte Reformen zu reden. Es sah ganz danach aus, als habe die Flutwelle auch die eigenen Sorgen weggeschwemmt.

Das Schicksal der »100 vermissten Berlinerinnen und Berliner« war dem Regierenden Bürgermeister mehr Worte wert als die katastrophalen, hoffnungslosen Zustände in seiner Stadt. Das ferne Unheil ließ eine Form von Chauvinismus zu, die zwar unerträglich ist, aber selbstverständlich akzeptiert und auch von den Massenmedien praktiziert wird. Von den Deutschen, den getöteten wie den geretteten, wurde gesprochen, als handle es sich um eine herausgehobene, besondere Opferklasse.

Der Tsunami in Südostasien bot geradezu das Idealbild einer populistisch verwertbaren Großkatastrophe. Die Regierung schwamm sozusagen auf einer weltweiten Erregungswelle. Am selben Tag, an dem die mit dem Friedensnobelpreis ausgezeichnete Hilfsorganisation *Ärzte ohne Grenzen* darum bat, ihr keine Spenden für Südostasien mehr zu überweisen, weil das viele Geld nicht sinnvoll ausgegeben werden könne, vervielfachte die Bundesregierung ihre Hilfszusage. Sie stand nun gleichsam an der Spitze des Medaillenspiegels in der Disziplin Großmut.

Es ist das Geld eines Landes, das es seit Jahren nicht mehr schafft, die Stabilitätskriterien der Europäischen Union einzuhalten. Weshalb musste Deutschland ein Vielfaches von Staaten wie Frankreich, Großbritannien oder Italien leisten?

Die Botschaft ging erstens ans eigene Volk. Seht her, wir können es uns leisten. Wir sind noch immer stark genug. Das deutsche Gejammer sollte emotional übertönt werden. Je länger die Flutwelle in den Medien schwappte, desto besser. Zynisch könnte man sagen: Die Fluthilfe aus Steuermitteln war für die Regierung die beste PR-Maßnahme.

Herzzerreißend waren die Neujahrsansprachen, Leitartikel und Worte zum Sonntag, in denen von einer globalen Katastrophe die Rede war und die davon faselten, dass die Welt durch das Unheil näher zusammenrücke und die Menschheit sich in Solidarität vereine. Es handelte sich durchaus um eine »Erschütterung, die mühelos mit der Behaglichkeit unserer sonstigen Lebensumstände harmoniert«.[16]

Desaster von der Monstrosität des Seebebens im Dezember 2004 gibt es leider ständig. Jedes Jahr sterben zehn Millionen Menschen an Unterernährung, drei Millionen an Aids. Das millionenfache Morden in Afrika, die sinnlosen Bürgerkriege im Kongo, im Sudan, das Elend der Flüchtlingsströme: Sie alle haben keine Chance auf genügend Aufmerksamkeit und Hilfe. Gegen ein fernsehtaugliches Großdrama vom Kaliber der Todeswelle kommen sie nicht an. Der Populismus missbraucht auch das Elend. Die Vergessenen werden zu Opfern des asiatischen Seebebens. Denn das Maß an Hilfsbereitschaft ist nicht unendlich. Die Hilfe in Asien band Milliarden, die an anderer Stelle fehlen. Das interessiert den Populisten nicht.

Natürlich wagte kein Oppositionspolitiker zu sagen, was allenfalls ein unabhängiger, nüchterner Journalist wie Stefan Kornelius zu schreiben sich erdreistete: »Die Hilfe für die Flutopfer in Asien ist zunehmend eitel und selbstgefällig. Sie gibt sich protzig und dröhnt, statt leise und selbstlos daherzukommen. Und sie ist – ungeachtet aller hehren Ziele – auch gesteuert von einem politischen Eigeninteresse, das zu enttarnen fast schon gefährlich ist: Darf man denn die guten Absichten relativieren angesichts des erdrückenden Leids?«[17]

Man darf nicht nur, man muss. Das Eigeninteresse der USA wurde in allen Zeitungen kommentiert. George W. Bush nutzte sein Hilfsengagement in Asien dazu, sein ramponiertes Image in islamischen Staaten wie Indonesien aufzumöbeln.

Politisch nicht korrekt dagegen war es, den Eigennutz der Berliner Regierung zu kommentieren. Denn diese Botschaft deutscher Großzügigkeit ging, zweitens, an die Welt. Kanzler

Schröder wollte vom innenpolitischen Elend durch außenpolitischen Glanz ablenken. Wir sind wieder wer. Deutschlands Wirtschaftsmacht bröselt – aber das Land will unter allen Umständen als ständiges Mitglied in den Sicherheitsrat der UN einziehen. Deshalb war es gut, dass Deutschland mehr spendete als andere.

Patriotisches Moralisieren

Eine besonders hinterhältige Form populistischer Politik ist das Moralisieren. Denn die Behauptung, die Politik unterwerfe sich sittlichen Maßstäben, ist gleichbedeutend mit der Behauptung, die Politik verweigere sich ganz und gar populistischen Anfechtungen. Höhere Werte werden vorgeschoben, um ein Sachthema der Sphäre der Rationalität zu entziehen und es zu emotionalisieren.

»In der Mediendemokratie werden politische Probleme nicht durchdacht, sondern gefühlt. Das erreicht man am einfachsten durch die Moralisierung eines Problems. Sie ermöglicht auch denen, die von der Sache nichts verstehen, an der Diskussion teilzunehmen. Moralisieren ist also eine Serviceleistung für Inkompetente.«[18] (Norbert Bolz)

Nach diesem Muster arbeiten alle Parteien. Die beliebteste Art des Moralisierens ist die Anrufung der Nation. Die ist zwar – zumindest für den einigermaßen wachen und aufgeklärten Mitteleuropäer – kein moralischer Wert an sich. Trotzdem zücken alle Parteien die Patriotismuskeule, um sie auf den Schädeln der politischen Gegner niedersausen zu lassen. Die Methode ist ganz einfach: Man erklärt die Ablehnung der eigenen Politik zu unpatriotischem Verhalten. Wer gegen Steuersenkungen sei, vernichte Arbeitsplätze, was natürlich unpatriotisch ist. Wer im Ausland investiert, wird als schlechter Patriot verteufelt. Er selbst hält sich für einen aufrechten Patrioten, weil er die Zukunft seines Unternehmens und damit wiederum Arbeitsplätze sichert.

Auch im laufenden Bundestagswahlkampf ist mit Patriotismusattacken zu rechnen. Die CSU forderte schon vor geraumer Zeit, den Patriotismus zum Schlüsselthema zu machen. Gerhard Schröder hoffte auf einen patriotischen Schub durch die Fußballweltmeisterschaft im nächsten Jahr. Eine entsprechende Werbekampagne war geplant.

Aber – um den gewiss nicht unpatriotischen *Rheinischen Merkur* zu zitieren –: »Patriotismusdebatten schaffen keine Arbeitsplätze, von ihnen wird kein Volk satt. Vielmehr streuen sie den Menschen Sand in die Augen, auf dass sie die großen Probleme ihrer eigenen Zukunft nicht mehr sehen – und sie folglich auch nicht mehr lösen können. Politik also, die sachbezogenes Handeln durch nationalpsychologische Schmeicheleinheiten substituiert, ist verantwortungslos.«[19]

Sie ist nicht nur verantwortungslos. Indem populistische Politik Patriotismus parteipolitisch missbraucht, entwertet sie ihn und trägt damit wiederum zum Demokratieverdruss bei. So wird Patriotismus sinnlos.

Patriotismusdebatten sind eine Form der Volksverdummung. Gelegentlich wird, nicht bloß von Politikern, die Behauptung aufgestellt, die Krise in Deutschland sei mit mehr Patriotismus zu meistern. Diese These lenkt nicht nur von den Ursachen der Krise ab, sondern ist zugleich das Eingeständnis vollkommener Hilflosigkeit. Es ist so ähnlich wie mit dem verordneten Optimismus. Optimismus steigert wenigstens noch das Lebensgefühl. Patriotismus steigert nur das Lebensgefühl einiger Idioten. Wenn die Fahnen wehen, rutscht der Verstand in die Trompete (russisches Sprichwort).

Patrioten nehmen für sich die Geschichte als Autorität in Anspruch. Das ist besonders dreist. Denn so stellen sie die Behauptung auf, die Gegenwart habe der Vergangenheit zu dienen und nicht den Menschen und ihrer Zukunft. Dabei ist die Geschichte selbst nur die Manipulation des Gestern aus dem Geist des Heute. Geschichte dient niemals einem Zweck, sei es die klassenlose Gesellschaft oder die Nation. Geschichte hat keinen Plan. Und Politik hat nicht die Aufgabe, sich einem Plan unterzuordnen, den es gar nicht gibt. Deutschland ist weder ein Gedanke Gottes (Herder) noch ein Gesetz. Es kann blühen oder als politische Einheit irgendwann von der Landkarte verschwinden, auf die es vor nicht einmal zwei Jahrhunderten geraten ist.

Wir wollen es nicht wünschen. Aber als Wert von hohem, wenn nicht höchstem Rang taugt die Nation nicht, Freiheit und Gerechtigkeit hingegen schon. Die Behauptung der Nationalisten, Demokratie sei nur im Rahmen der Nation möglich und deshalb die Nation quasi identisch mit Demokratie, ist Unsinn. Ein demokratisches Europa ist durchaus vorstellbar und realisierbar. Der demokratische Nationalstaat hingegen war in der deutschen Geschichte eine Ausnahme.

FÜNF
Kleines Panoptikum der Populisten

Gerhard Schröder: verflixte sieben Jahre

Vieles an Gerhard Schröder ist ausgesprochen sympathisch. Wir werden ihn vermissen – weniger als Kanzler denn als lockeren Zeitgenossen, der nie den Eindruck vermittelte, Politik sei ein schrecklich verschwitztes Geschäft. Man nahm ihm seinen am Zaun des Kanzleramts rüttelnden Ehrgeiz nicht übel. Aus dem Zaun ist längst ein Käfig geworden, in dem der blassrote Panther mit traurigen Augen hin- und herläuft und Rilke zitiert: »Sein Blick ist vom Vorübergehn der Stäbe/so müd geworden, dass er nichts mehr hält./Ihm ist, als ob es tausend Stäbe gäbe/und hinter tausend Stäben keine Welt.«

Wie der Panther nun die Macht preisgibt hat Stil, trägt ihm Respekt ein. Er lässt sich nicht zur Schießbudenfigur machen, er ergreift die Initiative, obwohl er schon gefangen ist. Ein Kunststück mit hohem Unterhaltungswert. Denn das ist Gerhard Schröder: ein instinktsicherer Entertainer, der das

Schwerste kann, leicht und unverkrampft wirken, relativ unverbogen von den Jahren im bleiernen Amt.

Am sympathischsten an ihm ist, dass er in praktisch jeder Hinsicht anders ist als sein Vorgänger Helmut Kohl, diese von Sentimentalität und Pathos aufgeschwemmte, von geistig-moralischem Geschwätz triefende, in nichts als in sich selbst und seine Macht verliebte Wahlkampfmaschine. Kein Kanzler hat sein Volk bedenkenloser getäuscht und belogen. Die Folgen des aus parteipolitischer Rücksichtslosigkeit verpfuschten DDR-Beitritts werden noch lange Zeit den Wiederaufstieg des Landes behindern. Kohls Hypothek belastet Schröder bis ans Ende seiner Amtszeit. So hat Kohl noch Anteil an der bevorstehenden Niederlage seines Nachfolgers.

Kohls schamloser Populismus versprach der den Lügen demokratischer Machtpolitiker hilflos ausgelieferten Ost-Gesellschaft das Blaue vom Himmel. Er betäubte ihren Verstand mit den Milliarden, die er den Westdeutschen aus der Tasche zog.

Gerhard Schröder versäumte es, gleich zu Beginn seiner Amtszeit das Kohlsche Desaster schonungslos zu bilanzieren. Das meiste hätte er nicht mehr korrigieren können, aber einiges. Stattdessen wurden all die falschen Hoffnungen und unhaltbaren Versprechen von gleichwertigen Lebensverhältnissen im Osten aufrechterhalten und weitere Milliarden verpulvert. Nun wird Schröder für Kohls Erbe zur Rechenschaft gezogen. Ironie der Geschichte, dass davon ausgerechnet eine Ostdeutsche profitiert, die von Kohl in die Politik geholt wurde und ohne dessen Spenden-Sturz nie die Chance bekommen hätte, Parteivorsitzende zu werden.

Schröders Populismus ignorierte die Probleme gar nicht erst. Deutschland ist besser, als die Deutschen meinen: Das war seine Kernbotschaft. Die Welt ist schön und draußen scheint die Sonne. Und im Kanzleramt sitzt ein gut aussehender Sonnyboy und wirkt wie einer, der in einer ZDF-Familienserie mit dem gebotenen sittlichen Mindesternst den Kanzler gibt.

Der Wohlfühl-Kanzler. Das ist sein Naturell, das war, in der ersten Amtszeit, auch schon fast sein ganzes Programm. Schröder wollte sich wohl fühlen im Amt. Und irgendwie sollte die gute Laune überspringen auf das Volk. So lässt sich ein Fernsehquiz moderieren, aber keine Gesellschaft sanieren.

Regieren macht Spaß. Am Anfang glaubte es Schröder wohl selbst noch. Er war – und ist – ein bekennender Individualist mit einem Stich ins Narzisstische. So jemand benutzt die Welt als Spiegel. Seine Selbstverliebtheit, seine gut sitzenden italienischen Anzüge, seine mildwürzigen Havannas: Das alles vergönnten die Wähler ihrem Gerd. Eine gewisse Lebensart war ja auch schon ein Kontrastprogramm zum ungehobelten Pfälzer. Dazu kam noch Gerhard Schröders gesunde Abneigung gegen das auf- und abschwellende Vaterland-Gedöns. Liebe den anderen wie dich selbst, heißt es in der Bibel. Wenn der Kanzler sein Land so wie sich selbst liebt, mag es mehr als recht sein.

Am meisten liebte Schröder an seinem Land, dass so jemand wie er Kanzler werden konnte. Ein Mann aus kleinen Verhältnissen. Und endlich einer aus der Generation der Achtundsechziger. Schröder hatte einst als Jungsozialist den Marsch durch die Institution SPD zielstrebig begonnen und ihn am Ende im wichtigsten Amt abgeschlossen. Mit ihm kam eine Generation an die Macht, die abgerechnet hatte mit der Schuld der Väter. Schröder brauchte nicht händchenhaltend Kriegsgräberfriedhöfe abzuschreiten, um zu demonstrieren, dass er im 21. Jahrhundert angekommen war.

Nur schien auf dem langen Marsch irgendetwas abhanden gekommen zu sein: der Kompass. Mit dem Zeitgeist wechselte die Generation Schröder die Überzeugungen. Sie meint, dass im postmodernen, postkommunistischen, postnationalen

Chaos Überzeugungen nicht mehr viel bringen. Stattdessen setzte Schröders Regierungskunst ganz auf pragmatische, reaktionsschnelle Rationalität. Zu deutsch: auf Durchwurschteln. Versprach vorgestern noch Juso-Sozialismus den zügigsten Aufstieg, so gaben gestern die jungen Heißsporne der New Economy den Ton an. Was kostete die Welt? Einen Mausklick.

Diese Einstellung war nicht grundsätzlich zu verachten. Nach Kohl, der das Primat der Politik über die Ökonomie zum Schaden aller übertrieb, gab es nun endlich einen Kanzler, der das Primat der Ökonomie über die Politik akzeptierte. Ein Kanzler, der weiß, dass der gute alte Nationalstaat nur noch ein Spielball in den Strömungen der Weltmeere ist, der trotzdem nicht bereit war, die Globalisierung als Geisel der Menschheit zu denunzieren. Endlich ein Regierungschef, der sich nicht wie Kohl als Vollzugsbeamter im höheren Dienst der Geschichte und der eigenen Unsterblichkeit verstand, sondern als Sales Manager auf dem Weltmarkt der Länder. Schröder war der Kanzler der neuen Eliten, die ihre frisch erworbenen Vermögen auf die Zukunft verwetteten. Schröder war auch der Kanzler der großen Spekulationsblase. Kohl konstruierte sich seine Realität aus einem festgefügten Weltbild. Schröder dagegen wollte nicht viel mehr, als an der Seite des Zeitgeistes ein wenig mitzocken.

Als die Spekulationsblase an den Börsen platzte, war jedem klar, dass auch die Aktien der Deutschland AG steil fallen mussten. Der Kanzler gab plötzlich nur noch die Karikatur eines Managers ab.

Zur historischen Tragik dieses Kanzlers zählen die sechzehn Jahre Kohls ja nicht nur wegen dessen tonnenschwerer Hinterlassenschaft, sondern auch, weil das rot-grüne Projekt eigentlich schon zu Ende war, als Kohl Schröder und Fischer endlich ans Ruder ließ. Denn dieses Projekt war vom Geist der alten Republik. Deutschland und die Welt aber hatten sich seit

1989 grundlegend verändert. Das Projekt war irgendwie aus der Zeit gefallen.

Innenpolitisch war Schröders Kurshoch überwiegend auf die Schwäche seiner politischen Gegner zurückzuführen. Bald stellte sich heraus, dass zwischen ihm und der Stammwählerschaft der SPD seit längerem Unverständnis herrschte. Der Konflikt mit Parteichef Lafontaine, der schon vor der Wahl 1998 bestanden hatte, eskalierte nach der Wahl und ruinierte innerhalb weniger Monate den Vertrauensvorsprung der neuen Regierung. Erst Lafontaines Rückzug, kaum ein halbes Jahr später, verschaffte Schröder Luft. Dafür musste er nun selbst den Parteivorsitz übernehmen. Lafontaine war nicht mehr da – aber der linke Flügel, die Reformbremse schon. Es war zweifellos die richtige Konsequenz, den Vorsitz der SPD an einen Mann mit Stallgeruch, an Franz Müntefering abzugeben. Ist der ein verlässlicher, loyaler Wegbegleiter? Vielleicht glaubt Schröder es noch immer. Aber in Wahrheit hat Müntefering Schröders Sturz beschleunigt. Das Pestizid gegen Heuschrecken traf auch den Wirtschaftskanzler.

Die Sympathien, die sich Schröder in der bürgerlichen Mitte, bei der Wirtschaft erworben hatte, waren schnell verbraucht. Schröder taugte nur bei gutem Wetterbericht, nicht für ein Dauertief. Die Spekulation auf bessere Zeiten platzte. Weil er ganz auf die Wirtschaft setzte, wurde er an einer einzigen Zahl gemessen; er hatte es selbst so bestimmt. »Wenn wir die Arbeitslosenquote nicht spürbar senken, dann haben wir es nicht verdient, wiedergewählt zu werden«, hatte er zum Amtsantritt getönt. Nun wird er daran erinnert. Sein Versprechen wurde zum Titelbild des *Spiegel* im März 2005, schwarz auf weiß. Der Lieblingskanzler der Medien war zum Abschuss freigegeben.

Schröder brauchte lange, bis er kapierte, dass sich seine Vorstellung von Kanzlerschaft nicht länger erfolgreich vermarkten ließ. Er hatte die Wiederwahl 2002 zwar gewonnen und auch sein Ansehen erklomm ein neues Zwischenhoch – aber das war nur ein Geschenk glücklicher Umstände und Folge massiver Fehler der Opposition. Erst kam der Parteispendenskandal der CDU, dann schickte der Himmel Regen und Dummheit. Das Hochwasser an Elbe und Mulde und der Bush-Krieg im Irak sicherten seine Wiederwahl.

Nach der Wahl 2002 wurde Schröder ein anderer. Er sah nun ein, dass Deutschland mit guter Laune und pragmatischer Gelassenheit allein nicht zu erneuern war. So gut wie alle Grundpfeiler der alten Bundesrepublik waren morsch geworden, das Bildungswesen, die Bürokratie, der Föderalismus, die Sozialsysteme. Weshalb wollte der Kanzler das erst jetzt wahrhaben? Deutschland lebte doch schon seit langem auf Pump, übernahm sich im Osten. »Wo wir sind, klappt nichts. Aber wir können nicht überall sein«, das hätte der Wahlspruch der Regierung sein können.

Sie wollte gar nicht überall sein. Den Ball flach halten, hinten die Räume dicht machen, ein paar Entlastungsangriffe über die Flügel starten, auf Unentschieden spielen. Der Fußballnarr Schröder könnte sich die übliche Kickerstrategie zu eigen gemacht haben. So jedenfalls sah seine Politik aus.

Sein Gegner war weniger die Opposition als die alte Mentalität der Deutschen. Die Vollversorgungsmentalität im Westen, erheblich verstärkt durch die sozialistische Rundumversorgungsmentalität in den Köpfen der Ostler. Die Vorstellung, der Staat könne Arbeitsplätze durch Umverteilung erzeugen.

Schröder weiß, dass das nicht funktioniert. Aber sein Wohlfühl-Populismus ließ es nicht zu, es den Leuten entschieden genug mitzuteilen. Er wurde trotzdem zum Reformkanzler. Er schob seine Agenda 2010 an, versuchte über Schatten zu springen. Über seinen eigenen – das war nicht so schwer.

Über den seiner Partei – nahezu unmöglich. Er wagte es trotzdem, ging mit seinen Reformen bis an den Rand des Möglichen. Der Rand des Möglichen war aber noch meilenweit entfernt vom Rand des Notwendigen.

Hätte eine CDU-Regierung, die es schon in den achtziger Jahren sträflich versäumt hatte, das Land zu modernisieren, Schröders Agenda durchgeführt, hätten Demonstrationen und Streiks das Land in Aufruhr versetzt. Es ist keineswegs ausgemacht, dass die Union durchgestanden hätte, was Schröder durchstand.

Die fehlende Anerkennung fand der Kanzler spielend im Ausland. Er stärkte Deutschlands Rolle gerade auch durch die Distanz zur ehemaligen Schutzmacht USA. In China, in Arabien und in Russland trat er als Exportförderer auf, nicht als Anwalt der Menschenrechte. Demokratie ist kein Thema, wenn es um Geschäfte geht. Mit Russlands autoritärem Präsidenten schloss er Freundschaft und erteilte dessen »gelenkter« Demokratie den Persilschein. So zeigte sich auch außenpolitisch, dass Schröder der Kompass verloren gegangen war.

Außenpolitisch machte das Regieren noch immer Spaß, doch auch da wurden Fehler gemacht. Die Osterweiterung Europas kam zu schnell. Jetzt belastet Lohndumping den deutschen Arbeitsmarkt. Die Ankündigung der Aufnahme der Türkei geschah so blauäugig wie einst die Wiedervereinigung.

Schröders innenpolitische Taten sind nur auf den ersten Blick beeindruckend. Er zog eine Stufe einer halbherzigen Steuerreform vor, vereinfachte das System aber nicht. Mit dem Steuervergünstigungsabbaugesetz langte er den meisten Bürgern nur noch einmal in die Tasche. Er schuf Ich-AGs und Minijobs, wagte aber nicht die nötige Flexibilisierung des Arbeitsmarktes. Er baute die Bundesanstalt für Arbeit um; aber die *Agentur* blieb eine Behörde, die noch immer Milliarden für ineffiziente Umschulungsaktivitäten verpulvert. Er bat Kassenpatienten stärker zur Kasse, aber noch immer wissen die Patienten nicht, welche Kosten sie tatsächlich verursachen; Transparenz wäre das erste Gebot gewesen. Schließlich Hartz IV: Idee gut, Durchführung mangelhaft.

Dann kam so gut wie nichts mehr, außer Ankündigungen. SPD-Chef Müntefering kündigte für 2005 das »Jahr der Entschlossenheit« an. Das ist es ja nun auch geworden. Ob es so gemeint war? Zunächst einmal plauderte der Kanzler in Beckmanns Talkshow lieber über sein Adoptivtöchterlein Victoria statt über die versäumten Reformen. Ihm verursachte die Sorge um sein Land keine grauen Haare. Das kann jeder sehen. Und wer das Gegenteil behauptet, wird gerichtlich verfolgt. Er setzte alle Hoffnung auf das Glück und auf den Fußballgott.

Deutschland würde 2006, kurz vor der Bundestagswahl, Fußball-Weltmeister! Niemand hätte auf der Tribüne mehr gezittert als Gerhard Schröder. Jürgen Klinsmann und elf Männer auf dem Rasen wären seine wichtigsten Wahlhelfer gewesen. Eine großangelegte Werbekampagne aus Steuermitteln sollte die Gefühlsaufhellung im Land flankieren. »FC Wahlkampf 06« titelte der *Spiegel*.[1] Es blieb ein Traum. Angela Merkel im Stadion – eine komische Vorstellung.

Die Halbherzigkeit Schröders ließ sich zuletzt an seinen Reden erkennen. Meist beschwor er den alten Geist des Wohlfahrtsstaats, der spätestens mit dem Beitritt der DDR untergegangen war, lobte die Gewerkschaften, von denen er sich die Agenda 2010 hatte so weichspülen lassen, dass der Erfinder und Namensgeber der Hartz-Gesetze, der VW-Vorstand Peter Hartz, klagte, die ganze Anstrengung sei – gemessen an der Wirkung – »Energieverschwendung« gewesen.[2]

Schröders doppeltes Pech war, er hatte in den wichtigsten politischen Fragen die eigene Partei nicht wirklich hinter sich.

Und er führt Wahlkampf nicht nur gegen die Opposition, sondern auch gegen einen Bundespräsidenten, der sich als wirtschaftsliberaler Promotor der Erneuerung sieht und sich dabei bis an die Grenzen der Nichteinmischung vorwagt. Horst Köhler sagt, was nicht einmal die meisten CDU-Politiker zu sagen wagen. Die Massenarbeitslosigkeit ist kein Problem der schwächelnden Konjunktur, sondern der untauglichen Strukturen. Köhler bekommt Beifall für seine Reden. Schröder würde für die gleichen Worte als durchgeknallter Turbokapitalist beschimpft werden.

Es gibt, aus der Sicht der Unionsparteien, gute Gründe, Schröder dankbar zu sein. Erstens hat er der Union einen Teil der unangenehmen Arbeit abgenommen. Zweitens ebnete er ihr den Weg zurück an die Macht. Das ist Schröders Tragik: Er hat Wichtiges angestoßen, konnte es aber nicht vermitteln. Die ersehnte Wirkung blieb aus.

Schröder wird als ein Kanzler in die Geschichte eingehen, der Spielball ökonomischer Kräfte war. Er hätte vor fünfzehn Jahren vielleicht die Fehler Kohls vermieden. Aber Kohl hatte Fortune, Schröder hat nur Kohls jämmerliche Hinterlassenschaft.

»Ist es zu stark, bist du zu schwach«, lautet ein Werbeslogan für Pfefferminzpastillen. So ist es mit Schröder. Die Krise des Landes ist zu stark, deshalb ist er zu schwach. Die Aufgabe wird auch andere überfordern.

Schröders Schwäche ist, dass er sowohl das eine wie das andere will: Reform und Ruhe im Karton. Im Zweifel orientierte er sich an demoskopischen Werten. Man sagt, seine größte Stärke sei es, Stimmungen zu erkennen, auf Situationen und Trends zu reagieren. Deshalb erkannte er auch schnell, wo seine Grenzen sind.

Franz Müntefering: der Zauberlehrling

Es war vorauszusehen, vor den Wahlen musste die SPD einen Schuldigen finden für die Schwäche der eigenen Politik, für den scheinbar nicht aufzuhaltenden Niedergang der Republik. Wir sind machtlos gegen das Großkapital, verkündete Franz Müntefering. Straft nicht uns ab bei den Wahlen. Müntefering glaubte, mit den finsteren Mächten des Kapitals ein populäres Feindbild zu aktivieren. Eine klassische populistische Methode.

Es ist die Methode *Haltet den Dieb!* Denn die Heuschrecken sind mitten unter uns. Auch der kleine Mann weiß, wie seine Betriebsrente erwirtschaftet wird. Auch er heizt den Kapitalismus an, wenn er sein sauer Erspartes in Aktienfonds anlegt oder – Geiz ist geil – nur noch beim Discounter einkauft. Das Problem ist nicht der Turbokapitalismus, sondern die gute alte Tante Sozialdemokratie. Ist sie in der Lage, wirtschaftsliberale Reformen erfolgreich mit dem eigenen Selbstverständnis zu verbinden?

Münteferings Antwort ist Radio Eriwan: im Prinzip ja. Wenn die Partei es aushält. Sie hält es aber nicht aus. Der Versuch, mit populistischen Parolen zu kitten, was nicht zu kitten ist, scheiterte beim Wähler. Das Vorziehen der Bundestagswahlen ist der letzte Versuch, die Partei zusammenzuhalten, denn Wahlkampf diszipliniert.

Das Feindbild stand schon bereit. Ignorant und unsensibel boten Bosse und Banker ein dankbares Ziel. Mitleid haben sie nicht verdient, sie haben Münteferings Populismus provoziert. Sie waren blind und taub für Töne, die längst in der stickigen Luft über den Stammtischen lagen. Populisten lieben solchen Mief und erklären ihn zu erfrischendem Wind. Laut Infratest stimmten 66 Prozent der Deutschen Müntefering zu. Es wäre ein schlechter Populist, der Unpopuläres propagiert. Bloß hat es der SPD bei der Wahl in Nordrhein-Westfalen nichts genützt.

»Manche Finanzinvestoren verschwenden keinen Gedanken an die Menschen, deren Arbeitsplätze sie vernichten«, so Müntefering. »Sie bleiben anonym, haben kein Gesicht, fallen wie Heuschreckenschwärme über Unternehmen her, grasen sie ab und ziehen weiter.« Und so jemand wie Ackermann – das personifizierte Kapitalismusfeindbild der Linkspopulisten – »deprimiert die Menschen und raubt ihnen das Vertrauen in die Demokratie«.[3]

Aber das Vertrauen raubt ihnen vor allem Müntefering. Weil der Wähler Politiker, die sich als Opfer hinstellen, nicht mag und nicht brauchen kann. Politiker, die zugeben, nichts zu melden zu haben, sind nicht wählbar. Sie schüren nur die Nachfrage nach dem starken Mann, der dem Herrn Ackermann zeigt, wo Bartel den Most holt. So entpuppte sich Münteferings Kampagne als Beitrag zur Demokratieverdrossenheit.

Wie jede Art von Populismus ist auch dies ein Spiel mit dumpfen Parolen und niederen Instinkten verängstigter und uninformierter Leute. Der Tonfall macht hellhörig. Die bösen Mächte sind »anonym« und »angelsächsisch«. Antiamerikanismus kommt gut an beim deutschen Wahlvolk und hört sich manchmal fast so ähnlich an wie das demagogische Geschwätz vom »internationalen Finanzjudentum«.

Die Attacke Münteferings steht in der Tat weniger in einer marxistischen als in einer unseligen nationalistischen Tradition. Die Kapitalismuskritik der Deutschnationalen sah schon wenige Jahre nach der Reichsgründung, nämlich nach dem Börsenkrach von 1873, finstere Mächte hinter einer Entwicklung, die damals noch nicht Globalisierung hieß, aber schon so etwas Ähnliches war. Chauvinistische Ökonomen stellten damals die liberale Wirtschaftsordnung in Frage. »Sie bestritten, dass es allgemeine ökonomische Gesetze geben könne, die Ökonomie müsse dem ›Denkstil‹ eines Volkes entsprechen. Deutschland kehrte sich von der Marktwirtschaft ab und einem autoritären, korporativen Wirtschaftsstil zu.«[4] Die Ablehnung der Internationalisierung der Wirtschaft führte zu Abschottung und nährte die Großmannssucht. Des Kaisers Schutzzölle schürten die Konfrontation, die in den ersten Weltkrieg führte.

Damals ertönte der Ruf nach einem starken Staat. Er ist heute so ähnlich wieder zu hören. Als rücksichtsloses Gewinnstreben wird der Wettbewerb auf den Weltmärkten denunziert. Der Nationalstaat sollte vor den Gefahren dieser Freiheit schützen. »Das alte, konservative Klischee von den internationalen Finanzmächten ist jedenfalls bis heute wirkungsmächtig geblieben.«[5] Nikolaus Piper stellt zu Recht die Frage, weshalb gerade der Ausländer Ackermann, ein Schweizer, zum Buhmann der Kapitalismuskritik wurde, und nicht etwa Jürgen Schrempp, der deutsche Manager, der mit der Übernahme von Chrysler den deutschen Vorzeigekonzern Daimler-Benz nachhaltig schädigte, oder der Gewerkschaftschef Zwickel, der gemeinsam mit Ackermann als Aufsichtsrat die Millionenzahlungen an Mannesmann-Manager billigte.

Vor allem fehlt es Müntefering an Glaubwürdigkeit. Weder hat Schröder vor, seinen wirtschaftspolitischen Kurs zu ändern, noch hätte er überhaupt die Möglichkeit dazu. Will er Investoren verbieten zu investieren? Will er bei ihnen die Steuerschrauben anziehen? Will er Kapital aus dem Land jagen und damit Arbeitsplätze? Während Müntefering noch sein »Wähler hört die Signale!« schmetterte, versprach Schröder die Senkung der Unternehmenssteuern.

Populismus besteht aus Demagogie und Illusionen. Münteferings Populismus arbeitet mit der Illusion, das Land lasse sich gegen die Globalisierung abschotten. Es lässt sich noch nicht einmal gegen die Handwerker aus Polen abschotten, gegen die Gewerbefreiheit in der EU, der die SPD zustimmte. Meint Müntefering, die Leute merkten den Widerspruch nicht?

Populismus, der beim Volk nicht ankommt, ist ein trauriger Populismus. Er entfacht allenfalls am sozialdemokratischen Lagerfeuer ein wenig Knistern. Der linken Abspaltung von der SPD, Lafontaine und seiner Gefolgschaft, sollte das Wasser abgegraben werden. Die SPD bereitet mit ihrem Feldgeschrei, das als Kritik an der eigenen wirtschaftsfreundlichen Politik verstanden werden muss, populistischen Parteien das Feld. PDS und SPD-Abweichler sammeln sich hinter Ex-SPD-Chef Lafontaine und PDS-Spitzenkandidat Gysi.

Wenn die Bundestagswahlen verloren gehen sollten, werden sich große Teile der Partei von Schröders Reformkurs verabschieden, wieder als Schutzmacht der kleinen Leute auftreten und zur großen Umverteilung blasen. Auf die SPD kommen nach einer Niederlage schwere Richtungskämpfe zu. Will Müntefering seine Partei schon jetzt darauf einstellen? War seine Klassenkampfrhetorik das vorzeitige Eingeständnis der Niederlage?

Der Wahlkampf soll wieder einmal als Entscheidungsschlacht zwischen zwei großen politischen Lagern ausgetragen werden. Es ist eine Propagandaschlacht, denn die wirkliche Front ist nicht klar genug. Auch in der CDU gibt es ausreichend viele Herz-Jesu-Sozialisten, die Müntefering im Kern zustimmen, und Frau Merkel und vor allem Edmund Stoiber sind selbst nicht frei von populistischen Reflexen. Wirklich wirtschaftsliberal sind (außerhalb der FDP) nur noch der Bundespräsident und der eine oder andere Grüne. Solange Schröder nicht selbst den Arbeiterführer gibt, was er weder will noch könnte, passt Münteferings Rolle nicht ins Stück.

So wird der Zauberlehrling Müntefering die Geister, die er

rief, nicht mehr los. Er gibt selbst zu, von der Wucht der von ihm losgetretenen Welle überrascht worden zu sein. Er stärkte die Linke, der er doch den Wind aus den Segeln nehmen wollte. Er salbte ihre Seele und schürte damit den innerparteilichen Aufstand gegen den Kanzler. Schröder ist auf der Flucht nach vorn – nicht vor Angela Merkel, sondern vor den eigenen Genossen. »Die SPD hat ihren dritten Kanzler gemeuchelt«, stellt der Demoskop Manfred Güllner von Forsa bitter fest. Müntefering, des Kanzlers angeblich loyalster Genosse, lieferte die Munition. Die Partei war ihm immer wichtiger als Schröders Kanzlerschaft. Er hat sich entschieden. Gegen Schröder und für eine Zukunft der SPD in der Opposition.

Angela Merkel: der Kaiserin neue Kleider

Die einzige Chance, die Gerhard Schröder hat, heißt Angela Merkel. »Die? Nie!«, titelte die liberale *Münchener Abendzeitung.*[6]

Den wahren Grund dafür zu nennen ist jedoch nicht politisch korrekt. Es geht nicht um die Tatsache, dass sie eine Frau ist, auch in München nicht. Es geht um die Frage, wie viel ein ostdeutscher Politiker mit der Leisetreterbiografie Angela Merkels von dieser Republik begriffen und verinnerlicht haben kann. Frau Merkel wäre eine brauchbare Ministerpräsidentin in Mecklenburg-Vorpommern. Das Kanzleramt aber darf nicht als Incentive-Maßnahme für mustergültige Verwestlichung herhalten, dazu ist es zu wichtig. Aber wer das ausspricht, gilt als Einheits-Verächter. Es geht um die Frage, was mit der Partei Konrad Adenauers geschehen ist, wenn sie dem Durchmarsch der uckermärkischen Pastorentochter nichts Überzeugenderes entgegenzusetzen hat. Der CDU-nahe Sozialforscher Meinhard Miegel hat mit seiner

Skepsis vollkommen Recht, wenn er daran erinnert: »Sie hat nie ein Bundesland geführt. Sie war nur sehr kurz Ministerin. Seitdem macht sie etwas völlig anderes, nämlich Parteiarbeit. Das hat wenig mit den Funktionen einer Regierung zu tun.«[7]

An Angela Merkel lässt sich vieles aussetzen, nur nicht, dass sie es darauf anlegte, um jeden Preis populär zu sein. Es geht bei dieser Wahl nicht darum, wer der sympathischste Kandidat ist. Sympathisch sollten Talkmaster sein und Autoverkäufer. Wenn sich aber die Parteien wenig voneinander unterscheiden – auch wenn sie das Gegenteil behaupten –, fällt das, was die Wähler sympathisch finden, dann doch wieder ins Gewicht.

Angela Merkel genießt den Ruf, die Ära Kohl beendet zu haben. Das wäre nicht bloß sympathisch, sondern auch ein historisches Verdienst. Die Wahrheit ist jedoch, dass sich Kohl nach der Wahlniederlage selbst vom Denkmalsockel stürzte, weil er bis heute rechtswidrig darauf besteht, die Namen von Spendern nicht bekannt zu geben.

Wie hat sich die CDU verändert, seit Angela Merkel an ihrer Spitze steht? Hat sie es nur geschickt verstanden, das große schwarze Loch, das Kohl hinterließ, zu besetzen, oder hat sie die Partei neu belebt, sie auf Kurs gebracht? Ist sie, die wahrscheinlich künftige Bundeskanzlerin, ein Quell der Hoffnung auf bessere Zeiten?

Voraussetzung für einen wirklichen Neuanfang wäre gewesen, die Ära Kohl auch politisch zu bilanzieren. Notwendige Reformen waren versäumt worden. Der Kanzler der Einheit hatte Kardinalfehler des Beitritts zu verantworten, denen ein guter Teil des Niedergangs geschuldet ist. Es wäre nicht zu viel verlangt von Frau Merkel, es zuzugeben. Dazu sind aber weder die CDU noch sie in der Lage. Wem jedoch die Einsicht in die Torheiten der Vergangenheit fehlt, dem ist auch kühle

Rationalität bei der Lösung gegenwärtiger und künftiger Schwierigkeiten nicht zuzutrauen. Die Funktionäre der Jungen Union, die Hoffnungsträger der Partei, waren sich nicht zu dumm, auf Tische zu steigen und den Klatschmarsch zu grölen: »Und wir haben ein Idol: Helmut Kooohl.« Ist das die neue Ära Merkel?

Es ist die Befindlichkeit der Partei unter der Regentschaft Angela Merkels. Das Wir-Gefühl ging verloren. Der alte Patriarch war ein Despot, aber zugleich ein bulliger Kachelofen. Kohl brauchte man nicht zu lieben, weil man sich auf ihn im Guten wie im Schlechten verlassen konnte.

Wer aber ist Angela Merkel? Wissen es die Wähler? Wie sehr muss sie die DDR gehasst haben! Und vielleicht selbst das eigene Elternhaus. In Hamburg wurde sie geboren, aber vom Vater, einem linken Pfarrer, mit in den Osten genommen und damit aller Chancen beraubt. Kann eine politische Karriere so ein Trauma kompensieren?

Vielleicht ist es gar kein Trauma. Womöglich liegt Angela Merkels Talent weniger im Rebellischen als in der musterhaften Anpassung an die jeweils herrschenden Verhältnisse. Sie sei »lernfähig und grundsatzlos«, zitierte die *FAZ* einen ihrer nicht genannt werden wollenden Mitstreiter.[8] In der Partei gilt sie als »Vorsitzende der kalten Herzen«.[9]

Immer, wenn sie wieder einmal ermüdend farblos und uninspiriert auftritt, kommen Zweifel. Zum Beispiel als der Kanzler auf der Wehrkundetagung in München seinen Verteidigungsminister vor dem US-Verteidigungsminister und der internationalen Elite des Fachs eine Rede verlesen ließ, in welcher er den politischen Wert der NATO anzweifelte. Angela Merkel war als Nächste an der Reihe – und ging mit keinem Wort auf die Blöße des Kanzlers ein. »Ein Desaster«, zitierte der *Spiegel* einen CDU-Granden.[10] Wenn der Schwung nachlässt, wirkt Angela Merkel teigig, lustlos, überfordert. Ihre

Rhetorik wirkt im besten Falle so mitreißend wie eine Wäscheschleuder. Kommt es darauf gar nicht an? Natürlich kommt es auf die Fähigkeiten des Kanzlers an, zu motivieren und zu überzeugen. Rhetorik verrät, ob jemand von einer Sache nur redet, weil sie ihm nützt, oder ob er für eine Sache brennt, weil sie ihm wichtig ist.

Ist Angela Merkel der Job in der großen Berliner Betonwaschmaschine, im Kanzleramt, wichtiger als die Sache? Diese Frage kann heute noch niemand beantworten. Wie wird sie über die Reformen reden – und wie handeln –, wenn sie nicht mehr nur die Probleme ihres Widersachers sind, sondern ihre eigenen? Sagt sie, was sie denkt? Denkt sie, was sie sagt? Sie sagt mal dies und mal jenes.

Warum lächelt sie? Ja, selbst ihr Lächeln ist noch das einer Sphinx, die sich nicht festlegt. Ist ein Rätsel wählbar? Will sie die Steuern erhöhen oder senken? Was geschieht mit den Renten? Was mit der heillos zerredeten Gesundheitsreform? Will sie es nicht sagen, weil sie dem Volk misstraut – oder weil die Schubladen leer sind und sie überdies davon ausgehen muss, ihre Partei nicht geschlossen hinter sich zu haben? Zwar gibt es in der CDU keinen Lafontaine, aber sie könnte vor ähnlichen Problemen stehen wie ihr Vorgänger. Und die Probleme ihres Vorvorgängers wird auch sie erben, ohne wirklich etwas dagegen tun zu können.

Lächelt sie, weil sie das Unglaubliche geschafft hat? Schaut sie so versonnen, weil sich die Deutschen noch wundern werden, wenn sic erst einmal im Amt ist? Weshalb werden wir uns wundern? Weil sie die Reformen wahrmachen will, die sie einmal, es ist geraume Zeit her, auf dem Leipziger Bundesparteitag der CDU, entwarf und seither stückweise zurückgenommen hat? Packt Maggie Merkel schon ihre Handtasche? Das wäre ein Grund zum Lächeln. Vielleicht will sie aber doch einfach nur nett sein. Das wäre eine Bedrohung.

Die Deutschen wollen jetzt keinen Staatsschauspieler mehr. Das kann Merkel garantieren, denn dazu reicht ihr Talent dann wohl doch nicht. Aber wenn sie niemanden spielt, dann stellt sich doch erst recht die Frage, wer sie ist. Rätsel über Rätsel. Sie gilt als misstrauisch. Warum nicht? Aber das Volk ist es auch.

Wenn Frau Merkel die große Reformerin wäre, die sie zu sein behauptet, würde sie die besten Reformköpfe der Partei an sich binden. Ob einer ein wirklich starker Führer ist, ist grundsätzlich daran zu erkennen, ob er andere Starke gewinnt oder sich lieber mit fügsamen Karrieristen umgibt. Der mit Abstand hellste Kopf unter den Reformern in der CDU war und ist Friedrich Merz, den Merkel aus dem Amt mobbte. Klasse hätte sie bewiesen, wenn sie stark genug gewesen wäre, mit einem ihr intellektuell womöglich überlegenen Mann ins Rennen zu gehen. Stattdessen verhielt sie sich, wie man und frau sich eben in der Politik verhalten, zuerst kommt die Macht, dann lange nichts, dann das Programm. Lieber schwächt der Machthaber das eigene Konzept als die eigene Stellung.

Lehrmeister Kohl hat es genauso gemacht. Er hat Schäuble demontiert, Merkel mobbte ihn noch einmal. Wüsste sie über das Erfolgsgeheimnis Helmut Kohls besser Bescheid, wüsste sie jedoch, dass der rheinland-pfälzische Ministerpräsident Kohl seinen Aufstieg in Bonn auch einer Riege intelligenter Außenseiter verdankte, die er einst in die Politik holte, Richard von Weizsäcker, Kurt Biedenkopf, Heiner Geißler und andere. Sie alle gehörten später, als Kohl zum bloßen Machterhaltungssystem mutiert war, zu seinen Gegnern. Aber niemals mehr danach war die CDU eine programmatisch so wache und politisch so schlagkräftige Partei wie unter den Generalsekretären Biedenkopf und Geißler. Gemessen an diesen beiden Schwergewichten kann der über seine eigene Geldgier gestolperte Merkel-General Laurenz Meyer kaum mit der Apothekerwaage gewogen werden.

Politische Erfahrungen lassen sich nicht aus Schulbüchern nachlernen. Sind Merkel Individuen wie Merz doch zu forsch, zu geradlinig, zu eindeutig, zu unbeherrschbar? Fühlt sie sich durch Friedrich Merz in ihren eigenen Reformbemühungen als lauwarm, zögerlich, unentschieden bloßgestellt?

Merz' vorläufiger Abschied aus der Politik musste sie mehr treffen, als wenn er mit zusammengekniffenen Pobacken auf seinem Posten geblieben wäre. Denn Merz zeigte auf der Kaiserin neue Kleider. Unter ihrem Reformkostüm im Businesslook trägt sie die Angoraunterwäsche des alten Kohlschen Kanzlerwahlvereins.

Angela Merkels Schwäche kommt vielleicht daher, dass sie in der Politik gleich so hoch einstieg, dass sie stets gefördert und geführt wurde. Sie hat schnell das Brunftverhalten der alten Männer durchschaut und gelernt, sich flexibel an die Spitze des Fortschritts zu setzen. Man muss ihr aber sagen, wo der Fortschritt zu finden ist.

Sie erscheint als die personifizierte Vollendung der Einheit. Aber kommt sie im Osten an, zum Wohle der ganzen Union? Die meisten Ostdeutschen werden ihr etwas husten. Sie genießt dort, Umfragen bestätigen es, keinen Heimvorteil. Nur 23 Prozent der Ostdeutschen freuen sich über ihre Kandidatur, stellte eine repräsentative Umfrage im Auftrag der Ost-Postille *Superillu* fest.[11] Aus der Sicht vieler Ostdeutscher verrät Merkel sogar ihre Herkunft. Sie verletzt mit ihrer marktliberalen Haltung – mag sie im Westen auch noch so nebulös und halbherzig erscheinen – die in der ehemaligen DDR noch immer vorhandene Vorstellung vom Staat als Versorgungsmaschine. Zu sehr als Musterschülerin des Westens erscheint sie im Osten.

Der Göttinger Parteienforscher Franz Walter sieht für die

Union noch ein anderes handfestes Problem. Sie ist zur Mehrheitspartei der deutschen Arbeiter aufgestiegen. Diese Wähler folgen aber nicht dem kühlen marktwirtschaftlichen Kurs der Partei, sondern sind von Schröders Reformen verärgert. Sobald eine Kanzlerin Merkel Ernst machte mit der weiteren Liberalisierung des Staates, würde »die Allianz von alter bürgerlicher Mitte und neuem sozialem Unten nicht halten«.[12] Denn schließlich ist »die Union noch neoliberaler, besitzbürgerlicher, elitärer« geworden, »und das zu einem Zeitpunkt, als sich ihre Wählerbasis gleichsam unvorbereitet proletarisiert hat«. Das ist Angela Merkels Dilemma – unabhängig davon, ob man ihren wirtschaftlichen Kurs für richtig hält oder nicht.

Merkels größtes Problem ist ein ganz ähnliches wie das der SPD. Die CDU hat ihr inneres Gleichgewicht verloren, will es sich aber nicht eingestehen. Nicht nur die DDR verschwand von der Landkarte, auch die Bonner Republik, zu großen Teilen das Werk Konrad Adenauers und der alten Union, gibt es nicht mehr. Die Fundamente des christdemokratischen Selbstverständnisses wurden brüchig. »Wohlstand für alle« (Ludwig Erhard) gilt nicht mehr in der Berliner Republik. Der rheinische Kapitalismus war tatsächlich Kapitalismus mit menschlichem Antlitz. Dieses Ideal von Gesellschaft ist zerbrochen. Dessen letzte Vertreter haben sich in allen Parteien (Geißler und Blüm in der CDU, Seehofer in der CSU, Lafontaine in der SPD) ins Abseits manövriert. Und nun wird die neue Kälte ausgerechnet von einer Ostdeutschen verkörpert. Sie vermittelt in der CDU eine Stimmung, als habe die alte Bonner Republik ebenfalls an der Realität vorbeigewirtschaftet, nicht viel anders als die DDR, lediglich unter anderen ideologischen Vorzeichen. Merkels Anrufung von Erhards Erbe und ihre Beschwörung einer angeblich neuen, aber noch immer sozialen Marktwirtschaft klingt deshalb nicht glaubwürdig. Sie vertritt zwar ein Konzept von Gesellschaft, das die Mehrheit in der CDU teilt, wirkt dabei aber wie ein geistiger Besatzungsoffizier.

Da Angela Merkel das spürt, versucht sie die Denunziation der alten Bundesrepublik durch einen aufgesetzten Patriotismus zu kompensieren. In der Bonner Republik war das Grundvertrauen in den Staat ganz ohne Patriotismus ausgekommen. Nun ist er offenbar wieder nötig – als Ersatz für die abhanden gekommene Identifikation mit der Bundesrepublik. »Die Union kann ihren ungewollten und ungeliebten neoliberalen Kurs nur ausbalancieren durch das Set an Sicherheiten, das man noch zu haben glaubt: Patriotismus, Familie, Religion.«[13] Aber für Familie und Religion steht Merkel auch nicht, bleibt die Nation.

Konservative Ratgeber und Journalisten bestärken sie in dieser irrigen Ansicht. Sie glauben, ihr sozusagen durch die Hintertür der neoliberalen Globalisierung Patriotismus aufschwätzen zu müssen. Das große Vorbild dafür lautet George W. Bush.

Hatte der amerikanische Präsident seine Wiederwahl trotz Irak-Debakel nicht mit den heiligen Werten der Nation erzielt? Merkel dürfe »auch die gesellschaftspolitische Konfrontation, ja Polarisierung nicht scheuen. Es wäre die Abkehr vom technokratischen Pragmatismus und die Renaissance einer Politik, die sich nicht bis zum Überdruss mit Fragen von Machtgewinn und Machterhalt beschäftigen will«, drohte Johann Michael Möller in der *Welt*.[14] Es ist aber ein Irrtum zu glauben, man könne eine »Grundrevision der libertären Gesellschaft mit ihrer rein ökonomischen Logik«[15] durch Patriotismus erzwingen. Beide Konzepte widersprechen sich. Es wäre reine Heuchelei, die neuen sozialen Härten mit Patriotismus zu übertünchen. Das hat im neunzehnten Jahrhundert schon nicht wirklich funktioniert, als sich die ausgebeuteten

Massen von ihren Ausbeutern in den Krieg schicken ließen. Modernisierung gibt es nur ganz oder gar nicht. Mit schwarz-rot-goldenen Parolen gar nicht.

Wer die rationale Naturwissenschaftlerin Merkel kennt, traut ihr allenfalls einen taktischen Patriotismus zu, als Versuch, emotionaler zu erscheinen, als sie ist. Immer wenn sie patriotische Töne anstimmt, klingt sie noch wolkiger als sonst. Ihr eigentliches Problem ist nicht mangelnde Emotionalität, sondern dass niemand wirklich weiß, wofür sie steht, welche Vision vom Land sie hat. Vielleicht hat sie gar keine Vision. Kanzlerin will sie werden. Das weiß sie, das wissen alle.

Merkels Erfolg ist der Erfolg, so einfach ist das. Ihr Glanz ist die Mattigkeit ihres Gegners. Fünf Millionen Arbeitslose: In einem Jahr schon wird es vielleicht ihre Zahl sein. Denn warum sollte sich mit ihr etwas ändern in Deutschland?

Ein Witz, der dem Schweizer Journalisten Roger de Weck zu verdanken ist, geht so: Gerhard Schröder fragte den lieben Gott, wann die SPD endlich zu seinen Reformen stehen werde. Der liebe Gott antwortete ihm: »Nicht in deiner Amtszeit.« Daraufhin trat Angela Merkel vor den Thron des Allmächtigen und fragte ihn, wann die CDU endlich zu einer echten Reformpartei werde. Gott überlegte lange. Dann kam seine Antwort: »Nicht in meiner Amtszeit.«[16]

Edmund Stoiber: besser in Bayern

Dem Vorsitzenden der CSU und bayerischen Ministerpräsidenten Edmund Stoiber sagt man viele Fähigkeiten nach, über die ein Staats-Manager verfügen sollte. Nahezu asketischer Fleiß, Hingabe, stupende Aktenkenntnis, Organisationstalent, Intelligenz und Augenmaß. Stoiber kompensiert mangelnde Leutseligkeit mit Fußball-Leidenschaft. Er meidet

Talkshows und andere Bühnen, auf denen für ihn ohnehin wenig zu gewinnen ist. Dass er nicht auch noch ein großer Humorist sein kann, dass sein Talent zum Volksredner die Kabarettisten eher zur Nachahmung animiert als das der Berufskollegen, sei ihm als individuelle Note anzurechnen. Man braucht auch Charakterzüge, nur als fader Manager wird man in Bayern noch kein akzeptierter Landesvater. Aber so dumm sind auch die Bayern nicht, dass sie Entertainer mit Politikern verwechselten. Die Zeiten des seligen Franz Josef Strauß sind vorbei. Barocke Lebensart nebst dazugehöriger Selbstbedienungsmentalität (»Hund samma scho«) sind nicht mehr Voraussetzung für das Amt.

Etwas anderes dagegen ist in Bayern unverzichtbar geblieben, denen in Berlin unabhängig von ihrer Parteizugehörigkeit gelegentlich den Defiliermarsch zu blasen. Die Stärke des CSU-Vorsitzenden ist abhängig von seiner Distanz zum Geschehen in Berlin.

Nachdem Gerhard Schröder die K-Frage in der CDU durch das Vorziehen der Wahl gleich mitentschieden hatte, hätte der CSU-Vorsitzende sich dazu durchringen sollen, die Regierungsarbeit in Berlin als Parteivorsitzender der CSU zu begleiten statt als Mitarbeiter von Frau Merkel. So super kann kein Ministerium sein. Stoiber kann immer nur als bester Nebendarsteller für den Oskar nominiert werden, aber sicher ist auch das nicht. Wahrscheinlicher ist, dass er das Schicksal Hans Eichels teilen muss und für die Staatsverschuldung verantwortlich gemacht wird.

Stoiber sollte das Beispiel Theo Waigels schrecken. Sein Vorgänger im Parteivorsitz wurde als Finanzminister Kohls zum Erfüllungsgehilfen aller Fehler des DDR-Beitritts. Stoibers direkte Mithaftung für Merkels Politik wäre der sicherste Weg für die CSU, die absolute Mehrheit in Bayern zu verspielen – es sei denn, es gäbe vom ersten Tag an Krach in der

Koalition. Vielleicht will Stoiber deshalb lieber Außenminister sein, ein Amt, das ihm jedoch nicht die gewünschte Gestaltungsfülle gäbe.

Eine Partei, die in Bayern seit Jahrzehnten sechzig Prozent der Wähler und mehr für sich gewinnen kann, ist wahrhaft eine Volkspartei. Da Bayern entgegen hartnäckiger Vorurteile in anderen Landesteilen keine Diktatur ist, organisiert sich die CSU eine Art kontrollierter Opposition in den eigenen Reihen. Nur so ist zu erklären, dass ein Mann wie Horst Seehofer, der ein gutes Stück links von der CSU (und Schröder) einzuordnen ist und dessen politische Grundeinstellung eher mit der Oskar Lafontaines übereinstimmt, zwar von Frau Merkel als stellvertretender Fraktionsvorsitzender abgesägt wurde, sich in der CSU aber als Partei-Vize halten kann.

Der Preis dafür, dass die CSU sich so lange schon weitgehend unbestritten als die Erfinderin des schönen Bayern feiern lassen kann, ist eine ganz eigene Form von Populismus, die so nur in Bayern funktioniert.

Die Machtbasis der CSU besteht aus Zehntausenden von Aktivisten in den kleinsten Verästelungen der Gesellschaft, in der Kommunalpolitik, in den Vereinen, den Bildungseinrichtungen oder der Wirtschaft.

Die CSU hat deshalb viele unterschiedliche Interessen zu bedienen. Das bedeutet, dass selbst der unangreifbar starke Edmund Stoiber nicht stark genug wäre, es sich rücksichtslos etwa mit den Bauern, Kirchen oder Sozialverbänden zu verderben. Zwar sind auch in Bayern die Zeiten vorbei, in denen staatliches Manna vom Himmel fiel. Aber die Kürzungen und Einschränkungen sind noch lange nicht so dramatisch wie überall sonst in der Republik. Dennoch führten bereits die ersten Sparprogramme in Bayern zu ungewohnt heftigen Protesten gegen die Landesregierung.

Edmund Stoiber selbst redet in vielen Zungen. Vor Unternehmern hören sich seine Überzeugungen ganz anders an als in den Bierzelten. Im Zweifel ist er zu manch windigem Kompromiss bereit. Das Einzige, worauf der CSU-Vorsitzende felsenfest besteht, ist die überragende Stimmenmehrheit für die CSU. Diesem Ziel ordnet er alles andere unter. Um nichts in der Welt würde die CSU ihre ungeteilte bayerische Herrschaft gefährden wollen. Lieber koaliert sie mit Teufels Großmutter als mit einer anderen Partei. Eigentlich könnte das ganze Parteiprogramm der CSU aus diesem einen Satz bestehen: »Die CSU ist die Partei mit der absoluten Mehrheit in Bayern. Näheres regeln die Notwendigkeiten.«

Deshalb macht es der bayerische Populismus erforderlich, dass die CSU insgesamt das S in ihrem Namen – es steht für sozial – ernster nimmt und die Sozialpolitik ernster nehmen muss als die große Schwesterpartei CDU. In Bayern will die CSU christlich, national, (wirtschafts)liberal und sozialdemokratisch zugleich sein – oder zumindest erscheinen.

Dies ist Stoibers Problem. Er führte seinen aussichtslosen Kampf um die Kanzlerkandidatur so, als sei Deutschland ein größeres Bayern. Das ist es aber leider nicht. Er verlor das Rennen gegen Frau Merkel gerade wegen seiner bayerischen Art des Populismus. Angela Merkel fiel es leicht, den erfahreneren, erfolgreicheren Politiker abzuhängen, weil sie sich als die entschiedenere Reformerin positionierte.

Sie ließ Stoiber alt aussehen, so alt wie die Bonner Republik. Wenn man so will, ist das bayerische Biotop eines der letzten Fleckchen auf dieser Erde, in dem es noch annähernd so zugeht wie in der Bonner Wohlstandsrepublik. Es herrscht fast Windstille, nur Schäfchenwolken ziehen über die makellose Landschaft. In Bayern wird dieses Wohlgefühl mit der Metapher von »Laptop und Lederhose« (eine Erfindung des früheren Bundespräsidenten Roman Herzog) ausgedrückt – der wirkungsvollste Slogan der CSU.

Wäre Stoiber ein kluger Stratege, hätte er nicht versuchen sollen, überall Beifall zu finden, sondern als Verteidiger des alten Westens auftreten müssen. Schließlich ist die CSU nicht nur die einzige Bundespartei, die nur in einem Bundesland kandidiert, sondern auch die einzige rein westdeutsche Partei. Zu diesem Zweck hätte er die ökonomischen und mentalen Folgen der Einheit thematisieren müssen. Populisten seines Kalibers sind aber zu vielem fähig, nur nicht zu schonungsloser Offenheit.

Als Kanzlerkandidat einer dezidiert westdeutschen Partei hätte Stoiber im Westen (67 Millionen Einwohner) mehr dazugewonnen als im Osten (15 Millionen Einwohner) verloren. Im Osten kann der konservative Katholik sowieso nicht gewinnen. Natürlich hätte er dann auf manches patriotische Geschwurbel verzichten müssen.

Guido Westerwelle: übertourt im Leerlauf

Es ist schon länger Schluss mit lustig. Guido Westerwelle probiert den Wechsel von der Comedian-Show zum großen Staatstheater, vom New-Economy-Luftikus ins schwere Charakterfach. Bloß welcher Charakter? Man ist schon dankbar für seine sexuelle Ausrichtung; wenigstens sie ist ein erkennbares Symptom dafür, dass in Westerwelle ein komplexer Mensch steckt, nicht bloß ein Zeitgeistverwertungsorgan, mitgerissen vom Ehrgeiz. »Ich will ein solcher werden, wie einmal ein anderer gewesen ist.« Kaspar Hausers Satz aus Handkes Stück scheint Westerwelle wie in den Mund gelegt.

Der Inbegriff der grauen Eminenz der Bonner Republik war Hans-Dietrich Genscher, Langstreckenaußenminister und FDP-Vorsitzender. Er ließ Kanzler fallen (Willy Brandt und Helmut Schmidt) und Kanzler ins Amt steigen (Helmut

Schmidt und Helmut Kohl). Aber nur selten wusste man, wofür er eigentlich stand, was Liberalität für ihn bedeutete, was er wirklich dachte, wenn er täglich seine monoton raunenden Interviews gab. Trotzdem war Genscher beliebter als alle anderen. Will Westerwelle ein solcher werden? Er könnte es nicht, und das ist auch gut so.

Die FDP ist nicht zu beneiden. Strategisch hat sie sich an Angela Merkels CDU gebunden. Nur mit ihr mag und kann sie koalieren. Als eigenständige Kraft ist sie nicht wirksam, obwohl sie genau dies ist: die einzige Partei mit einem klaren ordnungspolitischen Profil. Wenn es dumm läuft für die FDP im so genannten Lagerwahlkampf, dann könnte sogar die Fünf-Prozent-Hürde zu hoch sein.

Man wählt die FDP als Bremse oder Motor und manchmal als kleineres Übel. Sie erscheint diesmal im Bündnis mit der Union nicht als kleineres Übel, sondern als wirtschaftspolitischer Antreiber.

Programmatisch haben die Liberalen Defizite. Ihr Problem ist, dass bis auf die PDS auch alle anderen Parteien beanspruchen, liberal zu sein. Individualismus, weniger Staat und mehr Eigenverantwortung liegen generell im Trend. Die FDP kann nur sagen: Das alles geht uns noch nicht weit genug. Sie könnte sich, was sie nicht entschieden genug tut, ihrer Tradition als Partei der Bürgerrechte besinnen. Die Angst vor dem Terror lässt aber auch in Deutschland die Rechte des Bürgers gegenüber dem Staat schrumpfen, Überwachung und Kontrolle dagegen sprießen. Der Protest der Liberalen bleibt überhörbar.

Westerwelle ist kein Populist. Das könnte er mit einem Programm gar nicht sein, das sich eher vorhalten lassen muss, nur besserverdienende Selbstständige zu vertreten. Es wäre auch eine Illusion zu glauben, die FDP ließe sich zur Volkspartei aufplustern. Dennoch ließ Westerwelle sich lange davon blenden. Er machte Wind. Wind an sich, hoffte er, komme an, Wind sei mehrheitsfähig. Er malte sich eine 18 auf die Schuhsohle, stieg ins Guidomobil, gelte sein Haar und gab den Politpopper. Es waren Lächerlichkeiten, die ihm vermutlich in hellen Momenten inzwischen selbst peinlich sind. Aber die belächelten Methoden führten ihn direkt an die Spitze der Partei, die den Eindruck erweckte, sie sei der Zentralverband der Spaßgesellschaft. Den Mangel an Seriosität begründete Westerwelle damit, er wolle Volksnähe nicht anderen Parteien überlassen oder zusehen, wie Rechtsextreme immer erfolgreicher würden. Nun ist aber Volksnähe das Letzte, was die FDP gebrauchen kann. Die Attraktivität einer liberalen Partei auf Anhänger doktrinärer Gedanken kann nur gegen null gehen. Liberale sind ihr natürliches Feindbild.

Die Windmaschine Westerwelle versäumte es, an dem Programm federführend mitzuwirken, das Wolfgang Gerhardt, der Fraktionsvorsitzende im Bundestag, im März 2005 vorstellte. Prompt musste Westerwelle umständlich erklären, dass er derjenige sei, der die Partei tatsächlich führe, und die Diskussion über sich ergehen lassen, ob er dazu ohne die Hilfe von Erwachsenen überhaupt in der Lage sei. Als eine Art Putsch gegen den Vorsitzenden wertete die Presse den Vorgang.

Mehr Liberalismus wäre in Deutschland auch nötig, um den Nationalpopulismus zu bremsen. Auf diesem Feld hätte Westerwelle gut zu tun, auch in den eigenen Reihen. Die nationalliberalen Töne haben Tradition und könnten schnell wieder anschwellen, wenn sich damit – etwa im Osten – Prozente machen lassen. Im Osten sind die Liberalen deshalb so schwach, weil in einer kollektivistisch getrimmten Gesellschaft der Liberalismus austrocknet. Er kann sich dort nur sehr langsam entwickeln. Genscher hatte die außenpolitischen Aspekte des DDR-Beitritts professionell sauber erledigt, trotzdem handelte es sich bei dem Glauben, mit einem Mann aus Halle sei der Erfolg im Osten garantiert, um eine vorhersehbare Enttäuschung. Statt den Ostdeutschen populistisch nach dem Munde zu reden wäre es besser gewesen, die FDP hätte ihre ökonomische Kompetenz gegen Kohl ins Feld geführt. Der fröhliche Rheinländer Westerwelle versuchte es mit einer relativ unbedarften Generalsekretärin aus dem Osten und scheiterte auch damit.

Wer gibt schon gerne zu, dass er FDP wählt? Unter Intellektuellen gilt ein Bekenntnis zu ihr durchaus als rufschädigend. Dabei müsste eine urbane, weltoffene, tolerante FDP geradezu ein Hort für Wissenschaftler, Publizisten und Künstler sein. Die aber halten Westerwelle für eine Figur, die liberal mit schick verwechselt. Die es cool findet, wenn eine Europaabgeordnete mit erotischen Schwangerschaftsfotos auffällt. Ihr Bauch ist jetzt bekannter, als ihre politischen Taten es sind.

Der Wahlkampfprofi Westerwelle verkörpert einen Politikertypus, der in Deutschland – anders als in den USA – niemals populär war und es niemals sein wird. Er gilt als hechelnd, hohl, oberflächlich, unbelehrbar. Seine Strebsamkeit fordert Spott heraus. Er sei »der Typ jenes Klassenprimus, der nicht abschreiben lässt, aber laut greint, wenn er nicht zur Party eingeladen wird«, schrieb Kurt Kister in der *Süddeutschen Zeitung*. Als »Leichtmatrose« hat ihn Stoiber einmal bezeichnet. Gewiss tut man Westerwelle damit Unrecht, er ist durchaus ein Mann mit Überzeugungen. Er ist überzeugt davon, dass Deutschland mehr Liberalität gebrauchen kann. Recht hat er. Die Liberalen sind unverzichtbar. Wer sonst sollte Frau Merkel darauf aufmerksam machen, wenn sie Schlangenlinien fährt? Die Union degeneriert immer in dem Moment zum Kanzlerwahlverein, in dem sie die Macht zu riechen beginnt. Westerwelle aber schafft es nicht, die wichtige Rolle seiner Partei zu personalisieren. Er wirkt immer ein wenig wie die Übertreibung seiner selbst, verfehlt in der richtigen Sache den richtigen Ton. Gewerkschaftsfunktionäre als »Verräter der Arbeiterklasse« zu bezeichnen und als »Plage« ist gewiss keine passende Antwort auf Münteferings Heuschreckenattacke. Westerwelle redet, als müsse er den Liberalen ständig beweisen, dass er an Liberalität nicht zu übertreffen sei. Er übertourt im Leerlauf. Das hat nichts Gewinnendes in einem Wahlkampf, in dem es für die FDP doch darum geht, vor allem auch der Union Wähler wegzunehmen. Denn am Kräfteverhältnis zwischen den Koalitionspartnern wird sich der liberale Einfluss im Regierungsprogramm entscheiden. Es ist ein fast tragikomisches Paradox, dass die einzige nicht-radikale Partei, die eine klare Wahlalternative bietet, ein Darstellungsproblem hat. Sie wirkt gerade wegen ihres Vorsitzenden so verbraucht wie die anderen.

Joschka Fischer: der Verwandlungskünstler

Bis zum Visa-Skandal, viele Jahre lang, war Joseph Martin Fischer der beliebteste deutsche Politiker. Freund wie Feind nennen ihn Joschka, fast liebevoll. Er gehört zum vertrauten Inventar der Republik. Eine farbige Figur, farbiger als alle anderen. Und diese Farbe ist nicht einfach grün.

Er scheint anders zu sein als die graue Riege der üblichen Berufspolitiker. Eichel zum Beispiel verschmilzt mit seinem Amt. Was bliebe von ihm übrig ohne sein Ministerium? Joschka dagegen ist nicht bloß Amt, er ist Mensch. Seine Popularität legt die Vermutung nahe, es mit einem besonders erfolgreichen Modell von Populismus zu tun zu haben. Wie funktioniert es?

Es ist durchaus nicht ungewöhnlich, dass ein Außenminister sich überdurchschnittlicher Beliebtheit erfreut. Außenminister müssen sich nicht mit der elenden Arbeit des Umverteilens herumschlagen, niemandem wehtun. Sie reparieren nicht ölverschmiert und verschwitzt an irgendwelchen Reformen herum, sie tragen das Parfum der großen weiten Welt. Ihre Tätigkeit produziert die harmlosesten Bilder der Tagesschau. Nichts als Freundlichkeiten, nichts als ehrliche Arbeit im Weinberg des Friedens. Wer weiß überhaupt, was sie tun?

Fischer verkörpert einen neuen Typus des Berufspolitikers. Aus den Mängeln seiner Biografie, aus dem Polizisten verprügelnden Sponti, dem Schulabbrecher und Taxifahrer ohne geregelte Bildungskarriere – der mittlerweile dennoch hochgebildet ist –, machte er einen Vorteil. Er gilt als Selfmademan und als geläutert. Fischer gelang es, sich als wohltuendes Gegenbild des stromlinienförmigen Berufspolitikers darzustellen. Die Freude über Fischer ist eine Form der Verachtung für den üblichen Polit-Karrieristen. Sein legendäres »Sie sind ein Arschloch, Herr Präsident« zu Bundestagspräsident Richard Stücklen wurde zum geflügelten Wort, weil schlechtes Benehmen bei ihm honoriert wurde. Joschka war ungehobelt, aber unterhaltsam; beleidigend, aber ehrlich. Seine systematische Verletzung der Political Correctness gefiel bis weit ins bürgerliche Lager hinein. Ein Rüpel zu sein zahlt sich aus, wenn es dem Rüpel gelingt, sein Verhalten als Ausdruck von Souveränität und Überlegenheit glaubhaft zu machen. Biografie ist kein Schicksal, sondern ein Abenteuer. Ich bin, wie ich bin – nicht, wie ihr wollt, dass ich bin. Inzwischen ist jedermann klar, dass nicht Fischer die Institutionen, sondern die Institutionen Fischer verändert haben.

Irgendwo steckt in jedem Menschen ein gefesselter, gezähmter anarchistischer Rest. Fischer wird nicht nur dafür bewundert, dass er seinen anarchistischen Trieb nicht verleugnet, sondern auch und gerade dafür, wie er ihn produktiv genutzt hat. Das ist die Art, in der Popstars wirken.

Popstars laden ein zur Identifikation. Ihrer Ausschweifungen, Abstürze, Zügellosigkeiten wegen werden sie genauso geliebt wie für ihre Großartigkeiten. Popidole helfen den Fans, ihre eigenen Schwächen zu akzeptieren. Man kann das auch so staatsmännisch ausdrücken wie der konservative luxemburgische Ministerpräsident Jean-Claude Juncker, der Fischer als »Identifikationsstifter« der europäischen Nachkriegsgeneration bezeichnet hat.

Der Außenminister Fischer wusste, dass das Publikum ihm nur dann weiter applaudieren würde, wenn er es weiterhin überraschte. Überraschen konnte er es nun nicht mehr mit dem Outfit eines Turnschuhministers und dem Jargon seines zur Legende gestylten Sturm und Drangs. Jetzt verblüffte seine Anpassungsleistung. Der Nadelstreifenträger war ohne weiteres in der Lage, so hohl und aufgeplustert daherzureden wie fast alle Außenminister der Welt. Bei den anderen fällt es nur nicht mehr auf. Konventionell zu sein und dabei als unkonventionell zu gelten, das ist wahrlich eine besondere Kunst.

Kontinuität durch permanenten Wandel: das ist Fischers Trick. Mal treibt er die Askese, mal die Völlerei auf die Spitze. Jedem anderen würde man vorwerfen, er habe sich nicht in der Hand. Bei Joschka Fischer wird alles zum Ausdruck erfolgreicher Selbst- und Sinnsuche. Fischer, so scheint es, ist niemals am Ziel. Jeder Zustand, ob ausgezehrt oder verfettet, ob in Jeans oder Nadelstreifen, ist lediglich eine Verlaufsform, eine Momentaufnahme vor der nächsten Metamorphose.

Genau dies ist aber auch sein politisches Problem. Genscher konnte ein halbes Berufsleben lang den Außenminister geben; als er freiwillig ging, hielt man es für einen demokratischen Akt von Selbstlosigkeit. Fischer dagegen ist eigentlich immer gerade im Kommen und gerade im Gehen. Sich ans Amt zu klammern passt nicht zu ihm. Immer schon einen Schritt weiter zu sein als das Publikum ist seine Stärke.

So macht er glauben, der verächtliche Umgang mit Beamten, Journalisten, politischen Gegnern und politischen Freunden sei nicht persönlich gemeint, sondern gelte dem politischen Betrieb schlechthin. Fischer tut, als teile er den Politikverdruss der Leute, biege ihn nur um in Leidenschaft. Vielleicht leidet er nur mehr unter seiner beruflichen Deformation als die meisten seiner Kolleginnen und Kollegen. Trotzdem glauben noch immer viele seiner Fans (in allen Lagern), er sei irgendwie er selbst geblieben.

Fischers Machtallüren, seine Arroganz und Selbstgefälligkeit, sein Weltpolitikergehabe, sein gravitätisch verknautschtes Gesicht würden bei keinem anderen Amtsinhaber so akzeptiert, wie es bei ihm immer noch der Fall ist. Ohne seine Selbstüberschätzung wäre Fischer nicht der, der er immer war. Er ist der einzige Politiker, bei dem Überheblichkeit nicht übel genommen, sondern als Teil des Gesamtkunstwerks akzeptiert wird.

Den Niedergang der Regierung nicht nur zu erdulden, sondern an ihm durch eigene Fehler auch noch teilzuhaben, passt zu ihm. Er hatte den richtigen Instinkt besessen, als er, auf dem Höhepunkt seiner Popularität, das inzwischen sattsam abgegraste Berliner Gefilde zu verlassen und in die nächsthöhere Sphäre, die eines europäischen Außenministers, zu entschweben versucht hatte. Doch er blieb auf Schröders Drängen. Nun folgte der harte Aufprall, die »unerfreuliche Begegnung mit der Wirklichkeit«.[17] Damit ist das Prinzip seines Lebens auf den Punkt gebracht. »Fischers Bewegungsgesetz ist das der permanenten Entfernung. Er ist ein Aufbruchsfanatiker, er muss ständig weiterziehen, sich entfernen, andere zurücklassen.«[18]

Es ist müßig zu spekulieren, ob Fischers Ignoranz gegenüber dem hunderttausendfachen Missbrauch der Einreisebestimmungen auch seinem grünen Multikulti-Weltbild geschuldet ist. Ganz sicher hat ihn der administrative Vollzug der Angelegenheit nicht wirklich interessiert. Akten sind seine Sache nicht. Vor dem Untersuchungsausschuss hat er sich besser geschlagen als die, die ihm am Zeug flicken wollten. Das Ergebnis ist irrelevant, mit dem Ende der Legislaturperiode endet auch die Untersuchung. Womöglich hat Schröder mit dem Vorziehen der Wahl Fischers Kopf gerettet. Er wird jetzt nicht gehenkt, sondern fällt im Kampf.

SECHS

Politik im Glashaus

In unregelmäßigen Abständen entflammt das Unbehagen an den Politikern besonders heftig. Der jüngste »Skandal« wird auf dem Staatstheater gegeben. Jeder Skandal trägt zwar einen neuen Namen, entpuppt sich meist aber als die Wiederaufnahme eines alten Erfolgsstücks. Das Publikum ist dann nicht etwa von skandalösem politischem Unvermögen aufgebracht. Als Skandal empfindet es vielmehr, was und wie Politiker kassieren.

Man könnte auch diese beschränkte Sicht auf Wesen und Unwesen des politischen Geschäfts als alarmierendes Zeichen für den fragwürdigen Zustand der deutschen Demokratie werten. Die Übertreibung einiger Missstände ist selbst schon Skandal. Andererseits hat es durchaus seine Logik: Wenn Politiker und Parteien schon sonst nichts leisten für ihr Geld, darf man ihnen wenigstens keine Regelverletzung durchgehen lassen. Dann hat der Eifer, mit dem sich Medien und Öffentlichkeit auf tatsächliche und vermeintliche Skandale stürzen, den Charakter einer Ersatzbefriedigung.

Politiker sind nicht besser und nicht schlechter als der Durchschnitt der Bevölkerung. Nur glaubt das Volk, sie müssten anständiger sein. Andererseits sollen sie sich aber auch nicht allzu moralisch geben; auch das nervt. Kurzum: das Volk überfordert seine Politiker in jeder Hinsicht.

Warum wird die Energie der öffentlichen Erregung nicht auf wichtigere Dinge konzentriert? »Der Skandal ist gewissermaßen der Platzhalter der Reform«, meinte süffisant Norbert Bolz.[1]

Was wiederum nicht heißen soll, sauberes Verhalten in der Politik wäre überflüssig. Was aber ist sauber, korrekt, legitim – und nicht bloß legal?

Der üblicherweise neidvolle Blick auf die materiellen Freuden der Politiker unterscheidet häufig nicht, dass es sich um ganz verschiedene Sachverhalte handelt. Sie werden in ein und denselben Topf der Empörung geworfen. Die Zutaten werden zu einem unappetitlichen Brei verkocht und an den Stammtischen der Republik serviert. Skandale sind die Umweltverschmutzung der Politik. Der Verbraucher – der Wähler – muss geschützt werden. Bloß wovor genau? Vor korrumpierbaren Politikern mit zu üppigen Diäten, Pensionen und undurchsichtigen Nebeneinkünften?

Nebentätigkeiten

Sollten Abgeordnete grundsätzlich keine Nebenjobs annehmen dürfen? Häufig ist das Argument zu hören, Abgeordnete mit Zweitberuf oder intensiven Nebentätigkeiten hätten zu wenig Zeit, sich um die Politik zu kümmern. Wenn es so wäre, wäre es leicht festzustellen.

Man brauchte sich nur diejenigen Abgeordneten genauer anzusehen, von denen bekannt ist, dass sie etwa als Anwälte,

Gewerkschafts- oder Verbandsfunktionäre noch anderen Herren dienen als ihren Wählern. Sind sie weniger oft im Plenarsaal zu finden? Schwänzen sie häufiger Ausschusssitzungen? Stehen sie – als Abgeordnete – weniger oft in der Zeitung? Sind sie im Wahlkreis nicht so präsent wie ihre Fulltime-Kollegen?

Es fiele auf. Im Einzelfall tut es das auch. Aber wahrscheinlich ist es eher so, dass unter den ausschließlich als Abgeordnete Tätigen mehr Faulpelze zu finden sind als unter den Erwerbstüchtigen. Altbundespräsident Roman Herzog meinte zu Recht: »Wer die Kraft und die Ausdauer hat, mehr zu leisten, sollte dies tun.«[2]

Wie überhaupt will man den Arbeitsaufwand eines Parlamentariers messen? Ein Abgeordneter aus dem Allgäu verbringt Hunderte von Stunden im Auto, weil er weit weg von Berlin wohnt und einen riesigen Wahlkreis zu betreuen hat. Er bekommt dafür nicht mehr Geld als sein Kollege aus Berlin oder einem anderen, leicht erreichbaren Großstadtwahlkreis. Ein Hamburger Rechtsanwalt hat es leichter als ein Allgäuer, nebenher Geld zu verdienen. Die Zeitreserven sind nicht allein von Fleiß und den Fähigkeiten abhängig.

Ein Abgeordnetenmandat lässt sich generell nicht danach bemessen, wie viele Stunden jemand dafür tätig ist. Man müsste die Leistung nicht quantitativ, sondern qualitativ messen. Aber auch das ist unmöglich. Viele Abgeordnete kümmern sich intensiv um ihren Wahlkreis und drücken dafür in Berlin die Hinterbank. Es sind ja auch die Parteifreunde im Wahlkreis, von denen ihre Wiederwahl abhängt. Andere verbringen die meiste Zeit in Berlin. Aber was tun sie dort? Ist derjenige, der die meisten Interviews gibt und ständig mit Journalisten telefoniert, pflichtbewusster als sein Kollege, der nichts dabei findet, Akten zu studieren? Wer keinen Abend auslässt, um mit Funktionären, Interessenvertretern oder Kollegen zusammenzusitzen, ist der sein Geld mehr wert als jemand, der sich rar macht und dafür vielleicht lieber mal ein Buch liest? Ist, wer häufig auf Zeitungsfotos zu sehen ist, auch besser im Bild? Es gibt Abgeordnete, die nur nachbeten, was ihnen ihre Fraktionsleiter aufgeschrieben haben, und andere, die sich eine eigene Meinung gönnen, wenigstens gelegentlich.

Könnte man Politikern nicht, wie in der Wirtschaft auch, einen Teil ihres Gehalts erfolgsabhängig zahlen? Aber wie misst man Erfolg? Solche Ideen klingen verlockend, taugen aber nichts. Und ob jemand neben seinem Job im Parlament noch etwas anderes tut oder nicht, hat nur in Ausnahmefällen Auswirkungen auf seine Leistung als Abgeordneter. Trotzdem gibt es Modelle in anderen Ländern, bezahlte Nebentätigkeiten nur in einem gewissen Umfang zuzulassen. In den USA etwa darf nur bis zu einem bestimmten Prozentsatz der Diäten dazuverdient werden. Wer aber weiß, wie abhängig US-Politiker von ihren Geldgebern sind, wird diese Regelung eher für eine Ablenkung vom eigentlichen Problem halten.

In Deutschland ist es ein Tabu, den Arbeitsaufwand von Parlamentariern überhaupt in Frage zu stellen. Sie gelten als Malocher und sind stolz darauf. Nicht nur Bundestagsabgeordnete, auch die Mitglieder der meisten Landesparlamente (Ausnahme: die Stadtstaaten) sind Berufspolitiker. Aber es besteht kaum ein Zweifel daran, dass diese Aufgabe auch am Feierabend oder halbtags erledigt werden könnte. Viel zu entscheiden gibt es in den Landtagen nicht – jedenfalls nicht im Vergleich zum Bundestag. Die Steuerzahler könnten eine Menge Geld sparen, einige hundert Politiker allerdings ihren gut bezahlten Job verlieren. Deshalb werden die Tagesordnungen der Landtage künstlich aufgeblasen.

Ursprünglich waren Landtagsmandate tatsächlich Teilzeitjobs. Der Zeitaufwand dafür wurde vergleichsweise gering »entschädigt«. Erst nach dem Diätenurteil des Bundesverfassungsgerichts von 1975 wurden auch in den Landtagen großzügige Entlohnungs- und Versorgungsregelungen getroffen. Politik sei keine Arbeit, sondern ein Hobby, für das er auch Geld bekomme, behauptet der Europaabgeordnete der CDU, Elmar Brok, einer der Rührigsten seiner Fraktion. Nicht viele seiner Kollegen stimmen ihm zu. Allerdings aus gutem Grund, wie wir gleich sehen werden.

Von den 601 Abgeordneten des Bundestags sind bis zur Neuwahl 230 im öffentlichen Dienst beschäftigt, weitere 66 kamen direkt von Parteien und Gewerkschaften. Dieses beklagenswerte Übergewicht hat seinen Grund. Beamte, die ins Parlament einziehen, werden beurlaubt. Sie riskieren nichts, werden während ihrer Tätigkeit als Parlamentarier sogar befördert. Auch Angestellte genießen Kündigungsschutz, während sie ihr Mandat ausüben.

Wer nicht nur Beamte und Angestellte im Parlament haben will, sondern auch selbstständige Handwerker, Bauern, Unternehmer und Freiberufler, kann also nicht verlangen, dass sie ihre Existenzgrundlage aufs Spiel setzen, ihren Hof, ihren Betrieb, ihre Praxis, ihre Kanzlei aufgeben, während sie im Bundestag sitzen. Sonst sind sie gezwungen, Berufspolitiker zu bleiben. Wer kann das wollen?

Man könnte umgekehrt argumentieren: Politiker, die materiell unabhängig sind von ihrem Mandat, besitzen auch die Voraussetzung, frei zu sein in ihren Gedanken und Entscheidungen. Wenn diese Annahme richtig ist, dann müsste für diese Politiker ein Zweitjob nicht nur möglich, sondern geradezu Pflicht sein. Allerdings sind Nebenjobs meistens verknüpft mit der Abhängigkeit von Arbeitgebern.

Darf es sein, dass ein Teil der Abgeordneten mehr verdient als ein anderer? Müsste man ihnen ihr Zusatzeinkommen nicht gleich wieder wegnehmen? Der ehemalige niedersächsische Ministerpräsident Sigmar Gabriel verlangte, dass Abgeordnete mit Nebeneinkünften weniger Geld vom Staat bekommen sollten. Darum geht es aber gar nicht. Solche Vorschläge sind nur Beiträge zur deutschen Neiddebatte und führen nicht weiter. Entscheidend ist nicht, wie viel ein Abgeordneter dazuverdient, sondern für was er Geld bekommt. Ein so genannter Beratervertrag ist kritischer zu beurteilen als ein Buchhonorar, die Tätigkeit für einen Konzern anders als die Arbeit für den eigenen Betrieb.

Selbstverständlich wüsste man gern, wer welche Nebentätigkeit ausübt. Möglicherweise irritiert es den einen oder anderen Wähler eben doch, wenn er erfährt, dass der grüne Landtagsabgeordnete Detlef Matthiesen (Schleswig-Holstein) Geld für die Beratung eines Industrieverbands für Windenergie bekam. Oder dass sein Kollege Martin Kayenburg, CDU-Fraktionschef, sich im Landtag für Straßenbau stark macht und zugleich als Personalleiter bei einem großen Baustoffhersteller, der Holcim AG, Geld verdient. Oder dass der Münchener Arzt Thomas Zimmermann als Vorstand der »Health Base Medizindaten AG« zugleich im Gesundheitsausschuss des bayerischen Landtags sitzt. Oder dass der stellvertretende Vorsitzende des Landtagsausschusses für Gesundheit und Soziales in Mecklenburg-Vorpommern, Jörg Heydorn, SPD, Geschäftsführer einer Firma ist, die Pflegeeinrichtungen und eine Sozialstation betreibt. Oder dass der wirtschaftspolitische Sprecher der CDU-Fraktion im baden-württembergischen Landtag, Dietrich Birk, zugleich Konzernbevollmächtigter des Energieversorgungsunternehmens EnBW AG ist.

Der eben erwähnte CDU-Europaabgeordnete Elmar Brok, der Politik für sein Hobby hält, ist »Senior Vice President« der Bertelsmann AG, ein hochrangiger Manager des Bereichs »Media Development«. Zwar nimmt er großzügigerweise an Diskussionen und Abstimmungen zu medienpolitischen Fragen nicht teil. Aber das besagt nichts über seine Hintergrundaktivitäten zugunsten des Arbeitgebers. Als Bertelsmann, Betreiber mehrerer Fernsehsender, darunter RTL, sich durchaus erfolgreich bemühte, eine Debatte über die Gebühren der öffentlich-rechtlichen Konkurrenz anzuheizen, nutzte Brok seine Beziehungen zu Wettbewerbskommissar Karel van Miert, überbrachte Papiere und berichtete seinerseits über interne Papiere der Kommission an seinen Arbeitgeber.

In manchen Fällen ist die Tätigkeit eines Politikers von der seiner Nebentätigkeit gar nicht richtig zu unterscheiden. Das gilt vor allem für Abgeordnete, die sich als Gewerkschafts- und Verbandsfunktionäre in den Bundestag wählen lassen. Ob sie als Aufsichtsräte, Beiräte oder Geschäftsführer dann noch zusätzliche Jobs ausüben oder nicht, ist eigentlich nicht mehr wichtig. Entscheidend ist, ob sie ihrem Gewissen folgen oder ihrer Organisation.

Ein bedenklicher Fall ist der des ehemaligen Staatsministers im Auswärtigen Amt, Ludger Vollmer. Kabinettsmitgliedern sind Nebentätigkeiten aus naheliegenden Gründen untersagt. Nur ein Jahr nach seinem Ausscheiden aus dem Amt zählte Vollmer zu den Gründern der Beratungsfirma Synthesis in Bad Honnef. Sie beriet die Bundesdruckerei – die nur noch so heißt, aber inzwischen ein Privatunternehmen ist. Die Bundesdruckerei wiederum druckte jene Reiseschutzpässe, mit deren Hilfe Tausende von Ausländern illegal nach Deutschland geschleust wurden. Der Visa-Erlass Vollmers spielte dabei eine unrühmliche Rolle. Außerdem bemühte sich Vollmers Firma darum, ihren Kunden Bundesdruckerei in Südafrika, Afghanistan und Vietnam ins Geschäft zu bringen. Die guten Kontakte Vollmers waren dabei gewiss willkommen, warum sonst sollte Synthesis fast 400 000 Euro dafür bekommen haben.[3] Rechtswidriges Verhalten ist Vollmer allerdings nicht nachzuweisen.

In anderen Fällen flossen für Nebentätigkeiten stolze Summen, obwohl von Tätigkeiten keine Rede sein konnte. Zuwendungen sind nur zulässig, wenn dafür auch Gegenleistungen geboten werden. Aber wer sagt denn, dass keine Gegenleistungen geboten werden, wenn die Begünstigten ihren Schreibtisch in der Firma leer lassen? Die Leistungen bestehen dann eben darin, im Parlament die Interessen des Arbeitgebers zu vertreten. Dann freilich sollte eher von Lobbyismus gesprochen werden statt von Nebentätigkeit.

Zu den krassesten Fällen zählt der des CDU-Generalsekretärs Laurenz Meyer. Als der damalige Landtagsabgeordnete 1999 Fraktionschef in Nordrhein-Westfalen wurde, löste er sein Arbeitsverhältnis als Hauptabteilungsleiter bei den Vereinigten Elektrizitätswerken Westfalen auf. Er erhielt von den VEW, die später von RWE übernommen wurden, eine hohe Abfindung. Als er nur ein Jahr später in den Konzern zurückkehrte, zahlte er die Summe nicht zurück.

Meyer sei »mit seinem breiten Netzwerk eine große Hilfe gewesen« und habe ihn »enorm unterstützt«, verteidigte der ehemalige RWE-Vorstand Marc Pasture den Deal. Mit bemerkenswerter Nachsicht hielt Parteichefin Angela Merkel lange an Meyer fest, obwohl der mit der Wahrheit auch dann noch nicht ganz herausrücken wollte, als der Fall längst Schlagzeilen machte. Erst auf Druck der nordrhein-westfälischen CDU, die Nachteile im Wahlkampf befürchten musste, ließ Merkel Meyer fallen.

Kurzen Prozess machte sie dagegen mit Hermann-Josef Arentz. Der CDU-Landtagsabgeordnete kassierte jährlich 60000 Euro von seinem früheren Arbeitgeber RWE – ohne Gegenleistung. In seiner Rolle als Chef der CDU-Sozialausschüsse hatte Arentz Arbeitslosigkeit, Sozialabbau und überhaupt die Auswüchse des Kapitalismus kritisiert. Die mit dem Bekanntwerden seiner Alimentation entstandene Glaubwürdigkeitslücke konnte nur sein Rücktritt schließen.

Das sind keineswegs Einzelfälle. »Während der Zeit der Ausübung eines Mandats als Bundestags- oder Landtagsabgeordneter oder Abgeordneter des Europäischen Parlaments werden die laufenden Bezüge in der vor Antritt des Mandats erzielten Höhe weitergeführt.«[4] Mit dieser großzügigen Richtlinie beglückte die Volkswagen AG seit 1990 sechs Abgeordnete. Einer von ihnen, der SPD-Abgeordnete Jann-Peter Janssen, ein ehemaliger Betriebsrat, legte sein Bundestagsmandat nieder, als die Zahlungen bekannt wurden. Sein Fraktions- und Betriebsratskollege Hans-Jürgen Uhl blieb. Es besteht kein Grund zu der Annahme, dass VW der einzige Konzern ist, der Regelungen dieser Art offerierte. Andere Firmen legten sie nur nicht offen. Angeblich für Übersetzungstätigkeiten bekam die FDP-Bundestagsabgeordnete Ulrike Flach jährlich 60 000 Euro von Siemens.

Die Unternehmen geben an, sie wollten – sozusagen aus staatspolitischem Engagement – ihren Mitarbeitern den Wechsel in die und aus der Politik erleichtern. Aber der Verdacht ist nicht aus der Welt zu räumen, dass politischer Einfluss gekauft wird. Abgeordnete sind laut Grundgesetz »an Aufträge und Weisungen nicht gebunden« – wohl aber manche »an Überweisungen ihrer Unternehmen«.[5]

Ist das alles »Hysterie«, wie der CSU-Abgeordnete und frühere Bundespostminister Wolfgang Bötsch meinte?[6] Säßen bald nur noch Leute im Parlament, die es woanders zu nichts bringen, falls die Nebentätigkeiten verboten würden? Bötsch hat es zu zahlreichen Nebenjobs gebracht. Er gehörte neben Helmut Kohl und Ex-Finanzminister Waigel auch zu den Empfängern hoher »Beratungshonorare« (im Fall Bötsch damals 300 000 Mark pro Jahr) aus den Kassen des inzwischen insolventen TV-Unternehmers Leo Kirch. Die Gelder flossen selbstverständlich nach deren Ausscheiden aus dem Amt, es handelte sich schließlich nicht um Bestechung. Aber Kirch hatte allen Grund zur Dankbarkeit gegenüber Bötsch und anderen Unions-Politikern für die Privatisierung des Medienmarktes.

Gegen den Vorwurf der Korruption hilft nur ein einziges Mittel: Offenheit. Man kann sie erzwingen. Entsprechende Regeln gibt es in anderen, erfahreneren Demokratien seit langem. In den USA zum Beispiel müssen Kongressabgeordnete und Senatoren nicht etwa nur sämtliche eigene Einkünfte und sogar Reisekosten und Restaurantrechnungen, die sie nicht selbst bezahlt haben, sondern auch ihre Schulden offen legen. Mehr noch: Auch die finanziellen Verhältnisse ihrer Frauen und Kinder sind gefragt, damit nichts versteckt werden kann. In den USA ist die Kultur des Neids allerdings fast unbekannt. Kaum jemand macht ein Geheimnis aus seinem Vermögen, auch reiche Leute nicht.

Andererseits weiß jeder, wie abhängig Politiker in den USA von ihren Sponsoren sind. Offenheit allein garantiert noch keine Unabhängigkeit. In Großbritannien wird die jedermann zugängliche Liste, in der alle Abgeordneten des Unterhauses ihre Einnahmen veröffentlichen müssen, »Register of Members' Interest« genannt. Es wird automatisch davon ausgegangen, dass jede Art von Zuwendung mit Interessen verknüpft ist, welche die Unabhängigkeit der Politiker beeinträchtigen können.

In Deutschland geloben die Parteien nach jedem Skandal Besserung und fordern schärfere Regeln. Zugleich melden sich die Bedenkenträger. Es sei, wurde vorgebracht, Freiberuflern und Unternehmern nicht zuzumuten, ihre Gewinne aufzudecken, weil damit ihrer Konkurrenz wertvolle Informationen überlassen und vertrauliche Kundenbeziehungen aufgedeckt würden.

Viele Abgeordnete wehren sich zwar nicht gegen die Angabe ihrer Nebentätigkeiten, wohl aber ihrer Dotierung. Damit bliebe alles mehr oder weniger beim Alten. Denn schon bisher müssen Bundestagsabgeordnete ihre Nebeneinkünfte dem Bundestagspräsidenten melden. Sie werden im Handbuch des Bundestags und über Internet veröffentlicht und neuerdings auch in *Bild*, dem Zentralorgan der deutschen Neidkultur.

Die Pflicht zur Transparenz ist nur so viel wert wie deren Kontrolle. Parlamente können sich nur selbst kontrollieren. Wie genau der Bundestagspräsident die Nebentätigkeiten von rund 600 Abgeordneten überprüfen soll, kann bisher in Berlin niemand erklären. Trotz vollmundiger Ankündigungen hat der Bundestag keine neuen Verhaltensregeln beschlossen. Lediglich in Niedersachsen will das Parlament gegen Doppelverdiener hart vorgehen. Zwei SPD-Abgeordnete, die von VW Gehalt bezogen, sollen 766000 Euro an das Land abführen. Die beiden klagen dagegen.

Parteispenden

Ob es sich um Einnahmen aus Nebentätigkeiten handelt oder um Parteispenden, ist nicht immer klar zu unterscheiden. Nehmen wir das Beispiel des ehemaligen Verteidigungsministers Scharping. Er musste abtreten, weil er viel Geld von Moritz Hunzinger genommen hatte. Ob Hunzinger sogar den Herrenausstatter des Ministers bezahlt hatte, war Gegenstand eines Gerichtsverfahrens wegen Steuerhinterziehung, konnte aber nicht bewiesen werden.

Einem Bundestagsabgeordneten der Grünen verschaffte Hunzingers Firma günstige Kredite, einem Wirtschaftsminister in Baden-Württemberg finanzierte sie eine teure Umfrage. Auch diese beiden mussten gehen. Inzwischen ist auch Hunzinger aus dem Geschäft. Sein Name taucht aber immer wieder auf.

Wer ist Moritz Hunzinger? Und vor allem was ist er? Nur ein Freund, ein guter Freund? Er nannte sich Medienberater. Lange Zeit war er einer der Erfolgreichsten in dieser seltsamen Branche. Womit verdiente er seine Millionen? Gelegentlich damit, dass er zum Beispiel eben jenem Verteidigungsminister ein frisches Image verpasste, was aber auch nichts mehr nützte, als der sich mit seiner neuen Liebe für eine bunte Illustrierte im Swimmingpool fotografieren ließ. Manchmal ist das Leben sogar in der Politik gerecht und Dummheit wird bestraft.

Aber Medienberater haben noch mehr zu bieten. Ihr größtes Kapital besteht nicht darin, etwas besser zu wissen, sondern einige Leute besser zu kennen. Moritz Hunzinger kannte auch ihre privaten Telefonnummern. Er war in der Lage, Treffen zu arrangieren, etwa zwischen Unternehmern und einigen für ihre Unternehmen nicht ganz unwichtigen politischen Entscheidungsträgern. Es gibt Leute, die handeln mit Informationen, andere mit Kontakten, eine moderne Dienstleistung.

Selbstverständlich vermitteln Medienberater auch Kontakte zu den Medien. Sie verschaffen Politikern und Unternehmern Auftritte in Talkshows, Artikel in der Presse. Sie beeinflussen Journalisten. Auf zwei Journalisten kommt etwa ein PR-Profi.

Weshalb, das würde dann doch interessieren, lassen sich Politiker von jemandem wie Hunzinger zu einem Abendessen engagieren? Worin besteht die Gegenleistung? Hunzinger lud zum Beispiel Politiker dazu ein, vor einem kleinen, exklusiven Kreis einen Vortrag zu halten. Damit sprach er nicht nur den Erwerbssinn der Politiker an, sondern auch ihre Eitelkeit. Immer wurde fürstlich bezahlt. Aber nicht immer war zu unterscheiden, ob es sich um ein Honorar oder um eine Spende handelte. Der Empfänger musste nur darauf achten, dass sie nicht im Rechenschaftsbericht der Partei auftauchte. Deshalb liquidierte zum Beispiel Außenminister Joschka Fischer für seine Bemühungen exakt 19 999 Mark, eine Mark unter der Veröffentlichungspflicht. Um diese Summe wiederum verringerte sich der Betrag, den Fischer seiner Partei schuldig war. Ein besonderes Verrechnungssystem sorgte so dafür, dass Fischer von der Spende an seine Partei auch persönlich profitierte.

Geschäfte dieser Art kommen zustande, weil die Kunden davon überzeugt sind, Einfluss auf Politiker kaufen zu können. Mag sein, dass Moritz Hunzingers Kontaktfabrik das Geld nicht wert war. Aber harmlos ist die Branche nicht. Sie lebt davon, dass in Deutschland offenbar mit Geld geregelt werden kann, ob jemand Gehör findet oder nicht. Spezialisten wie Hunzinger makeln Einfluss. In einer demokratischen Verfassung sind sie nicht vorgesehen.

Hier liegt der Kern des Skandals. In der Verfassung steht etwas ganz anderes, und zwar dass Abgeordnete nur ihrem Gewissen verantwortlich und von Weisungen unabhängig seien. Das Wort Gewissen lässt sich ohne weiteres durch das Wort Partei ersetzen. Und ob Politiker »unabhängig von Weisungen« sind oder doch auch gelegentlich »abhängig von Überweisungen«, ist eine Frage, die in jedem einzelnen Fall so gründlich wie energisch untersucht werden sollte.

Die Hunzingers verhunzen die Republik. Sie gefährden die Demokratie. Sie und ihre Lieferanten verdienen keine Nachsicht. Politiker, die gut dotierte Vorträge halten, sollten ihr Honorar versteuern und diese Nebentätigkeit offen legen. Bezahlung in Form von Spenden gehört verboten – zumal die Auftraggeber ihre so genannte Spende auch noch von der Steuer absetzen können. Das gebieten Fairness und Transparenz. Es geht auch nicht, sich – wie Frau Ministerin Künast – von der Bundeswehr zu einem Einsatz zum Wohle der Partei fliegen zu lassen.

Größere Parteispendenskandale erschüttern wie Erdbeben alle paar Jahre die Republik. Anschließend werden die Gesetze verschärft. Aber am mangelnden Unrechtsbewusstsein ändert sich nichts.

Mister Law and Order, Kohls Innenminister Manfred Kanther, der »Schwarze Sheriff«, hatte rund 11 Millionen Euro Parteispenden in der Schweiz deponiert, um die Quelle der Gelder zu vertuschen. Über eine Liechtensteiner Stiftung flossen Millionen zurück, geschmackvollerweise deklariert als Schenkung aus jüdischen Vermögen. Kanther fühlt sich von der Justiz kriminalisiert. Er habe sich schließlich nicht bereichert, sondern mit dem Geld nur den Sozialismus bekämpft. Er selbst hatte das Gesetz unterschrieben, gegen das er verstieß. Trotzdem legte er Revision ein gegen das Urteil des Wiesbadener Landgerichts, das ihn der Untreue für schuldig befand und zu eineinhalb Jahren Gefängnis auf Bewährung verurteilte. Untreue gegenüber der eigenen Partei, denn die CDU musste, als die Sache aufflog, 22 Millionen Euro an staatlichen Zuschüssen zurückzahlen. Woher die Gelder stammen, ist bis heute unklar.

Die CDU distanzierte sich von Kanther. Kaum vorstellbar, dass die Parteioberen nichts von dem Versteckspiel gewusst haben sollen. Kanther ist also Sünder und Sündenbock zugleich.

Nie zuvor war ein Politiker zu Gefängnis, sei es auch nur auf Bewährung, verurteilt worden, obwohl allein die Bonner Staatsanwaltschaft in den achtziger Jahren rund 1800 Parteispendenverfahren eingeleitet hatte. Damals war eine dreistellige Millionensumme in schwarzen Kassen gesammelt worden.

Auch Helmut Kohl fügte seiner Partei schweren Schaden zu. Mit der Begründung, er habe den Spendern sein »Ehrenwort« gegeben, verschweigt er bis heute die Quellen. Kohl zahlte 300 000 Mark Geldbuße, dafür wurde das Verfahren eingestellt. Kanthers Schicksal blieb ihm nur deshalb erspart, weil er den materiellen Schaden für die CDU, die Strafzahlung, durch eine erneute Sammelaktion beglich. Kohl hält sein Verhalten nicht für Unrecht, sondern für eine patriotische Tat, aber Politiker wie Kanther und er verwechseln seit jeher das Wohl des Landes mit dem ihrer Partei. Deshalb glauben sie, an Recht und Gesetz nicht gebunden zu sein.

Der eigentliche Schaden der Kohlschen Affäre ist nicht mit Geld zu beziffern. Er besteht im Ansehensverlust des politischen Systems. Die Leute halten Politiker für korrupt. Prominente Gesetzesbrecher wie Kohl kommen davon, kleine Steuerhinterzieher werden hart bestraft. Deshalb ist das Ausnahmeurteil gegen Kanther begrüßenswert. Ob es die Revision übersteht?

Als im April 2005 das Urteil gegen Kanther erging, veröffentlichte die französische Justiz das schriftliche Urteil im Berufungsverfahren des Elf-Prozesses. Sie hält es für wahrscheinlich, wenn auch nicht für nachweisbar, dass der französische Ölkonzern Elf Aquitaine 1992 beim Kauf des ostdeutschen Ölkonzerns Leuna eine hohe, zweistellige Millionensumme an Politiker bezahlte. Es gibt dafür keine andere Erklärung als die der Bestechung politischer Entscheidungsträger. Der wegen Veruntreuung von Elf-Vermögen verurteilte Kaufmann Dieter Holzer hatte ein Beraterhonorar von 24,5 Millionen Euro kassiert, für das er keine erkennbare Gegenleistung geboten hatte. Ein geringer Teil des Geldes könnte auf dem Konto des lange Zeit flüchtigen ehemaligen Staatssekretärs Ludwig-Holger Pfahls gelandet sein. Nach Aussage des früheren Elf-Managers Tarallo dienten die Zahlungen der »Finanzierung politischer Parteien«. Damit können nur die damals in Bonn regierenden Parteien gemeint sein. Doch Helmut Kohl stand, anders als Kanther, niemals vor Gericht.

»Ich habe keinen Grund, an den Beteuerungen von Kanzler Kohl zu zweifeln, dass er sich an den Geldern seiner Partei nicht bereichert hat. Aber sicher ist ebenso, dass er zu Beginn seiner politischen Laufbahn ein einfacher junger Historiker war, der mit seinem Einkommen gerade seine Familie ernähren konnte. Heute ist er Multimillionär, der mehr als nur im Wohlstand lebt. Wie kann das sein?«[7] Dahrendorfs Frage kann nicht juristisch hieb- und stichfest beantwortet werden. Aber stellen darf man sie.

Insgesamt wächst die Korruption in Deutschland. Sie ist ein schleichendes Gift an den Wurzeln der Demokratie. Die alte Mär vom unbestechlichen »preußischen« Beamten glaubt niemand mehr. Bei der Bezahlung von Abgeordneten und bei Parteispenden fehlt eine unabhängige Instanz. »Überhaupt bilden die Sonderrechte von Abgeordneten und Parteien, die ihren Status faktisch selbst regeln können, eine typische Schwachstelle beim Kampf gegen Korruption«, meint der führende Experte in solchen Dingen, Hans Herbert von Arnim.[8]

Abgeordnete dürfen in unbeschränkter Höhe Spenden entgegennehmen. Praktisch nie ist ein Zusammenhang zwischen einer Spende und dem dafür gewährten Vorteil nachweisbar. Vielfach handelt es sich jedoch um so genannte Dankeschön-Spenden.

Der Staat legt auf Parteispenden noch etwas drauf. Diese gesetzliche Regelung führt dazu, dass die Parteien großes Interesse daran haben, das Spendenaufkommen möglichst hoch zu halten. Parteimitglieder können selbst dazu beitragen. Ihre Aufwendungen oder Dienstleistungen für die Partei lassen sie sich nicht direkt erstatten, sondern kassieren stattdessen Spendenquittungen. Davon profitieren die Parteien und auch die Spender; denn die Spenden können wiederum von der Steuer abgesetzt werden. Dies gilt auch für die obligatorischen Parteispenden – eigentlich Abgaben oder »Parteisteuern«[9] – von Abgeordneten an ihre Parteien. Diese Zahlungen werden von Experten wie Hans Herbert von Arnim als verfassungswidrig angesehen, weil sie die Unabhängigkeit der Mandatsträger beeinträchtigen. Lord Dahrendorf: »Die bittere Wahrheit lautet, Parteiapparate sind käuflich.«[10]

Diäten, Pensionen und Privilegien

Das Vorurteil von den gierigen, unersättlichen Abgeordneten, die sich von einem üppigen Selbstbedienungsbuffet nehmen, ist in Deutschland unausrottbar. Gern würde das Volk seine Volksvertreter auf Diät setzen. Der Begriff *Diäten* kommt wie die medizinisch veranlasste Diät vom lateinischen *dies* – der Tag. Ursprünglich waren damit Tagesgelder gemeint, die als Entschädigung für den Verdienstausfall der ehrenamtlichen Parlamentarier bezahlt wurden.

Die meisten Abgeordneten verdienen sicherlich nicht das, was sie verdienen, also entweder zu wenig oder zu viel. Gemessen an den Anforderungen ihres Berufes verdienen sie eher schlecht.

Im Bundestag beträgt die Grundentschädigung derzeit 7009 Euro im Monat. Sie muss – anders als früher – versteuert werden. Diese Summe orientiert sich an den Bezügen von Richtern am Obersten Gerichtshof des Bundes. Für einen ehemaligen Lehrer mag das viel sein, für einen einigermaßen erfolgreichen Rechtsanwalt ist es das nicht. Laut Grundgesetz sollen Diäten die Unabhängigkeit der Abgeordneten sichern. Dazu sind sie nicht üppig genug. Aber Unabhängigkeit ist überhaupt nicht angemessen zu bezahlen, sie ist ein intellektueller und moralischer Wert.

Außerdem beziehen Bundestagsabgeordnete eine steuerfreie allgemeine Kostenpauschale von derzeit 3551 Euro im Monat. Von diesem Geld müssen sie zum Beispiel ihr Wahlkreisbüro finanzieren. Aber kein Abgeordneter wird gezwungen, das Geld zweckgebunden auszugeben. Er kann davon auch in den Urlaub fahren.

Einerseits wäre es besser, Abgeordnete würden wie andere Leute auch ihre tatsächlichen Betriebsausgaben einzeln belegen und von der Steuer absetzen. Andererseits sollte man nicht mäkeln, wenn ausnahmsweise einmal etwas unbürokratisch funktioniert. Es funktioniert natürlich deshalb ausnahmsweise, weil die Politik ein materielles Interesse daran hat.

Nach landläufiger Meinung haben sich die Abgeordneten ihre Diäten des Öfteren unbillig erhöht. Das Gegenteil ist der Fall, die Diäten hinken der allgemeinen Lohnentwicklung hinterher. Allerdings ist es nicht nötig, über so viel Bescheidenheit in Beifall auszubrechen. Die Zurückhaltung ist ein Trick. Sie soll ablenken vom in diesem Zusammenhang größten Missstand, von der Altersversorgung der Politiker. Schon nach nur zwei Legislaturperioden im Bundestag, nach nur acht Jahren, hat ein einfacher Abgeordneter Anspruch auf eine Rente von 1682 Euro pro Monat ab dem 65. Lebensjahr, das sind 24 Prozent der Diäten – unabhängig davon, welche Altersbezüge er sich sonst noch erwirbt. Mit jedem weiteren Jahr im Parlament entsteht der Pensionsanspruch ein Jahr früher und steigt um drei Prozent auf maximal 69 Prozent der Diäten. Ex-Abgeordnete verfügen also unter Umständen mit Mitte fünfzig über 4836 Euro im Monat und dürfen unbeschränkt ihrem Beruf nachgehen. Praktisch übernimmt damit die Staatskasse das materielle Risiko der Rückkehr ins normale Erwerbsleben.

Noch unerträglicher und unübersichtlicher ist die Versorgung ehemaliger Regierungsmitglieder. Mathias Berninger ist im zarten Alter von 34 Jahren. Dem Staatssekretär im Landwirtschaftsministerium stehen 4000 Euro Ruhegeld im Alter zu. Hans Eichel, der Mann, der für Deutschlands Schulden geradestehen soll, hat von allen amtierenden Regierungsmitgliedern die beste Absicherung. Abgeordnetenversorgung, Pension als ehemaliger hessischer Ministerpräsident und Bundesministerpension addieren sich auf weit über 11 000 Euro im Monat. Ein gut verdienender Normalbürger, der Monat für Monat den Höchstbetrag an die Bundesversicherungsanstalt überweist, müsste theoretisch 210 Jahre lang einbezahlen, um auf die gleiche Summe zu kommen.

Politiker zahlen gar nichts für ihre Altersversorgung. Das erfreut die Bürger, die täglich von neuem hören, dass ihre Rente nicht mehr sicher, jedenfalls immer weniger wert sein wird, und sich von bestversorgten Staatsmännern sagen lassen müssen, dass ohne Eigenverantwortung und private Vorsorge der Lebensabend ungemütlich zu werden droht.

Auch Politiker sollten für ihre Altersversorgung selbst aufkommen. Das war bis 1968 auch der Fall. Bundestagsabgeordnete hatten 25 Prozent ihrer Diäten in eine Pensionskasse bezahlt. Klarer und angemessener wäre eine Anhebung der Diäten, von denen aber alle Nebenkosten und auch die Altersversorgung beglichen werden müssten. Dieses Konzept hat der nordrhein-westfälische Landtag übernommen. Alle Fraktionen stimmten zu, dass damit die Diäten von 4807 auf 9500 Euro stiegen. Aber zugleich stieg auch die Angst, die Bürger könnten dies als Raffgier und grandiose Bereicherung missverstehen. Es ist trotzdem ein nachahmenswertes Modell.

Nicht alle Risiken dürfen dem Staat aufgebürdet werden, schon gar nicht das normalste demokratische Risiko überhaupt, der Verlust des Abgeordnetenmandats. Für viele Berufspolitiker ohne herausgehobene Position bedeutet der Verlust des Abgeordnetenmandats einen sozialen Abstieg. Es handelt sich in der Regel um Leute, denen die Politik ermöglicht hat, die Grenzen ihrer Ausbildung, ihrer Intelligenz, womöglich auch ihrer sozialen Herkunft zu durchbrechen.

Ihre berufliche Karriere als Beamte oder Angestellte wäre in unspektakulären Bahnen verlaufen. Politik war das Mittel zum Aufstieg, wie für andere Fußball oder Boxen; nur benötigen Spitzensportler tatsächlich herausragendes Talent. Die Politik dagegen erlaubt voraussetzungslose Karrieren. Spitzenbegabungen suchen deshalb in aller Regel lieber in Wirtschaft und Wissenschaft den Aufstieg. Sie wollen an ihrem tatsächlichen Können gemessen werden.

Die Angst vor dem Verlust des politischen Mandats ist also verständlich, vor allem unter den Hinterbänklern, die sich nicht wie die Parteiprominenz auf sichere Listenplätze verlassen können. Auch die im Vergleich zu allen anderen Berufstätigen immens komfortablen Altersbezüge erklären sich aus dieser Angst. Eher sind Abgeordnete bereit, ihre Diäten einzufrieren, als einer grundlegenden Reform ihrer Altersversorgung zuzustimmen.

Die Angst vor dem Mandats- und Ansehensverlust ist aber durch soziale Absicherung allein nicht zu bändigen. Sie beeinflusst deshalb auch das politische Verhalten. Was scheren den um seine Karriere besorgten Politiker auf Nachhaltigkeit zielende Reformen, wenn doch zunächst einmal die nächste Wahl überstanden sein will? Die schlimmsten Duckmäuser werden ihren Führungen unbequem, wenn die Furcht vor dem Mandatsverlust überhand nimmt. Dann melden sie Widerstand an gegen vermeintlich unpopuläre Maßnahmen.

Bei den Inhabern hoher Partei- und Regierungsämter aber kann, so sollte man meinen, die Angst vor dem sozialen Abstieg in aller Regel nicht die Ursache dafür sein, dass sie am Sessel kleben. Sie sind versorgt. Sie wären auch ohne Amt gern gesehene Talkshowgäste, gut bezahlte Vortragsredner oder Buchautoren.

Der Journalist Jürgen Leinemann entdeckte bei Politikern ganz ähnliche Symptome und Motive wie bei Suchtkranken.

Er beschrieb Politik als Sucht.[11] Ist es Sucht, wenn man, wie Heide Simonis, ehemalige Ministerpräsidentin von Schleswig-Holstein, zugibt, in Depressionen zu verfallen, »wenn mich auf fünf Meter keiner erkennt«?

Es ist nicht nur Suchtverhalten, wenn Politiker den demokratischen Wechsel für sich selber nicht akzeptieren wollen. Vermutlich sind sie davon überzeugt, von ihrem Walten und Wirken hingen Wohl und Wehe der Republik ab. Dies ist eine durchaus geläufige Form des Realitätsverlustes. Liegt dieses Syndrom vor, ist die oder der Betroffene schnell bereit, den Wählerwillen für einen peinlichen Irrtum der Geschichte zu halten, um ihn am besten einfach umzuinterpretieren. Weil doch nicht sein kann, was nicht sein darf.

Für vollkommen unersetzlich hielt sich Heide Simonis, die man bis zu ihrem unrühmlichen Ende für eine sympathische, unkonventionelle Politikerin mit Selbstironie und Distanz zum eigenen Gewerbe gehalten hatte. Im März 2005 verlor die bisherige rot-grüne Koalition die Mehrheit im Parlament. CDU und FDP kamen auf exakt ebenso viele Mandate. Da keines der beiden Bündnisse über eine Mehrheit verfügte, lag eine große Koalition auf der Hand. Sie musste jedoch unweigerlich den Verlust des Amtes für Frau Simonis bedeuten, weil die CDU stärkste Kraft im Landtag geworden war und ihrem Spitzenmann damit die Regierungsbildung zustand.

Heide Simonis wollte nicht aufgeben, unter gar keinen Umständen. Sie hatte sich schon in der Wahlnacht darauf kapriziert, das Ergebnis als Sieg und nicht als Niederlage zu deuten. Das Postensicherungskonzept der Regierungschefin zog deshalb die Bildung einer Minderheitsregierung vor, toleriert von den zwei Abgeordneten der dänischen Minderheit.

Das war von den Spielregeln gedeckt, doch am Rande der demokratischen Legitimität. Denn die dänischen Mandate sind von der Fünf-Prozent-Klausel ausgenommen. Minderheitenschutz in Ehren: Aber dürfen 3,6 Prozent der Wähler ihr Privileg dazu missbrauchen, aus Verlierern Gewinner und aus Gewinnern Verlierer zu machen? Es sah auch ganz so aus, als würde sich Frau Simonis als Preis in eine politische Abhängigkeit von den beiden Abgeordneten der Splitterpartei begeben. In der Bildungspolitik setzten diese einen Kurswechsel durch. Die Spielregeln im Parlament wurden zu ihren Gunsten verändert – sie sollten in allen Ausschüssen Mitglied sein. Endlich werde die starre Blockbildung im Parlament aufgeweicht, jubelte Frau Simonis und erklärte die ziemlich schamlose Manipulation des Wahlergebnisses kurzerhand zur demokratischen Großtat.

Doch die Geschichte war noch nicht zu Ende. Bei der Ministerpräsidentenwahl hielt die hauchdünne Mehrheit von einer Stimme nicht. Offenbar war ein Abgeordneter der SPD (oder der Grünen) nicht bereit, das Spiel gegen Geist und Gepflogenheit der Demokratie zu unterstützen – wenn auch im Geheimen; eine politische Lynchaktion wäre ihm oder ihr ansonsten gewiss gewesen. Frau Simonis, die einst erklärt hatte, nicht vom Stuhl gekratzt werden zu wollen, ließ gleich viermal wählen. Vor laufenden Kameras ließ sie ihre Demütigung und Demontage zu, flatterte wie ein blindes Huhn viermal gegen die Käfigstäbe und begriff noch immer nicht. Sie fühlte sich hinterrücks erdolcht. Entrüstet fahndete die SPD nach dem »Heide-Mörder« (*taz*). Dabei hätte man es auch als Verrat von Frau Simonis an ihrer Partei werten können, die Wahl der Regierungskoalition an ihr eigenes Verbleiben im Amt zu knüpfen.

Einem Abgeordneten der SPD, der bei geheimer Wahl nur seinem Gewissen Rechenschaft schuldig ist – andernfalls bräuchte die Wahl nicht geheim zu sein –, wurde verübelt, was den Minderheitsdänen freistand: nämlich mit einer Stimme zu entscheiden, ob Frau Simonis im Amt bleiben durfte oder nicht. Der ehemalige Generalsekretär der SPD, Olaf Scholz, forderte gar die Abschaffung der geheimen Wahl von Regierungschefs, ein absurder, durch und durch undemokratischer Vorschlag.

Ämterpatronage

Selbst ein Plenarsaal voller gläserner Parlamentarier würde am Grundproblem nichts ändern: der Qualität der Politiker. Für ein demokratisches Gemeinwesen ist entscheidend, dass die am besten Qualifizierten die Schlüsselpositionen besetzen, nicht nur in der Politik, sondern auch in Behörden, Ämtern und öffentlichen Institutionen. Deshalb ist es die verwerflichste aller Formen des Missbrauchs, wenn die falschen Leute besser geeigneten vorgezogen werden. Diese Verletzung demokratischen Geistes ist üblich. Ämterpatronage ist ein Erzübel der Demokratie.

Die Fälschung von Wahlergebnissen selbst, so sollte man meinen, ist in der Bundesrepublik so gut wie auszuschließen. Die Vereinten Nationen müssen keine Wahlbeobachter schicken wie in die Ukraine (wo es geholfen hat) oder nach Zimbabwe (wo es nicht geholfen hat). Gewählt werden kann aber schließlich nur, wer von den Parteien nominiert wird. Und bei der Aufstellung der Abgeordneten kann man auch bei uns nicht ganz sicher sein, ob und wie dabei manipuliert wird.

In der Münchener CSU wurden neue Mitglieder mit bis zu 500 Euro gekauft, um parteiinterne Wahlen zu beeinflussen. Die Täter arbeiteten teilweise auch mit gefälschten Aufnahmeanträgen. Dirigentin der Fälschungen, so berichteten Zeugen im Untersuchungsausschuss des bayerischen Landtags, sei die Kultusministerin Monika Hohlmeier gewesen. Sie musste daraufhin zurücktreten. Andere Beteiligte waren schon zuvor zu Geldstrafen verurteilt worden.

Interessant ist das Motiv: Einer der Fälscher, Maximilian Junker, sprach davon, dass die Ministerin Ministerpräsidentin habe werden wollen. Die Drahtzieher träumten von eigenen Karrieren im Schatten der Straußtochter.

Aufnahmeanträge zu fälschen ist eine Straftat, Stimmenkauf ist es nicht. So plump geschehen Manipulationen selten. Aber das Prinzip ist gang und gäbe. Wo genommen wird, wird auch gegeben. Eine Hand wäscht die andere, es bilden sich Seilschaften und Netzwerke. Bedingungslose Gefolgschaft wird belohnt mit der Aussicht auf Ämter, Mandate, Funktionen. Oder mit anderen Wohltaten. Wenn ihr mich wählt, sorge ich dafür, dass die Umgehungsstraße gebaut wird: So geht das Muster. Es gibt tausend Varianten dafür, wie Abhängigkeiten geschmeidig gehalten werden; Geld ist nur eine.

Kurz nur ist der Weg von der Ämterpatronage in die Grauzone der Korruption. »Es muss sich einer nichts in die Tasche stecken, um korrupt zu sein. Korrupt sind alle, die sich auf Kosten des Gemeinwohls eigene Vorteile verschaffen. Bestechlich ist auch derjenige, der beispielsweise zugunsten seines beruflichen Fortkommens gegen die eigene Überzeugung die Meinung derjenigen stützt, die die Fäden seiner Karriere in der Hand halten.«[12] Dies geschieht täglich, in Ministerien wie in Rundfunkanstalten, in Wirtschaftsunternehmen wie in Behörden, in Schulen wie in Krankenhäusern. Aber eben auch und besonders dort, wo die Demokratie zu Hause sein müsste, in den Parteien. Wie viele unsinnige Projekte, wirkungslose Programme werden nur deshalb beschlossen, weil bestimmte Parteifreunde davon profitieren?

»Die folgenschwerste Form der Korruption in der Bundesrepublik dürfte die Ämterpatronage sein. Erhalten bestimmte Personen nur durch politischen oder sonstigen Einfluss bei

Konkurrenzentscheidungen über Beförderungen oder Amtszuweisungen den Vorrang vor sachlich besser geeigneten, dann hat das direkt zwei schädliche Folgen: zunächst die offensichtliche, dass eine weniger geeignete Person Entscheidungen trifft, aber dann auch die mindestens ebenso nachteilige Folge, dass die Arbeitsmoral ruiniert wird.«[13] Außerdem trägt Ämterpatronage »zum Aufblähen von Apparaten bei. Da werden Jobs geschaffen, nur um damit Parteigänger zu belohnen.«

Auch die oft und zu Recht beklagte Herrschaft der Mittelmäßigen lässt sich von der Ämterpatronage ableiten. Sie befördert die Lauen, Unselbstständigen, Ängstlichen, Angepassten und Skrupellosen, oft auch nur die Windmacher und Angeber. Die zu Chefs beförderten Schwachen umgeben sich wiederum selbst mit Speichelleckern. Das System der Ämterpatronage hat einen Automatismus. Längst ist die ganze Gesellschaft von diesem Virus befallen und unheilbar erkrankt.

Ämterpatronage gilt als so normal, dass es kaum Unrechtsbewusstsein gibt. Sie ist nicht strafbar und selten nachweisbar, aber dennoch verfassungswidrig. Denn niemand darf wegen seiner politischen Meinung benachteiligt oder bevorzugt werden. Auch sprengt die Parteibuchwirtschaft bei weitem den Verfassungsauftrag der Parteien, an der Willensbildung lediglich mitzuwirken. Ämterpatronage untergräbt das Vertrauen der Bürger.

SIEBEN

Das Versagen der Gesellschaft

PISA-politisch: die Folgen der Bildungskatastrophe

»Der ganze Traum der Demokratie besteht darin, den Proletarier auf das Niveau der Dummheit des Bürgers zu erheben«, schrieb Gustave Flaubert.[1] Dieser Traum ist zweifellos wahr geworden. Zwar ist das Schlagwort von der Informationsgesellschaft in aller Munde, der informierten Gesellschaft ist aber die Demokratie nicht wirklich näher gekommen, seit es dreißig Fernsehprogramme und einen Internetanschluss in beinahe jedem Haushalt gibt. Es stehen den Bürgern mehr Informationen zur Verfügung, aber das Interesse daran ist nicht gestiegen. Mündige Bürger jedoch sind zuallererst informierte Bürger.

Eine der Ursachen ist zweifellos mangelnde Bildung. Die Rede ist hier nicht von physikalischen Formeln und nicht von Goethes Faust, sondern vom katastrophalen Bildungsstand in Dingen des öffentlichen Lebens. Ohne Verständnis für Politik, ohne Kenntnis von ihren Zusammenhängen bleibt

Demokratie ein leeres Wort. In totalitären Ländern sind informierte Bürger gefährlich. In Demokratien sind sie unverzichtbar. Um die Massen dumm zu halten, betreiben autoritäre Regime beträchtlichen propagandistischen Aufwand.

Die gegenwärtige Krise ist ohne ökonomische Grundkenntnisse überhaupt nicht zu begreifen. Aber nur in einzelnen Bundesländern, etwa in Bayern, ist Wirtschaft wenigstens an Gymnasien obligatorisch. Auch dies garantiert jedoch noch nichts. Völlig fassungslos erzählte der Vater einer bayerischen Abiturientin, seine Tochter habe ihn gefragt, was eigentlich ein Beamter sei. Entweder verrät die Frage hintersinnigen Witz oder sie ist bodenlos. Lehrer sind jedenfalls Beamte, ihre Vorgesetzten in den Kultusministerien sind es auch. Zusammen schaffen sie es nicht, politische Bildung über spärliches Faktenwissen hinaus zu vermitteln. Vielleicht sollte jeder Schultag mit gemeinsamer Zeitungslektüre beginnen. An Haupt- und Realschulen sieht es noch finsterer aus.

Besonders in Ostdeutschland ist die Lage besorgniserregend. Die meisten Leute interessieren sich kaum für gesellschaftliche und politische Auseinandersetzungen, klagte die Chefin des Instituts für Demoskopie Allensbach, Renate Köcher. Sie schauen mehr Unterhaltung bei den privaten Sendern, weniger Politik, und meiden auch überregionale Zeitungen.

Die wichtigsten politischen Entscheidungen fielen in letzter Zeit in Deutschland, als Folge unterschiedlicher Mehrheiten in Bundestag und Bundesrat, im Vermittlungsausschuss. Der durchschnittliche Tagesschaukonsument weiß dennoch nichts mit dieser Institution anzufangen.[2]

Nur an durchschnittlich zwei von dreizehn Themen können sich Zuschauer unmittelbar nach einer Nachrichtensendung noch erinnern.[3] Die meisten Dinge existieren also für die Zuschauer nicht. 25 Prozent der Fernsehkonsumenten können sich keiner einzigen Detailinformation entsinnen, wissen nicht, wann, wie, wo was geschehen ist. Nur fünf Prozent der Zuschauer erinnern sich an alle Teile einer Nachrichtensendung. Deshalb können die meisten einer Diskussion über wichtige Themen nicht wirklich folgen. Sie schalten ab, zumindest im übertragenen Sinne.

Wer nach den tieferen Ursachen der politischen Krise sucht, stößt deshalb unweigerlich auf die Bildungskrise. Sie wird häufig auf das missverstandene Schlagwort PISA verkürzt. Der Schock der PISA-Ergebnisse konnte freilich nur diejenigen treffen, die noch immer glaubten, im Land der Dichter und Denker sei Bildung eine sichere Zukunftsressource. Sogar Kulturpolitiker, die es hätten besser wissen müssen, hielten an dieser Illusion fest.

Offenbar wird an den Schulen nicht zu wenig gelernt, sondern das Falsche. Eher gilt das Diktum des Bildungskritikers Werner Fuld: »Unsere Schüler lernen nicht zu wenig, sondern zu viel. Und weil sie immer mehr lernen müssen, werden sie täglich dümmer.«[4] Es fehlt die Erziehung zum selbstständigen Denken, die Bildung zur Persönlichkeit. Auch das hat in Deutschland Tradition. Nicht der kritikfähige, seine Freiheit selbstbewusst nutzende Bürger war lange Zeit das Bildungsideal.

Der Untertan konnte Griechisch und Latein und las die Klassiker. Nur von Freiheit verstand er nichts. Der Bildungsbürger nahm, was er für Bildung hielt, als eine Art Freiheitsersatz. In den Lehrplänen der Demokraten geistert heute noch das alte idealistische Bildungsideal herum. »Es ist ein alter Traum des deutschen Idealismus, der bis heute die Hirne der Bildungstheoretiker vernebelt: Man müsse nur so viel als möglich lernen, um dann zwangsläufig ein guter Mensch zu werden, denn die Anhäufung von Wissen führe notwendig zur verbindlichen Wahrheit und damit zur Freiheit von Irrtümern.«[5]

Wie es aussieht – PISA hat es gezeigt – ist das Problem in Deutschland ein doppeltes. Es wird zu viel Stoff gebüffelt, aber nicht die Fähigkeit vermittelt, Zusammenhänge herzustellen und den eigenen Verstand zu gebrauchen. Noch heute wird versucht, dem schlechten Abschneiden bei PISA mit Faktenwissen beizukommen.

Diejenigen geraten uneinholbar in Rückstand, die nicht das Glück einer Familie haben, in der eine offene, diskussionsfreudige Atmosphäre herrscht und die deshalb das Versagen der Schulen zu kompensieren vermag. Wenn elementare Regeln des Zusammenlebens in der Schule nicht mehr eingeübt werden und in der Familie nicht mehr funktionieren, leidet auch die Demokratie.

Umfragen belegen, dass die Unzufriedenheit mit dem politischen System steigt, je schlechter der Bildungsstand der Befragten ist. »Wo Bildung fehlt, sind die Mechanismen der Demokratie heute kaum mehr vermittelbar.«[6] Paul Nolte kommt deshalb zu dem Schluss: »Die Krise der Demokratie entwickelt sich mehr und mehr zu einer Klassenfrage. Seit einiger Zeit beobachten wir zunehmend, dass der Vertrauensverlust in die Mechanismen und die Institutionen der Demokratie zu einem Unterschichtsphänomen wird. Der untere Rand der Gesellschaft ist dabei, sich aus der Demokratie zu verabschieden.«[7]

Und weiter: »Die Medien, und hier vor allem das Privatfernsehen und die Boulevardpresse, die sich ja bevorzugt an diese Schichten wenden, haben sich fast vollständig aus dem Erklären politischer Vorgänge verabschiedet. Überspitzt gesagt tauchen Politiker dort fast nur noch als Menschen auf, die sich die Taschen voll stopfen und die Bürger übers Ohr hauen.«[8]

Zweifellos vertieft die unterschiedliche Mediennutzung auch die Spaltung der Gesellschaft. Hier das – kommerzielle – Unterschichtenfernsehen, dort das *arte*-Publikum. Hier *Bild,* dort *Die Zeit.* Das gab es immer, aber die Kluft ist größer geworden. Die Gesellschaft zerbricht in eine Informationselite und eine auch kulturell verarmte Masse.

Die Boulevard-Medien beklagen die Reformunfähigkeit der Politik und die Grenzen der Belastbarkeit der Sozialsysteme. Zugleich rühren sie ihre Leser und Zuschauer mit herzzerreißenden Einzelschicksalen von Opfern der endlich angestoßenen Reformen. Dieses Wechselbad informiert Wähler nicht, sondern macht sie nur hysterisch.

Aber auch die Politiker geraten oft schlecht gerüstet ins Parlament. Wie viele Abgeordnete sind noch in der Lage, frei zu sprechen? Wie viele Politiker beherrschen überhaupt die Kunst der Rede? Es ist keine Nostalgie, sich die großen Redeschlachten der Nachkriegszeit anzuhören (*Phoenix* sendet sie). Wie aus einer anderen Welt wirkt die messerscharfe rhetorische Präzision des Bundeskanzlers Helmut Schmidt (»Schmidt-Schnauze«), der virtuose Schlagabtausch eines Herbert Wehner oder die geradezu literarische Eloquenz eines Carlo Schmid und Willy Brandt.

Damals machten Politiker Karriere über große Auftritte in so genannten parlamentarischen Sternstunden. Sie wurden wie der ungestüme Bayer Franz Josef Strauß am Rednerpult des Parlaments entdeckt. Strauß war gelernter Altphilologe und kannte seinen Cicero. »Der Niedergang der öffentlichen Rede in Deutschland, von niemandem betrauert, hat seinen Grund in der fehlenden Kenntnis der römischen Rhetoriker ... Grob fahrlässig also handelt heute ein Rechtsanwalt oder ein Minister, wenn er glaubt, er könne auf die Kenntnisse Ciceros verzichten.«[9]

Es ergibt keinen Sinn, von Politikern das große Latinum zu verlangen. Statt lateinische Grammatik zu büffeln wäre es sinnvoller, würde an den Gymnasien die Kunst der freien Rede gelehrt. Nicht nur Politiker würden davon profitieren.

Zu den unseligen deutschen Geistestraditionen zählt es auch, politische Rhetorik immer nur als Instrument der Manipulation misszuverstehen. Auch dies ist ein Fluch und ein Trauma der Nazizeit. Doch Rhetorik ist ein unverzichtbares Element des demokratischen Streits. Interessen prallen nun einmal aufeinander. Der demokratische Prozess ist abhängig von der rhetorischen Qualität der Beteiligten.

Die großen Redeschlachten im Parlament sind lange her. Ausgerechnet der Schulabbrecher Fischer ist heute der mit Abstand beste Redner. Schröder hat gute Tage. Der Rest des Personals ist eher eine Zumutung. Stoiber, Westerwelle und andere verwechseln Geschrei mit Brillanz. Es gibt keine »Sternstunden« mehr. Der Niedergang der öffentlichen Rede wird kompensiert durch Auftritte in Talkshows.

Anders als für Manager gibt es für Politiker auch keine Verpflichtung zur Weiterbildung. »Man kann daraus schließen, dass die Fähigkeit der Politiker zum systematischen Verständnis großer soziologischer Zusammenhänge entweder verkümmert oder überhaupt nicht ausgebildet ist. Wie Schüler überflüssiges Faktenwissen büffeln, um es nach dem nächsten Test wieder zu vergessen, so hangeln sich die Politiker mit kurzfristigen Entscheidungen von Wahltermin zu Wahltermin.«[10]

Die Arroganz der Wirtschaftselite

Wer verachtet Politik und Politiker am hochmütigsten und in gewisser Weise tatsächlich von oben herab? Es sind die Bosse. Vorherrschende Meinung in ihren Kreisen: Mittelmaß regiert. Überwiegend säßen Leute in Parlamenten, die nicht das Zeug zu Karrieren in der freien Wirtschaft hätten, und deshalb an ihren Mandaten klebten. Schwätzer und Murkser, die mit ihrer Leistung im Geschäftsleben scheitern würden, so das Klischee.

Es gibt eine Menge Manager, die für Politik verdammt wenig Gespür haben und dennoch der Meinung sind, es besser zu wissen als die beschränkten Politiker. Das Interesse an Politik aber ist bei vielen Geschäftsleuten schon gedeckt, wenn sie in der Business-Class die *Gala* zum Lesen verlangen. Und sie halten sich für Vollmitglieder der Informationselite, wenn sie auf dem Rückflug auch noch den *Focus* durchblättern.

Einerseits tragen sie ihre Nasen hoch über der Politik. Andererseits gibt es kaum einen Topmanager, der den Mut und das Engagement aufbrächte, in die Politik zu wechseln, um den Beweis anzutreten, dass er Besseres zustande brächte.

Die Gründe dafür liegen auf der Hand. Es wären ja nicht nur die Diäten ein schlechter Tausch. Auch und erst recht die Arbeitsbedingungen: Politiker haben in aller Regel noch weniger freie Zeit als Manager. Und sie haben noch weniger Freiheiten. In Parteien und Fraktionen geht es bisweilen hierarchischer und autoritärer zu als in einer Firma, der Ton ist noch rauer. Die tatsächliche Leistung wird nicht honoriert – ja sie kann noch nicht einmal gemessen werden, denn Umsatz und Profit haben in der Politik keine Entsprechung. Politiker verbringen Tage und Nächte damit, die immer gleichen Argumente wieder und wieder aufzuzählen, statt nach gründlicher, aber rationaler Debatte endlich zu entscheiden. Dabei müssen sie sich auch noch ständig von einer nörgelnden Öffentlichkeit und von so genannten Parteifreunden wie politischen Gegnern argwöhnisch bekritteln und bremsen lassen.

Einen makellosen Lebenswandel und überkorrekten Umgang mit den wenigen Privilegien erwartet man von ihnen, und auch das erspart ihnen nicht den Neid und die Intrigen derjenigen, die lieber selbst auf den wackligen Stühlen säßen.

Damit, dass Politik ein schmutziges Geschäft ist, könnte man sich ja noch abfinden, aber damit, dass es ein so ineffizientes, frustrierendes Geschäft ist, dafür ist einem das Leben dann doch zu schade. Und mit welchen Dummköpfen sich Politiker dauernd befassen müssen! Mit Hinz und Kunz im Wahlkreis. Nein, Politik hat nichts Verlockendes.

Andererseits ist es notwendig, Vertreter der Wirtschaft in den Parlamenten zu haben. Doch dafür gibt es professionelle Lobbyisten, die als Berufspolitiker auftreten, und Verbandsfunktionäre. Die machen das. Die halten ihren Kopf ins Fernsehen, damit die Bosse in Ruhe ihren Aufgaben nachkommen können.

Besser machen könnten es in der Politik auch die besten Manager nicht. Politik hat tausend Spielregeln. Zahllose Gremien, Ausschüsse und Kommissionen lassen zielorientiertes Führen gar nicht zu. Politik tappt von einem schlechten Kompromiss zum anderen. Und am Ende zählt nicht die Mehrheit der Qualifizierten, sondern nur die qualifizierte Mehrheit, denn Politik gehorcht einer anderen Logik als das Big Business.

Nein, sagen die Besserwisser aus den Vorstandsetagen, Politik ist wirklich nichts für uns. Sie haben unvergleichlich attraktivere Möglichkeiten, ihre Exzellenz unter Beweis zu stellen. Was ist schon ein deutscher Bundeskanzler gegen, sagen wir, den Vorstandsvorsitzenden von Daimler-Benz? Der dreht die wirklich großen Räder. Keine Partei und kein Parlament muss er überzeugen, wenn er mal schnell einen anderen internationalen Großkonzern übernehmen will. Da wird nicht lange gefackelt. Er muss nicht schwören, dem deutschen Volk zu dienen und dessen Wohl zu mehren. Aber er tut es trotzdem. Den Wohlstand zu mehren ist seine Kernkompetenz, sein Auftrag nach dem Aktiengesetz. Den Wohlstand der Aktionäre. Millionen von Kleinaktionären vertrauen den Bossen ihr sauer Erspartes an. Dummerweise verloren die Aktien einen beträchtlichen Teil ihres Wertes, seit Daimler Chrysler schluckte. Es war wohl eine Fehlentscheidung. Nur die Idee war berückend: Daimler-Chrysler steigt auf zur Weltmacht – ganz ohne Parteitage, ohne Parlamentsdebatten, ohne Volkspalaver. Es reicht schon, sich mit ein paar Aufsichtsräten gut zu stellen, dann sitzt man auch noch bombensicher im Sattel und kann das Zwanzigfache des Bundeskanzlers verdienen. Bleibt nur das Risiko des eigenen Größenwahns. Leider ein Risiko, mit dem jeder rechnen muss, der an der Börse spekuliert.

Es ist gut zu verstehen, dass die Abneigung zwischen Managern und Politikern auf Gegenseitigkeit beruht. Was Politikern und Steuerzahlern am meisten aufstößt ist, dass sie oft genug die Folgen von Managementfehlern, die Folgen des Größenwahns ausbügeln müssen. Kommt ein Konzern in die roten Zahlen, zahlt er keine Steuern mehr. Für das Loch in den öffentlichen Kassen sind andere da. Die Soziallasten, die entlassene Arbeitnehmer verursachen, trägt die Gemeinschaft. Die Manager waschen ihre Hände in Unschuld und sprechen gelassen das Zauberwort: Globalisierung. Die ist es gewesen, nicht ihre Fehlentscheidung. Kaum etwas trägt mehr zur Entsolidarisierung der Gesellschaft bei als eine Managerkaste, die mit einer Mischung aus Hochmut und Rücksichtslosigkeit agiert, als hätten Unternehmen keine gesellschaftliche Verantwortung.

So wie es sinnvoll wäre, die Leistung von Politikern kritischer zu diskutieren statt ihre Bezahlung, führt auch die Debatte über maßlose Managergehälter nicht wirklich weiter. Die gesellschaftliche Aufgabe von Konzernführern ist das Thema, nicht ihre Millionen. Aber die deutsche Neidhammelei entzündet sich lieber an der Frage, ob Manager ein gläsernes Portemonnaie haben sollen. Die Millionenzahlungen an den im Übernahmepoker unterlegenen Mannesmann-Manager Esser und die Victory-Geste seines Aufsichtsrates Ackermann auf der Düsseldorfer Anklagebank wirkten so obszön, weil der Niedergang eines deutschen Traditionsunternehmens auch noch belohnt wurde.

Selbstbedienungsmentalität oder Missbrauch von Privilegien wäre leichter zu ertragen, wenn das Arbeitsergebnis außer Zweifel stünde. Da dies nicht der Fall ist, schüren die großzügigen Bereicherungen den Vertrauensverlust in eine für das Land so wichtige Elite. Insofern trägt auch die Wirtschaft zur Demokratieverdrossenheit bei. Denn es geht um die Legitimation wirtschaftlicher Macht.

Es mag ja sein, dass die moralische Messlatte gern zu hoch angelegt wird. Niemand kann von einem Berufsstand, dessen Element die Macht ist, erwarten, Machtkämpfe nach den Gepflogenheiten evangelischer Kirchentage auszutragen. Und es macht keinen Sinn, von Leuten, deren ganzes Denken an Profitorientierung ausgerichtet ist, ein Armutsgelübde zu verlangen. Aus einem Haifisch macht man keinen Vegetarier.

Ganz offensichtlich wären die Bürger jedoch durchaus bereit, die materielle Bevorzugung bestimmter Eliten zu akzeptieren, wenn sie das Gefühl hätten, diese Eliten verfügten überhaupt über gültige ethische Maßstäbe. Aber die Herren Manager halten sich nicht einmal an ihre eigenen kapitalistischen Tugenden, stattdessen herrscht der blanke Eigennutz. »Sie verdienen nicht, was sie verdienen« ist dann eben oft nur die banale Verkürzung eines viel tiefer empfundenen Mangels.

Solange der Wohlstand für alle wuchs, in den goldenen Jahren der Bundesrepublik, regten sich über die sprichwörtlichen »Villen im Tessin« nur ein paar Scharfmacher der Gewerkschaften auf. Aber es geht seit Jahren für die große Masse bergab.

Die Vorstellungen, in welche Richtung sich das Land entwickeln soll, gehen weiter auseinander als jemals zuvor. Deshalb wächst der Widerstand, wenn sich eine bestimmte Elite unangemessene Privilegien sichert. Der Hinweis, in älteren Demokratien wie den USA und Großbritannien würden Klassenunterschiede und Reichtum selbstverständlicher akzeptiert, hilft nicht weiter. Das mag ja so sein. In Deutschland aber trägt die Wirtschaftselite zur Entsolidarisierung bei.

Geschichte wiederholt sich nicht. Aber wer glaubt, nach dem Scheitern der kommunistischen Staaten sei die Utopie der Vergesellschaftung von Eigentum ein für allemal erledigt, unterliegt selbst einer Utopie. Offenbar hat die Niederlage des Kommunismus die Heerführer des Kapitalismus so siegestrunken gemacht, dass sie die Welt nur noch eingeschränkt wahrnehmen.

Der Wegfall ideologischer Grenzen und eiserner Vorhänge erlaubte die grenzenlose Ausbreitung der Kapitalströme. Datentechnik vernetzte die Kapitalmärkte. Die Kapitalisten aller Länder vereinigen sich – in Lichtgeschwindigkeit. Die ökonomischen Grenzen der Nationen, die »Volkswirtschaften« existieren für die hochmobilen polyglotten Funktionseliten kaum noch. Für die Lohnabhängigen, die um ihren Lebensunterhalt bangenden Arbeitnehmer, bestehen sie weiter.

Die mangelnde Sensibilität von Managern für die öffentliche Wirkung ihres Tuns lässt gelegentlich auf unterentwickelte soziale Intelligenz schließen. Die scheinbar weltgewandte Wirtschaftselite demonstriert weltvergessene Ignoranz und Arroganz. Sie verwechselt ihr eigenes Milieu mit dem wirklichen Leben. Sie glaubt, alles sei auf bestem Wege, wenn sie auch in der Mongolei die gleiche Luxus-Suite im Hotel vorfindet wie am Kap der Guten Hoffnung, in Moskau und Shanghai in denselben Markenboutiquen einkauft wie in Paris und

Mailand, in Frankfurt Sushi, in Tokio Currywurst isst und in Berlin mit Caipirinha anstößt – und das alles überall auf Englisch.

Es gab Zeiten, da gingen die ökonomischen Eliten voran. Sie schufen in der Renaissance ein auch kulturell vereintes Europa. Heute müssen sie aufpassen, dass ihre Verengung auf die Ökonomie nicht das eigene Fundament beschädigt. »Die Gefahr, die sich aus der Etablierung dieser globalen Klasse für die Demokratie ergibt, ist die zwangsläufige Zerstörung der traditionellen sozialen Solidarität, was neue Ungleichheiten zur Folge hat.«[11] Dahrendorf zieht an gleicher Stelle den Vergleich mit dem frühen Kapitalismus. »Damals wurden die Armen von den Kapitalisten als Arbeitskräfte gebraucht. Die Armen von heute dagegen werden von der globalen Klasse nicht gebraucht.«

Mit nichts lässt sich heute leichter Beifall ernten als mit der Verteufelung des Kapitalismus. Die multinationalen Konzerne tragen kräftig dazu bei, ihre Tauglichkeit als Feindbild zu bestätigen. Sie entziehen sich ihrer Steuerpflicht über die offenen Grenzen. Beim Mittelstand und den gewöhnlichen Gehaltsempfängern holt sich der Staat, was er von den Konzernen nicht mehr bekommt. »Die Konzerne plündern den Staat aus, auf jede nur erdenkliche Art und Weise – immer gedeckt durch die Gesetze.«[12] »Nie zuvor haben Konzernmanager so viel und so hemmungslos und so selbstbewusst abkassiert. Schon lange nicht mehr haben die von ihnen geführten Unternehmen so wenig zum Gemeinwohl beigetragen. Nie zuvor waren die Konzerne so mächtig wie heute. Schon lange nicht mehr war die Kluft zwischen den wenigen da oben und den vielen da unten so groß wie heute.«[13] Typische Klischees – beispielhaft zitiert aus einem einzigen von zahllosen Büchern dieser Art. Es ist der platte Ton, der auch Münteferings Heuschreckenkampagne ausmacht und doch nicht ausreichte, um die Wähler zu emotionalisieren. Wer sich über die Schändlichkeiten des real existierenden Kapitalismus seriös informieren will, muss schon den Kapitalisten selbst zuhören.

Denn die Kritik kommt schon längst nicht mehr nur von links. Der hochbetagte, weltberühmte amerikanische Ökonomieprofessor John Kenneth Galbraith, Mitglied schon im Kriegskabinett Franklin D. Roosevelts, Berater der Präsidenten Kennedy und Johnson, attackiert mit erfrischender Angriffslust die Konzentration von Macht im Management der Konzerne. Schon der beschönigende Begriff »Marktwirtschaft« sei eine »Irreführung«, meint Galbraith.[14] Man sollte stattdessen besser vom »System der Konzerne«[15] sprechen. Eine weitere Lüge sei es, dass in der Marktwirtschaft der Konsument die eigentliche Macht besitze. »Der Glaube an eine Marktwirtschaft mit souveränen Verbrauchern ist eine der am weitesten verbreiteten Formen arglistiger Täuschung«.[16] Der bestimmende Einfluss auf die Innovation, die Herstellung und den Verkauf von Gütern und Dienstleistungen sei vom manipulierten Verbraucher auf die Produzenten übergegangen – und deshalb bilde die für so bedeutend genommene Kennzahl des Bruttoinlandprodukts lediglich die Rolle der Produzenten, nicht aber die wahre Leistungsfähigkeit einer Gesellschaft ab.[17]

Selbst die Aktionäre hätten nicht wirklich die Macht. »Es wird lediglich der Anschein erweckt, als hätten die Eigentümer das Sagen. Auch dies ist eine arglistige Täuschung, mit der wir uns weithin abgefunden haben.«[18] In Wahrheit »kam es zu dem beherrschenden Einfluss des Managements, also der Bürokratie«.[19] Aktionärstreffen ähnelten nur noch einem baptistischen Gottesdienst. Vielmehr gewähre das Leitungssystem der Konzerne der eigenen Kaste die »unbeschränkte Macht zur Selbstbereicherung«.[20] Manchmal grenze die Vergütung der Manager an Diebstahl. Das Fazit: »Eine Gesellschaft, in deren Unternehmen eine Mentalität des Absahnens und Betrügens grassiert, ist moralisch und ökonomisch dem Niedergang geweiht.«[21]

Besondere Aufmerksamkeit widmet Galbraith einem besonderen Teil dieser Kaste, nämlich der Finanzbranche, der Welt der Banken, Wertpapiermärkte, Investmentfonds und Finanzberater. Diese Branche wähne sich »im Besitz der Fähigkeit, das Unerkennbare zu erkennen« und versuche, »die Wirklichkeit durch Hoffnungen und Wunschdenken zu verschleiern«. Eine umtriebige und hoch dotierte Gruppe von Professionellen liefere »notwendigerweise falsche, aber scheinbar hoch analytische, plausible Informationen«.[22] Kommt dann die Stunde der Wahrheit, entziehen sie sich der Verantwortung, ihr »Allheilmittel« ist »die Entlassung derjenigen, die am wenigsten für die Missstände können«.[23] Zweifellos handele es sich um eine Fehlentwicklung, »dass die Konzerne das gesellschaftliche Wertesystem entsprechend ihren Bedürfnissen und Interessen umformen«.[24]

In die gleiche Kerbe schlägt seit Jahren einer der dicksten Haifische im Teich und zugleich Philanthrop, der Milliarden zur Entwicklung demokratischer Strukturen in den postkommunistischen Staaten gespendet hat. George Soros geht in seiner Kritik noch einen Schritt weiter. Er warnt davor, den Sieg des Kapitalismus zugleich für einen Sieg der Demokratie zu halten. Das gilt nicht nur für autoritäre Gesellschaften wie China und Russland, in denen zweifellos der Kapitalismus seinen Siegeszug angetreten hat. Dort stellt sogar »die unheilige Allianz von Regierung und Wirtschaft … eine der größten Gefahren für Freiheit und Demokratie dar … Während man nach außen den Schein demokratischer Prozesse wahrt, werden in Wahrheit die Machtressourcen des Staates in den Dienst privater Interessen gestellt.«[25] Kein Wort dazu von Schröder, wenn er nach Peking reist.

Zweifellos haben die Führungsriegen der Konzerne den politischen Führungskadern einiges voraus. Sie sind besser ausgebildet. Die High Potentials der Wirtschaft kommen mehrheitlich aus wenigen europäischen Kaderschmieden. In Deutschland zum Beispiel aus der privaten Wissenschaftlichen Hochschule für Unternehmensführung in Vallendar. Die Auswahl der Kandidaten ist streng und objektiv. Ein Nachteil ist zweifellos, dass die Karrierewege zu uniform sind. Dem Nachwuchs wird neoliberales Denken eingetrichtert, gesellschaftliche Verantwortung steht nicht auf dem Stundenplan. Die künftigen Investmentbanker und Unternehmensberater erinnern manchmal mehr an eine Sekte als an Studenten. Auch hier haben es die Nachdenklicheren, Unangepassteren schwerer als die Glatten, Bedenkenlosen. Borniertheit wird in der Wirtschaft nicht weniger gezüchtet als in der Politik.

Karrieren werden in der Wirtschaft sorgfältiger geplant. Die Aufsteiger verfügen über einen größeren Erfahrungshorizont als Politiker, haben im Ausland gearbeitet und meist in mehreren multikulturellen Konzernen Erfahrungen gesammelt. Sie sind der politischen Elite fachlich überlegen. Dies verschärft den ungleichen Wettbewerb zwischen Politik und Wirtschaft.

Richard Sennett, der große linke amerikanische Gesellschaftskritiker, bezeichnet den Typus dieser Globalisierungs-Elite, die sich weitgehend aus ihren kulturellen und gesellschaftlichen Umfeldern gelöst hat, als *Homo davosiensis.* Er spielt damit auf das jährliche Spitzentreffen der Führungselite der Weltkonzerne auf dem World Economic Forum in Davos an.

Dahrendorf sieht in der globalen Managerkaste gar eine »neue soziale Klasse«, die ihre Vorteile, ihre Kompetenz, ihre Kapitalmittel in Macht ummünzt: »Es verwundert nicht – denn das ist eine historische Konstante –, dass diese neue

Klasse die traditionellen Institutionen als hinderlich für ihre Entfaltung betrachtet und der Meinung ist, sie müssten entweder zerschlagen oder ignoriert werden.«[26] Ein hartes Urteil: Es erklärt diese Klasse geradewegs zu Feinden der Demokratie. Sie stellen zumindest eine Gefahr für die Demokratie in dem Sinne dar, »dass sie die natürliche Tendenz haben, sich den traditionellen Institutionen der Demokratie zu entziehen«.[27]

Ethik liegt – als Folge der Kritik – bei den Nachdenklicheren dieser Klasse neuerdings im Trend. »Ethik zahlt sich aus. Aber ethisch zu sein, weil es sich auszahlt, ist kein ethisches Verhalten.«[28]

Das Strategieinstitut der Boston Consulting Group, eine der führenden globalen Unternehmensberatungsgesellschaften, startete eine »Initiative zur Rückkehr des Unternehmens in die Gesellschaft«. Nichts als Worte, könnte man meinen. Immerhin wird zugestanden, dass sich die Unternehmen aus der Gesellschaft entfernt und sich ihr entfremdet haben.

Niemand wird von der Wirtschaftselite grundsätzliche Zweifel an den kapitalistischen Prinzipien erwarten können. Ebenso wenig werden demokratische Politiker an der Unersetzbarkeit der Demokratie herumdeuteln. Aber weder Kapitalismus noch Demokratie sind Allheilmittel. Beide kommen ohne Vertrauen nicht aus. In der Wirtschaft wird dieses Vertrauen jedoch derzeit bedenkenlosem Profitdenken und der Habgier der Manager geopfert.

»Das Problem des Vertrauensverlustes ist also nicht so sehr ein strafrechtliches. Es stellt sich stattdessen die Frage, ob die normativen Ressourcen einer Wirtschaftsordnung, ohne welche diese gar nicht effizient arbeiten kann, noch allgemein geteilt und eingehalten werden.«[29] Für den Boston-Consulting-Berater Jens Riedel steht jedenfalls fest, dass dies nicht nur eine Frage der Moral ist, sondern letztlich sogar des Profits. Denn der Vertrauensverlust gefährde die Effizienz der Wirtschaftsordnung. Riedel zitiert den Nobelpreisträger für Wirtschaftswissenschaften Kenneth J. Arrow: »It can be plausibly argued that much of economic backwardness in the world can be explained by a lack of mutual confidence.«[30]

Es gelte, »den Kapitalismus vor einem grotesk falschen Selbstverständnis zu retten, um ihn so vor seinen Verächtern und seinen blinden Liebhabern zugleich zu schützen«, sagt Tiha von Ghyczy, Ökonomieprofessor in Virginia und ehemaliger Berater bei BCG.[31] Dieses falsche Selbstverständnis beruhe auf einem falschen Menschenbild, dem Menschen als *Homo oeconomicus.* Dieses Menschenbild sei aber nichts anderes als Ideologie.

Die zahlreichen kritischen Stimmen aus der Wirtschaft selbst lassen eine gewisse Hoffnung aufkeimen, dass in den Chefetagen der Konzerne die Bereitschaft wächst, sich mit der eigenen Rolle kritischer auseinander zu setzen. In der Politik kann davon weit weniger die Rede sein. Da wird allenfalls an den Symptomen herumkuriert, wie die Aufregung um die Nebentätigkeiten von Politikern zeigt.

Politik ist nichts anderes als der Ausgleich zwischen ökonomischen und gesellschaftlichen Interessen. Dieser Ausgleich ist aus der Balance geraten. Es läge in der Verantwortung der Unternehmer, den Ausgleich zwischen Kapital und Gesellschaft als ihre eigene Aufgabe zu begreifen, statt nur die Schwäche der Politik auszunutzen.

Das Abtauchen der Intellektuellen

Es ist schon bemerkenswert: Die Gesellschaft zerfällt, die Parteien versagen, die Demokratieverdrossenheit wächst – und die Intellektuellen pflegen ihre geistigen Schrebergärten.

Ab und zu nur ein Echo wie aus alten Tagen. Der österreichische Dichter Robert Menasse, zu Gast in Frankfurt, macht aus seiner Poetikvorlesung ein »Plädoyer für die Gewalt« und sieht im Sturz der Twin Towers in New York ein Zeichen der »Rettung« vor der Diktatur der Globalisierung.

Eine bekannte Theaterregisseurin, Andrea Breth, hofft in der *Frankfurter Rundschau* auf eine Revolution. »Ich hoffe, die Menschen stehen auf und machen all diesem Getöse ein Ende.« Der bereits erwähnte Rolf Hochhuth ventilierte nicht nur den Gedanken an ein Attentat auf den Chef der Deutschen Bank, sondern hofft gar auf einen »neuen Che Guevara« in Europa. Und in eher routiniertem Alterszorn erhebt Günter Grass seine Stimme gegen das Kapital, um nur erneut zu beweisen, wie wenig der Nobelpreisträger und Spätromantiker von Wirtschaft versteht. Solche Brandreden lassen kalt.

Und das ist die Crux: Erstens ist die Welt der globalen Finanztransaktionen und nationalen Sozialsysteme nun wirklich so kompliziert geworden, dass die Einmischung jener Elite, die PEN-Präsident Johano Strasser in elitärem Hochmut als »Adel der Demokratie, Gewissen der Gesellschaft und unbestechliche Anwälte der Freiheit«[32] bezeichnet, nur noch als höheres Stammtischgeschwätz wahrgenommen wird. Zweitens wird die intellektuelle Elite in der breiten Öffentlichkeit generell kaum noch wahrgenommen.

Beides hängt miteinander zusammen. In den Massenmedien herrscht Hochkonjunktur für Experten. Experten für Parteien, Experten für Soziales, Experten für Wirtschaft. Experten für die Zukunft tauschen mit Experten für Vergangenes die schon warmgesessenen Stühle der Talkshows. Ob Historiker oder Demoskopen – vom Elend der Gegenwart reden sie alle. Von den tausend sprechenden Köpfen, die täglich über die Bildschirme flimmern, tragen gewiss fünfhundert die Bezeichnung *Experte* hinter dem Namen. Zuschauer wie Fernsehmacher, Politiker erst recht, sind expertensüchtig und expertenhörig. Die Welt ist so unübersichtlich, dass sie nur in einer Phalanx von Experten betreten werden kann.

Intellektuelle, Philosophen, Dichter und Künstler sind hingegen geradezu das Gegenteil von Experten. Können diese Kulturgeneralisten überhaupt sinnvoll mitreden?

Die meisten Intellektuellen scheinen es selbst so zu sehen. Sie sind ja durchaus auch Experten, Experten für Erbauung, für gepflegte Unterhaltung, für Lebenskunst. Auch sie, die allermeisten von ihnen, wenden sich mit Ekel von der Politik ab, haben es längst aufgegeben, an die Veränderbarkeit der Gesellschaft zu glauben, tauchen fast schon genüsslich ins Moorbad des Pessimismus. Gesellschaft – das Zauberwort der Achtundsechziger – gebe es doch gar nicht mehr. Sie sei längst nicht mehr auf einen Nenner zu bringen. Ihre Teile folgten jeweils Gruppeninteressen, demnach ihrer jeweils eigenen Logik, auch die Intellektuellen selbst. Und deshalb sei Gesellschaftskritik wertlos geworden. Die Bürger sind nur noch Konsumenten, sie gehen zum Staat auf Distanz. Die Intellektuellen tun es auch.

Im fast geschlossenen Protest der überwiegend linken Intelligenz der siebziger Jahre offenbarte sich noch leidenschaftliche Loyalität zur Bundesrepublik, man wollte sie ändern, weil man eine emotionale Bindung an sie spürte. Heute ist die Liebe, und sei es auch nur die Hassliebe, der linken Intellektuellen für diesen Staat erloschen. Und die rechten Intellektuellen machen sich allenfalls mit sinnlosen Patriotismuspredigten lächerlich.

Nur wenige setzen sich zur Wehr. Hans Magnus Enzensberger pflegt das kühle, journalistische Essay. Andere beklagen das Verstummen der Intellektuellen in der öffentlichen Diskussion. Johano Strasser gehört dazu. »Was hindert sie, gerade jetzt die Priorität jener Werte einzuklagen, die nicht an der

Börse gehandelt werden, von deren Geltung aber Demokratie, Rechtsstaatlichkeit und Zivilität abhängen?«[33] Gerade eine Demokratie dürfe nicht nur die Kompetenz der Experten anerkennen. Sonst habe Demokratie, sonst habe auch das Mitspracherecht der Bürger keinen Sinn mehr.

Früher einmal, im goldenen Zeitalter der Bonner Republik, meldeten die Intellektuellen sich nicht nur zu Wort, sie wurden auch gehört. Das war schon daran zu erkennen, dass genervte Politiker sie wahlweise als »Pinscher« (Ludwig Erhard) oder »Ratten und Schmeißfliegen« (Franz Josef Strauß) attackierten. Es gab Leuchttürme moralischer Autorität, von Böll bis Adorno. Vielleicht gibt es aber auch deshalb keine intellektuelle Autorität mehr, weil sich nicht nur die Intellektuellen, sondern sämtliche Bürger nicht mehr auf gemeinsame Werte einigen können.

Jürgen Habermas tritt in Frankreich auf, um für die europäische Verfassung zu werben – man weiß ja, in Frankreich gelten Intellektuelle angeblich noch etwas. In Deutschland aber hat sich keine Geistesgröße von Belang in die Debatte über das vielleicht wichtigste Zukunftsprojekt überhaupt eingemischt oder besser versucht, eine solche Debatte gegen die Muffeligkeit der Politiker und Bürokraten überhaupt anzufachen. Erst als es zu spät war, galt das Nein der Franzosen als Katastrophe. Dann erst erregte sich die Nobelpreisträgerin Elfriede Jelinek, wenigstens hinterher. Eine politische Provokateurin vom Kaliber der Österreicherin ist in Deutschland nicht zu finden.

Zugegeben, früher hatten es die Intellektuellen leichter, weil die Massenmedien noch nicht so verkommen waren. Heute zählt nur die Quote. Da die Opfer der Bildungskatastrophe, also die Wähler, vor allem die jüngeren, gar nicht mehr lesen, gibt es nur noch wenige prominente Intellektuelle. Und weil folglich die wenig bekannten Intellektuellen keine Quote mehr bringen, tauchen sie nur noch an den Rändern der Programme auf. Die großen Talkshows surfen auf den Oberflächen der Probleme, Intellektuelle sind dort selten zu finden. Sie bleiben unter sich. Die Demokratie braucht aber auch ihre Einmischung.

ACHT

Der Moses-Komplex

Was Demokraten vom Papst nicht lernen dürfen

Das öffentliche Sterben Johannes Pauls II. war der größte Event der Papstgeschichte. Die Verehrung sprengte jedes Maß. Gleich nach dem Tod des Papstes war von Wundern die Rede, seine sofortige Heiligsprechung wurde gefordert und er nahm den Beinamen »der Große« gleichsam schon mit ins Grab. An Tod und Verklärung des Pontifex war zu beobachten, wie geistige Macht die Gedanken und Gefühle von Menschen ergreift.

Die religiöse Verehrung und Verzückung hat wenig mit der tatsächlichen Glaubens- und Lebenspraxis zu tun. Dieser Papst war für die meisten Katholiken über viele Jahre auch ein Ärgernis gewesen. Seine Vorstellungen von Sexualität waren weltfremd und überließen Hunderttausende dem Aidstod. Johannes Pauls II. vorgestriges Frauenbild hinderte aber Millionen von Katholikinnen nicht daran, im Papst den größten Menschen ihrer Zeit zu sehen.

Er war ein absoluter Geistesmonarch. Es gab stille und offene Rebellion gegen ihn. Und als er tot war, wünschten sich 88 Prozent der Bundesbürger einen Papst, der gründliche Reformen wie die Abschaffung des Zölibats durchführen würde.[1]

Nicht nur Päpste, auch weltliche Diktatoren begründen ihren Führungsanspruch damit, im Besitz der Wahrheit zu sein. Sobald ihre Wahrheit sich als Anmaßung herausstellt, muss die Herrschaft mit Gewalt aufrechterhalten werden – und sei es durch geistige Gewalt, etwa die Verbreitung von Furcht davor, Ungehorsam werde mit ewiger Verdammnis bestraft.

Im Gegensatz zu den meisten politischen Führern vertrat der Papst seine Version der Wahrheit jedoch mit faszinierender Glaubwürdigkeit. Er war das Gegenteil eines Populisten. Das nahm der Absolutheit und Starrheit der päpstlichen Dogmen, als es so berührend zu Ende ging, scheinbar allen Schrecken. Offenbar wurde dieser Papst auch als eine Art Gegengift und Kontrast zur schnöden Welt der Politik begriffen. Sein Idealismus entsprach der Sehnsucht des Publikums nach einer besseren Welt.

Im Papst sind nach alter Tradition Amt und Person vollkommen identisch. Johannes Paul II. hat wie kein anderer seine Position persönlich interpretiert; auch sein öffentlich ausgestelltes Leiden und Sterben verstand er letztlich als Dienst am Amt. Im Unterschied zur Monarchie sind in der Demokratie Person und Amt niemals miteinander identisch. Man bekleidet ein Amt auf Zeit, nicht bis in den Tod. Wird ein Papst gewählt, verstehen sich die Wahlmänner, die Kardinäle, nicht als Abgeordnete des Christenvolkes, sondern als Instrumente eines höheren, göttlichen Willens.

Dass die totale Identität von Amt und Person auf Zuneigung stößt – in abgemilderter Form zeigt sich dies auch in der Beliebtheit von *Royals* – muss eigentlich erschrecken. Offenbar gibt es in vielen Menschen ein starkes Bedürfnis nach Autorität. Sie wollen einer tieferen Kraft folgen als nur der Kraft, die sich auf den Willen der Wähler stützt.

Angesichts der Wirkung dieses Papstes fragt man sich, ob Demokratie überhaupt einem natürlichen Bedürfnis der Menschen entspricht. Oder ob sie nur eine Errungenschaft der Vernunft ist und deshalb immer wieder aufs Neue gefährdet.

Doppelt bedenklich ist, dass die Bereitschaft zur Unterwerfung unter die geistige Macht eines charismatischen Mannes mit vermeintlich göttlichem Auftrag mit dessen Botschaft gar nichts oder wenig zu tun hat. Die Zuneigung ist unabhängig vom Urteil des Verstandes. Womöglich ist das Bedürfnis nach Sinnstiftung, ja nach Mystik größer als das Bedürfnis nach Freiheit. Der Kult um den Papst wurde von den Medien mit kritikloser Begeisterung begleitet und gesteigert, und wieder einmal haben sie sich von ihren Pflichten als kritische Instanz beurlaubt.

Der Vergleich zwischen der Macht eines Papstes und eines Politikers hat Grenzen. Man kann den Papst verehren und trotzdem Kondome benutzen. Die Gesetze des Staates kann man nicht einfach übertreten. Von den Entscheidungen eines Regierungschefs sind die Bürger ungleich stärker betroffen als die Gläubigen von den Entscheidungen eines Kirchenfürsten.

Umso gefährlicher wird es, wenn Politiker die Machtmittel des Papstes imitieren. Die genialen Fähigkeiten Johannes Pauls II., die Massenmedien zu nutzen, sind ein Lehrstück für alle Populisten.

Ein Antidemokrat muss sich nicht despotisch geben, er könnte seine Herrschaft so menschenfreundlich und sympathisch inszenieren wie der Papst. Ausstrahlung, Glaubwürdigkeit, Integrität, Aura und Regie sind nicht an Demokratie gebunden.

Das ist das Grundproblem demokratischer Führung. Ein Mangel an vernünftigem Management, ein fehlender Ausgleich zwischen objektiven Interessen, Widersprüche und unlösbare Probleme lassen sich nicht mit Autorität und Charisma überspielen. Die spirituellen Bedürfnisse des Volkes sind von Demokraten nicht zu bedienen. Demokratie ist eine Sache der Vernunft. Wo Vernunft an Grenzen stößt, tut es auch die Demokratie.

Solange sich die instinkthafte Neigung zur Unterwerfung unter ein scheinbar höheres Gesetz nur im Kult um einen Papst manifestiert, besteht keine Gefahr. Aber wer mag garantieren, dass die an der Zeit und ihren Widrigkeiten irre werdenden Bürger nicht bereit sein werden, die Demokratie einem diffusen politischen Glauben zu opfern?

Der Moses-Komplex

Moses-Komplex? So wie der biblische Methusalem kein Komplott angezettelt hat, so hatte das Volk der Israeliten keinen Moses-Komplex. Die biblische Metapher eignet sich aber vorzüglich zur Beschreibung eines Problems unserer Zeit.

Moses war kein Demokrat. Er wurde nicht gewählt, sondern erwählt. So gut wie alle Diktatoren dieser Welt fühlen sich erwählt, von Gott, von der Geschichte, von wem auch immer. Moses verfügte über keine Polizei, kein Militär und keinen Geheimdienst. Er putschte sich nicht an die Macht, sondern verstand es mit der Kraft seiner Vision, zum unangefochtenen Führer der Israeliten aufzusteigen. Er begann seine Politikerkarriere als Sprecher einer unterdrückten Minderheit.

Eine tolerante, kluge Integrationspolitik Ägyptens hätte das

Problem der hebräischen Minderheit besser gelöst. Zwar tolerierten die Ägypter die Religion der Hebräer, aber nachdem die Parallelgesellschaft der Israeliten gut vierhundert Jahre lang einigermaßen funktioniert hatte, wurden die Ägypter von der Angst vor Überfremdung gepackt und nahmen den Israeliten ihre Bürgerrechte. Falsche Ausländerpolitik kann noch Jahrtausende später verheerende Folgen haben – im Nahen Osten ist es zu besichtigen.

Doch erst einmal mussten die sieben biblischen Plagen Ägypten heimsuchen, ehe die Hebräer sich auf den Weg machten, geführt von Moses, der nicht mehr der Jüngste war: Er wurde im zarten Alter von achtzig Jahren Berufspolitiker und starb mit einhundertzwanzig Jahren – das Sinnbild eines politischen Führers schlechthin. Wäre er den Wünschen seines Volkes gefolgt, wäre er gar nicht aufgebrochen und hätte besser mit dem Pharao verhandelt. Es wäre womöglich die vernünftigere Politik gewesen. Es gibt durchaus Fälle, in denen das Volk klüger ist als seine Führer, aber das ist eher die Ausnahme. Moses jedenfalls glaubte an seinen Auftrag. Es ging ihm nicht um die Macht. Er war kein Populist.

Sein drei Jahre älterer Bruder Aaron, gewissermaßen der zweite Mann des Regimes, ist dagegen das Urbild des Populisten. Als sein Bruder und Regierungschef vom Verfassungskonvent mit Jahwe auf dem Gipfel des Sinai nicht schnell genug zurückkam, verlangte das Volk von Aaron »Komm mach uns Götter, die uns vorangehen«.

Der Populist Aaron kapierte sofort, ließ das Goldene Kalb gießen und ein gewaltiges Fest feiern. Das Volk bekam, was es wollte, aber offenbar nicht richtig mit, dass Aaron das viele Gold zuvor aus den Privatschatullen seiner Wähler genommen hatte. Auch heute noch werden Steuermittel zur Herstellung Goldener Kälber verwendet. Hinterher schob Aaron wie alle Politiker die Schuld von sich. »Du weißt doch, wie böse das Volk ist«, verteidigte er sich gegenüber seinem Bruder. So sind sie, die Populisten.

Das Volk verhält sich seinerseits wie der Populist. Erst folgt es seinem Führer blind, streitet nicht für bessere Ideen und setzt sich auch nicht gegen falsche Politik ausreichend zur Wehr. Aber wenn der Führer es in die Irre geleitet hat, gibt ihm das Volk ganz allein die Schuld.

Durch dick und dünn folgten die Hebräer Moses durch das Meer, in die Wüste. Tausendfache Entbehrungen nahmen sie in Kauf, Hunger und Durst, Hitze und Kälte. Sie murrten zwar, aber sie folgten. Nur im Murren sind die Geführten groß. »Gab es denn keine Gräber in Ägypten, dass du uns zum Sterben in die Wüste holst? Was hast du uns angetan? Warum hast du uns aus Ägypten herausgeführt? Haben wir dir in Ägypten nicht gleich gesagt: Lass uns in Ruhe!« (Exodus 14, 11–12) Immer wieder jammerte das Volk. »Wären wir doch in Ägypten durch die Hand des Herrn gestorben, als wir an den Fleischtöpfen saßen und Brot genug zu essen hatten.« (Exodus 16, 2) Aber es folgte Moses weiter.

»Die Leute mussten vor Mose von Morgen bis zum Abend anstehen« (Exodus 18, 13), damit der Recht sprechen konnte. Die Verwaltung des Moses war offenbar lausig. Allein sein Schwiegervater Jitro wagte ihm zu sagen: »Es ist nicht richtig, wie du das machst … Sieh dich im ganzen Volk nach tüchtigen und zuverlässigen Männern um, die Bestechung ablehnen … Entlaste dich und lass auch andere Verantwortung tragen.« (Exodus 18, 21–22)

Der Führer Moses überzeugte sein Volk immer wieder mit der Behauptung, es sei das erwählte Volk.

Führer vom Schlage eines Moses haben einiges gemeinsam.

Erstens: eine Vision. Sie versprechen ihrem Volk eine glänzende Zukunft, ein Land, in dem Milch und Honig fließen.

Zweitens: Erfahrene Führer behaupten, mit einer höheren

Macht im Bunde zu stehen, sei es ein eifersüchtiger und parteiischer Gott, sei es die Natur oder sei es die Geschichte. Das ist letztlich nur eine Frage der Rhetorik.

Drittens: Große Führer können scheinbar Wunder wirken. Damit überzeugte Moses erst den Pharao (er ließ Plagen kommen), dann sein Volk.

Viertens: Große Führer regeln alles, sogar den Alltag. Sie nehmen ihrem Volk alle Freiheit. Denn Freiheit ermuntert zu eigenen Gedanken – und die fürchtet ein Führer wie den Teufel. Moses erließ nicht nur zehn Gebote, sondern seitenweise Vorschriften darüber, an welchen Tagen man was zu tun und zu lassen, wie genau man welche Speisen zuzubereiten und zu genießen habe. Das Alltagsleben wurde zur Zwangsjacke. Der Staat oder die Religion manipulieren die Menschen total. Und der Staat oder die Religion werden zur totalitären Macht.

Fünftens: Führung dieser Art kommt ohne Kontrolle und Zwang nicht aus. Auch das verträgt sich nicht mit Freiheit.

Der Moses der Bibel konnte alles auf einen rachsüchtigen, nachtragenden und pedantischen Gott schieben. Es kann aber auch eine abstrakte Idee zur Grundlage einer Despotie werden, zum Beispiel die Vorstellung von der totalen Autorität des Staates. Preußens Staatsphilosoph Hegel entwickelte diesen Gedanken, weder Marx noch Hitler wären ohne ihn möglich gewesen.

Marx war zwar selbst kein politischer Führer, sondern allenfalls ein geistiger Anreger, aber in seinem Namen führten dann andere. Selbst ein so lächerlicher, ungebildeter Spießer wie Erich Honecker wurde im Namen der Marxschen Ideologie akzeptiert. Sie verhieß die Utopie eines klassenlosen Paradieses auf Erden. An Stelle eines Gottes galt die Geschichte als unbesiegbare, höhere Macht. Für Wunder hatte die Propaganda zu sorgen. Das Volk murrte, folgte aber wie einst die Hebräer in der Wüste.

Das Murren, nur das Murren ist in Deutschland noch immer so gewaltig, als gäbe es einen großen Führer. Das Murren und das Geführt-werden-Wollen stehen offenbar in einem engen Zusammenhang. Und umgekehrt: Je mehr sich das Volk in die Verantwortung nehmen lässt, desto weniger Grund zu murren hat es. Es sei denn, es murrte über sich selbst.

Wie gesagt, Moses war kein demokratischer Führer. Aber im Murren müssen sich die Deutschen der Jetztzeit hinter den Hebräern des Alten Testaments nicht verstecken. Lieber maulen als anpacken. Die Regierung soll gefälligst Manna regnen und Wasser aus Felsen springen lassen und die Wogen der Weltmeere so teilen, dass das Volk trockenen Fußes den globalen Gefahren entkommt. Jemand soll gefälligst Wunder wirken! Und wenn dieses Wunder ein klein wenig beschränkter ausfallen sollte als erträumt (Manna statt Gänsebraten, Wasser statt Wein), geht es mit dem Murren erst richtig los. Populisten wie Aaron machen den Fehler, Wunder auch noch zu versprechen.

Wenn es also kein schlechter Scherz wäre: Die Deutschen sind wahre Hebräer. Wären sie bessere Demokraten, würden sie nicht länger das Gelobte Land zurückfordern, aus dem sie aufgebrochen sind. Denn die alte Bonner Bundesrepublik war einmal ein Land, in dem Milch und Honig flossen.

Die Deutschen glauben, man habe sie aus dem Gelobten Land vertrieben. Das Manna der Sozialkassen ist ihnen zu trocken und eintönig, auch wenn es wie in der Bibel nach Wachteln und Koriander schmeckt. Das gelobte Kanaan: das war der rheinische Kapitalismus, der Sozialstaat.

Mit weniger als einem Gelobten Land geben sich die Deutschen nicht mehr zufrieden. Man hat es ihnen versprochen.

Sie pochen auf den alten Bund. Aber der Bundeskanzler heißt nicht Moses. Sondern Schröder oder Merkel.

Nun also haben die Aarons der Republik wieder ihre Chance, die Populisten. Sie lassen Goldene Kälber aufstellen. Die sind schon lange das Wappentier der Deutschen. Gegossen von Steuern und Abgaben aus den geplünderten Taschen des kleinen Mannes. Nur mit der Rückkehr ins Gelobte Land will es nicht klappen.

Obwohl die Deutschen von Führern jeglicher Weltanschauung die Nase gründlich voll haben, haben sie einen Moses-Komplex behalten. Sie hätten gern demokratische Leitbilder, die ihnen das Denken und die Risiken des Lebens abnehmen. Das ist ein sicheres Zeichen der Orientierungslosigkeit und des mangelnden Vertrauens in die Demokratie. Wo der Moses-Komplex grassiert, ist die Demokratie nicht im besten Zustand.

In einer gut funktionierenden Demokratie weiß das Volk, was es will. Das setzt voraus, dass es gemeinsame Ziele hat. In keiner anderen Staatsform kommt es so sehr auf Engagement, Informiertheit, politische Bildung, Augenmaß und Vernunft des Volkes an wie in der Demokratie. Deshalb ist die Demokratieverdrossenheit der Deutschen auch Selbstverdrossenheit. Aber lieber machen sie die Politiker für ihre eigenen Schwächen verantwortlich. Dabei ist das Versagen der Politiker doch größtenteils nur ein Spiegel ihres eigenen Versagens.

So rückt das Gelobte Land, von dem die Deutschen träumen, in immer weitere Ferne. Die Politiker sind unfähig und machtversessen, murrt das Volk. Aber es ist weit und breit kein Moses in Sicht. Gott sei Dank! Von Propheten sollten die Deutschen grundsätzlich genug haben. Es wären, wie immer, falsche Propheten.

Niemand weiß, was für ein Goldenes Kalb die Deutschen bauen, falls die Krise sich weiter verschärft. Sie müssen ihren

Moses-Komplex überwinden. Sie müssen lernen, dass Demokratie etwas unendlich Wertvolleres ist als nur eine Wohlstandsmaschine.

Was sich ändern muss

Das Land befindet sich im Wahlkampftaumel. Für die Wahrheit ist das nicht die beste Zeit. Stimmungen werden erzeugt und angeheizt und es ist verdammt schwer, sich ihnen zu entziehen, denn man kann dem Trommelfeuer der Parolen nicht entgehen.

Dennoch ist diesmal vieles anders als bei den vergangenen zehn Bundestagswahlen. Es ist kein gewöhnlicher Taumel. Die Parteien behaupten, diesmal gehe es um das Kräftemessen zweier Lager. Das sagen sie fast immer. Diesmal haben sie Recht. Aber auf andere Art, als sie denken.

Von zwei weltanschaulichen Lagern kann nach wie vor nicht die Rede sein. Es geht auch nicht nur um das Wohl und Wehe der Parteien – ob die SPD zusammenhält, ob die Grünen doch nur eine vorübergehende Erscheinung waren. Diesmal geht es tatsächlich um Wohl und Wehe des ganzen Landes.

Das Vorziehen der Wahl um ein Jahr ist von fast allen Beobachtern und fast allen Parteien (die Grünen sehen es größtenteils anders) als eine Tat der Befreiung gefeiert worden. Als Befreiung von der gegenseitigen Blockade, Befreiung von der endlosen Folge schlechter Wirtschaftsdaten. Alle Bemühungen um Besserung der Lage waren erfolglos. Also geht der Auftrag zurück ans Volk: Dann wählt mal schön!

Und alles wird gut!?

Schröder, der jetzt Wahlen will und damit selbst das fast sichere Ende seiner Amtszeit programmiert, hält sich nicht für gescheitert. Er glaubt, die richtige, zukunftsfähige Politik zu machen. Mit neuer Legitimation durch den Wähler sei die nötige Kraft dafür zu gewinnen.

Er hätte, sähe er die dramatische Lage dieses Landes ein, den Koalitionspartner wechseln und sich mit der Union zur Großen Koalition zusammenschließen können, wenn nötig unter einem anderen Kanzler. Aber auch eine Große Koalition brächte vermutlich nur die Fortsetzung der lähmenden Gegenwart mit anderen Mitteln. Denn die großen Volksparteien blockieren sich selbst. Es ist nur ein beliebter Gedanke, ein Parlament ohne starke Opposition schaffe eine starke Regierung. Die absolute Mehrheit ist nicht gleichbedeutend mit einem klaren Konzept. Große Koalitionen sind überhaupt keine sehr demokratische Lösung.

Die Wahl ist diesmal so überaus wichtig, weil sie die letzte, die wirklich letzte Chance ist, die Demokratieverdrossenheit zu stoppen, den Wählern Vertrauen in die Politik und das politische System zurückzugeben. Sollte dieser Versuch erneut scheitern, sollte sich erweisen, dass auch diese Wahl sinnlos gewesen ist – dann allerdings steht die Demokratie in Deutschland selbst vor der Zerreißprobe. Dann wird der Vertrauensverlust so groß sein, dass die Parteien am rechten und linken Rand erstarken. Dann werden SPD und Union ihre Rolle als Volksparteien erst einmal ausgespielt haben. Dann ist der Weg frei für Populisten, die sich der Demokratie nur noch formal bedienen. Dann entstehen tatsächlich vorrevolutionäre Verhältnisse.

Dann wählt mal schön!

Aber was?

Zunächst einmal: Nur ein Wechsel der Regierungsverantwortung kann die fast unerträglich hohen Hoffnungen und Erwartungen an diese Wahl erfüllen. Genauer: Ein Wechsel wäre die Voraussetzung für den Neuanfang – aber noch nicht der Neuanfang selbst.

1998, als die Kanzlerschaft Helmut Kohls zu Ende ging, war die Stimmung im Lande: Sechzehn Jahre Kohl sind genug! Kohl wurde abgewählt – nicht etwa Rot-Grün herbeigesehnt.

Die Bürger sagen jetzt zwar: Sieben Jahre Schröder sind genug, und auch Angela Merkel wird gewiss nicht herbeigesehnt. Aber diesmal spüren die Wähler: Mehr als zwei Jahrzehnte falscher Politik und schleichenden Verfalls der demokratischen Substanz sind genug. Jetzt sollten nicht nur Parteien ausgewechselt, sondern die ganze politische Kultur muss erneuert werden. Was von Angela Merkel und ihrer Koalition erwartet wird, ist deshalb nach menschlichem Ermessen kaum zu leisten.

Es ist zu befürchten, dass die Politik der künftigen Regierung sich nicht fundamental von Schröders Politik unterscheiden wird. Sie wird entschlossener sein und in den ersten beiden Jahren mit dem Rückenwind einer großen Mehrheit im Bundesrat rechnen dürfen. Aber an der schadhaften Mechanik der deutschen Demokratie wird sich nicht viel ändern, ändern wollen und ändern können.

Das Umverteilungsspiel wird weitergehen. Rechte Tasche – linke Tasche. Die Staatsquote wird deshalb nicht deutlich, wenn überhaupt sinken, die Steuern insgesamt eher steigen. Die Staatsverschuldung wird allenfalls leicht zurückgehen – ohne ein Gefühl der Befreiung zu hinterlassen. Auch die künftige Regierung wird Bildung nicht als Fundament der Demokratie begreifen und neu denken, sondern wie gehabt ein bisschen Schul- und Hochschulpolitik betreiben. Einen auf Wettbewerb zwischen den Regionen setzenden Föderalismus wird es auch nach einer halbgaren, kompromisslerischen Föderalismusreform nicht geben. Merkel wird den Osten weiter in finanzielle Watte packen. Die Massenarbeitslosigkeit wird das Problem Nummer eins bleiben. Denn von der Lebenslüge der Republik – Wachstum schaffe Arbeitsplätze und Wohlstand für alle – kann sich auch die künftige Regierung nicht lösen. Sie wird auch nicht die Rolle des Nationalstaats in der globalisierten Welt überdenken, sondern eher die patriotischen Schotten dichtmachen. Und auch für das Zukunftsprojekt der Einheit sieht es finster aus.

Welche Regierung auch immer ans Ruder kommt, wie soll sie ankommen gegen die eingefleischte Mentalität der Deutschen aus Staatshörigkeit und romantischen Illusionen? Die alten Mentalitäten stecken doch in den Regierungsparteien selbst.

Eine zweite Chance aber wird Frau Merkel nicht bekommen. Die eine, einzige Chance aber bekommt sie wahrscheinlich, auch wenn es ihr wohl die meisten Deutschen nicht wirklich zutrauen.

Dann wählt mal schön!

Aber wozu? Norbert Bolz meint sarkastisch, es sei wahrscheinlicher, auf dem Weg zur Wahlurne zu verunglücken, als dass die eigene Stimme wahlentscheidend sei. Das ist rein mathematisch in der Regel richtig, aber eben nur mathematisch. Nicht selten sind es dann doch nur wenige Stimmen, die eine Wahl entscheiden.

Ob die Parteien sich durch die zunehmende Wahlverweigerung aufrütteln lassen? Ob die Nichtwähler (es gibt sogar eine »Partei der Nichtwähler«, aber sie ist ein Paradox) also der Demokratie sogar einen Gefallen tun? So wie die meisten Politiker gestrickt sind, zweifeln sie keinen Augenblick an der Legitimität ihrer Herrschaft, auch wenn die Wahlbeteiligung weiter kontinuierlich abnimmt.

Nichtwähler sind nicht von vornherein »unpolitischer« oder desinteressierter als Wähler. Sie tun, was sie nicht tun, vielleicht bewusster und reflektierter als andere, die ihre Stimme aus reiner Gewohnheit einer bestimmten Partei geben oder »dem kleineren Übel«. Übel bleibt Übel.

Zu wünschen wäre allerdings, wenn die vielen Millionen Nichtwähler, die es nicht aus Desinteresse an der Politik geworden sind, sondern eher aus Verzweiflung, nicht einfach nur wegblieben, sondern zur Wahl gingen und ihre Stimmzettel ungültig machten. Diesen Protest könnte die politische Kaste nicht einfach beiseite wischen.

Alle sehen jetzt gerne zu, ob die neue Regierung auch wirklich neue Politik macht oder sich auch nur an den Verhältnissen abarbeitet. Klar ist aber auch, dass es ohne tiefe Veränderung auch der politischen Institutionen und der Spielregeln der Politik nicht weitergehen kann. Womit wären die Bürger zu überzeugen? Mit welchem Treibstoff ließe sich der leere Tank der deutschen Demokratie wieder füllen?

Die Reform müsste auch die Institutionen des Staates erfassen, die politische Klasse selbst und die lähmende Mentalität der Gesellschaft. Niemand glaubt an Wunder. Aber wenigstens beschreiben lässt sich, was geschehen müsste. Die Rezepte liegen ausnahmslos und seit langem auf dem Tisch.

Am wichtigsten ist: Deutschland braucht zu jeder Zeit klare Gestaltungsmehrheiten. Die gescheiterte Föderalismusreform muss das erste große Reformprojekt sein. Sie kostet nicht einmal Geld. Wir brauchen einen Bund, der von den Ländern nicht am Regieren gehindert wird. Deshalb müssen Aufgaben und Kompetenzen von Bund und Ländern klar voneinander getrennt werden. Die Länder sollten die Steuern, die sie ausgeben, auch selbst erheben können. Ziel ist mehr Wettbewerb auch zwischen den Ländern um die besten Lebensbedingungen. Aus Solidarität wurde Lähmung.

Demokratie ist Herrschaft auf Zeit. Die Herrschaft muss möglich sein – aber ihre Zeit begrenzt. Gegen das Suchtverhalten der Berufspolitiker hilft nur Entzug. Kein Regierungsamt sollte einem Politiker länger als zwei Legislaturperioden überlassen werden. Insbesondere gilt dies für den Kanzler und die Ministerpräsidenten. Man stelle sich vor, Bush wäre ein weiteres Mal wählbar! Die schweren Schäden des sechzehnjährigen Kohlschen Regiments haben auch noch die rotgrüne Regierung überdauert. Sie sind Wackersteine an den Füßen der Republik.

Diese Regelung wäre auch die beste Antwort auf das Elend des Berufspolitikertums. Die politische Kaste braucht dringend frische Kräfte aus anderen gesellschaftlichen Eliten. Die sind nur zu gewinnen, wenn politische Ämter ohne Ochsentour erreichbar sind, wenn Politik keine lebenslange Erwerbstätigkeit ist, wenn der Wechsel zum Prinzip wird. Der Einwand, erworbenes Fachwissen zahle sich erst nach langjähriger Erfahrung aus, trügt. Berufspolitiker sind Beamten und Experten genauso ausgeliefert wie Amateure. Die Lebenserfahrung muss zählen, nicht die Seilschaft. Und nur, wenn es weniger Berufspolitiker gäbe, wenn die Parteien nicht Jobagenturen für Funktionäre wären, könnte der Machtmissbrauch, könnte die Lähmung des Landes durch Ämterpatronage gelindert werden. Dies ist am schwersten zu ändern.

Die Betonfraktion sitzt in allen Parteien. Und solange die deutsche Konsensgesellschaft das Maß allen Handelns ist, wird der über Generationen eingeübte kollektive Wahn das Land weiter ruinieren. In Deutschland wurde niemals die Verschiedenheit der Menschen hinreichend akzeptiert. Stattdessen wuchsen die Umverteilungs- und Entmündigungsbürokratien. Vom preußischen Obrigkeitsstaat über den Nationalsozialismus bis zum real existierenden Sozialismus haben viele Regime den Glauben an die Allmacht des Staates und seine auch moralische Autorität in den Köpfen verankert. Deshalb sind Reformen in Deutschland ein größeres Problem als in den meisten anderen Ländern der Welt. Diese Mentalität zu ändern überfordert jede Regierung.

Dann wählt mal schön, aber wundert euch hinterher nicht. So wie die Lage ist, sind alle Parteien und Kandidaten hoffnungslos überfordert. Und: Eine »echte Wahl« zwischen wirklichen Alternativen ist es nicht. Denn es stehen sich Politiker gegenüber, die kaum unterscheidbare Konzepte vorlegen – auch wenn sie es im Wahlkampf behaupten. Im Streit um die wahren Alternativen blockieren sich die großen Partein selbst. Die Lebenslüge der Republik tasten weder Merkel noch Schröder an.

Dann wählt mal schön, aber erwartet keinen Kanzler/in, der Deutschland in ein gelobtes Land verwandelt. Das Elend des Populismus lässt sich nur dadurch beenden, dass das Wahlvolk kritischer wird.

Dann wählt mal schön, aber macht nicht die Politik für das verantwortlich, was ihr nicht begreifen könnt. Es gibt keine Reform ohne Verlierer. Es gibt kein Gemeinwohl und keine absolute Wahrheit.

Dann wählt mal schön, aber hofft nicht auf bessere Parteien, selbstlosere Politiker, lebendigere Parlamente. Es gibt sie so wenig wie ehrlichere Journalisten, objektivere Experten oder aufklärendere Talkshows.

Dann wählt mal schön, aber glaubt nicht an die Macht, glaubt nicht an den Markt, glaubt nicht an den Staat. Glaubt, wenn ihr denn unbedingt an etwas glauben wollt, an euch selbst. Dann ist die Enttäuschung am Ende nicht so groß.

Dann wählt mal schön und verliert trotzdem nicht das Vertrauen in die Demokratie. Sie kann nichts dafür. Wir selbst sind es, die sie ruinieren.

QUELLENVERZEICHNIS

EINS Von Politikverdrossenheit zu Demokratieverdrossenheit

1 *Die Welt*, 30. 5. 2005
2 ebd.
3 ebd.
4 Dahrendorf, Ralf, *Die Krisen der Demokratie,* München 2002, S. 7
5 ebd., S. 8
6 Heinrichs, Johannes, *Revolution der Demokratie,* Berlin 2003, S. 11
7 Scheer, Hermann, *Politiker,* München 2003, S. 9
8 Dahrendorf, a. a. O., S. 11
9 *Die Zeit*, 4. 5. 2005
10 Nolte, Paul, *Generation Reform,* München 2004, S. 70 f.
11 *Spiegel*, 28. 2. 2005
12 Nolte, a. a. O., S. 26
13 Aly, Götz, *Hitlers Volksstaat,* Frankfurt 2005
14 Nolte, a. a. O., S. 146
15 *FAZ*, 19. 11. 2002
16 Tellkamp, Uwe, *Der Eisvogel*, Berlin 2005, S. 104
17 ebd., S. 108
18 ebd., S. 113
19 ebd., S. 150

20 ebd., S. 147
21 Umfrage Prof. Elmar Brähler, *Spiegel*, Nr. 5, 31. 1. 2005
22 Tellkamp, a. a. O., S. 151
23 ebd., S. 166
24 ebd., S. 142
25 Laut der Show »Unsere Besten« im ZDF
26 Tellkamp, a. a. O., S. 112
27 ebd., S. 111
28 *Tagesspiegel*, 27. 5. 2005
29 Heitmeyer, *Die Zeit*, 2. 12. 2004
30 Heitmeyer, ebd.
31 *Spiegel*, Nr. 5, 31. 1. 2005
32 *Süddeutsche Zeitung*, 1. 2. 2005
33 ebd.
34 *Die Welt*, 9. 2. 2005
35 Tellkamp, a. a. O., S. 151
36 Dahrendorf, a. a. O., S. 92
37 ebd., S. 93
38 *Spiegel*, 16/2005
39 *Spiegel*, 16/2005
40 *Frankfurter Rundschau*, 26. 2. 2005
41 *Süddeutsche Zeitung*, 3. 2. 2005
42 ebd.
43 Dahrendorf, a. a. O., S. 92
44 Heitmeyer, a. a. O.
45 *Frankfurter Allgemeine Zeitung*, 1. 3. 2005
46 *Spiegel*, 49/2004
47 Scheer, a. a. O., S. 11
48 Bolz, Norbert, *Blindflug mit Zuschauer*, München 2005, S. 69

ZWEI Die Reihen fest geschlossen

1 Bolz, a. a. O., S. 37, »Der George-Kreis«
2 Bolz, a. a. O., S. 72
3 Kielmannsegg, Peter Graf von, »Institution oder Tugenden – Was macht Deutschland zukunftsfähig?« In: Herbert-Quandt-Stiftung (Hg.), *Mut zur Führung – Zumutungen der Freiheit. Sinclair-Haus-Gespräche*, Bd. 23, Bad Homburg 2005, S. 12
4 *Süddeutsche Zeitung*, 1. 6. 2005
5 Heininger, Yvonne; Straubhaar, Thomas et al., *Ökonomik der Reform*, Zürich, 2004, S. 59

6 Sir Roger Douglas, »Podiumsgespräch«, In: Herbert-Quandt-Stiftung (Hg.), a. a. O., S. 26
7 Kepplinger, Hans Mathias und Maurer, Marcus, *Abschied vom rationalen Wähler,* München 2005, S. 188
8 ebd., S. 189
9 Scheer, a. a. O., S. 83
10 Heinrichs, a. a. O., S. 41
11 Scheer, a. a. O., S. 38
12 Scheer, ebd., S. 13
13 *Spiegel,* 16/2005
14 *Rheinischer Merkur,* Nr. 49, 2004
15 Scheer, a. a. O., S. 81
16 *FAZ*-Sonntagszeitung, 20. 2. 2005
17 *Stern,* 50/2004
18 *Die Zeit,* 21. 4. 2005
19 Bolz, a. a. O., S. 55
20 *Die Welt,* 17. 1. 2005

DREI Die Entwertung der Politik

1 *Spiegel,* 16/2005
2 Dahrendorf, a. a. O., S. 71/73
3 Scheer, a. a. O., S. 89
4 ebd.
5 Scheer, a. a. O., S. 158
6 Joachim Käppner, *Süddeutsche Zeitung,* 2. 5. 2005
7 Bolz, a. a. O., S. 79
8 *Süddeutsche Zeitung,* 4./5. 5. 2005
9 *Süddeutsche Zeitung,* 23./24. 8. 2003
10 Bolz, a. a. O., S. 82
11 *Süddeutsche Zeitung,* 30. 5. 2005
12 Dahrendorf, a. a. O., S. 68
13 *Spiegel,* 19/2005
14 Soros, George, *Die offene Gesellschaft. Für eine Reform des globalen Kapitalismus,* Berlin 2001, S. 11
15 ebd., S. 12
16 Popper, Karl, *Die offene Gesellschaft und ihre Feinde,* Tübingen 2003, S. 26
17 Politbarometer April II, 2005
18 *Spiegel,* 16/2005
19 *Stern,* 23. 9. 2004

20 Heinrichs, a. a. O., S. 170
21 Scheer, a. a. O., S. 171
22 Weber, Max, *Politik als Beruf,* München 1964, S. 18
23 ebd., S. 9
24 ebd., S. 52
25 ebd., S. 53

VIER Das Elend des Populismus

1 *L'Espresso*, nachgedruckt in *Cicero*, 5/2005
2 Dahrendorf, a. a. O., S. 91
3 Bolz, a. a. O., S. 76
4 Dahrendorf, a. a. O., S. 90
5 Kepplinger, *Rheinischer Merkur,* 48/2004
6 *Message,* Nr. 1, 17. 1. 2005
7 zitiert nach Bolz, a. a. O., S. 19
8 Herles, Wolfgang, *Machtspiele,* München 1999
9 Bolz, a. a. O., S. 70
10 *Spiegel,* 3. 1. 2005
11 *Süddeutsche Zeitung,* 28. 12. 2004
12 Ulrich Schäfer, *Süddeutsche Zeitung,* 3. 2. 2005
13 *FAZ,* 26. 1. 2005
14 *Süddeutsche Zeitung,* 18. 3. 2005
15 Bolz, a. a. O., S. 74
16 Gustav Seibt, *Süddeutsche Zeitung,* 5. 1. 2005
17 *Süddeutsche Zeitung,* 7. 1. 2005
18 Bolz, a. a. O., S. 74
19 Hartmut Kühne, *Rheinischer Merkur,* 25. 11. 2004

FÜNF Kleines Panoptikum der Populisten

1 *Spiegel,* 48/2004
2 *Spiegel,* 10/2005
3 *Bild am Sonntag,* 17. 4. 2005
4 Nikolaus Piper, *Süddeutsche Zeitung,* 25. 4. 2005
5 ebd.
6 *Münchener Abendzeitung,* 25. 5. 2005
7 *Die Welt,* 30. 5. 2005
8 *FAZ,* 21. 11. 2004
9 *Die Zeit,* 9. 12. 2004

10 *Spiegel*, Nr. 8/2005
11 *Superillu*, 30. 5. 2005
12 Franz Walter, *Süddeutsche Zeitung*, 12. 8. 2004
13 Bernd Ulrich, *Die Zeit*, 16. 12. 2004
14 *Die Welt*, 5. 11. 2004
15 ebd.
16 Roger de Weck, »Podiumsgespräch«, in: Herbert-Quandt-Stiftung (Hg.), a. a. O., S. 24
17 *Spiegel*, 21. 2. 2005
18 ebd.

SECHS Politik im Glashaus

1 Bolz, a. a. O., S. 81
2 *Spiegel*, 3/2005
3 *Süddeutsche Zeitung*, 28. 1. 2005
4 *Die Welt*, 14. 1. 2005
5 Hans Leyendecker, *Süddeutsche Zeitung*, 5./6. 1. 2005
6 *Spiegel*, 37/2005
7 Dahrendorf, a. a. O., S. 88
8 Arnim, Hans Herbert von, *Korruption*, München 2003, S. 21
9 ebd., S. 23
10 Dahrendorf, a. a. O., S. 87
11 Leinemann, Jürgen, *Höhenrausch*, München 2004
12 Leyendecker, Hans, *Die Korruptionsfalle*, Reinbek 2003, S. 180
13 Arnim, a. a. O., S. 63 f.

SIEBEN Das Versagen der Gesellschaft

1 Fuld, Werner, *Die Bildungslüge*, Berlin 2004, S. 33
2 ebd., S. 134
3 Kepplinger, a. a. O.
4 Fuld, a. a. O., S. 7
5 ebd., S. 61
6 *Stern*, 23. 9. 2004
7 ebd.
8 ebd.
9 Fuld, a. a. O., S. 83
10 ebd., S. 26
11 Dahrendorf, a. a. O., S. 23

12 Weiss, Hans und Schmiederer, Ernst, *Asoziale Marktwirtschaft*, Köln 2004, S. 13
13 ebd., S. 9
14 Galbraith, John Kenneth, *Die Ökonomie des unschuldigen Betrugs*, München 2005, S. 28
15 ebd., S. 30
16 ebd., S. 37
17 ebd., S. 38
18 ebd., S. 58
19 ebd., S. 61
20 ebd., S. 62
21 ebd., S. 95
22 ebd., S. 76
23 ebd., S. 78
24 ebd., S. 108
25 Soros, a. a. O., S. 10
26 Dahrendorf, a. a. O., S. 21
27 ebd., S. 22
28 Londoner Institut für Unternehmensethik, *FAZ*, 24. 1. 2005
29 Riedel, Jens, »Marktwirtschaft ohne Vertrauen?« In: Strategieinstitut der Boston Consulting Group (Hg.), *Die Marktwirtschaft im Zeitalter kultureller Herausforderungen*, Konferenzprotokoll, Berlin 2004, S. 73
30 ebd., S. 74
31 Ghyczy, Tiha von, Boston Boston Consulting Group (Hg.), a. a. O., S. 17
32 *SZ-Magazin*, 11. 3. 2005, siehe auch: Strasser, Johanno, *Kopf oder Zahl*, Frankfurt/M. 2005
33 ebd.

ACHT Der Moseskomplex

1 Infratest für ARD am 7. 4. 2005

PIPER

Wolfgang Herles
Wir sind kein Volk

Eine Polemik. 240 Seiten. Serie Piper

»Deutschland – einig Vaterland« war immer schon eine Fiktion der Idealisten, eine Wunschvorstellung, die es in Wirklichkeit nie gegeben hat. Tatsächlich hat gerade die hart erkämpfte deutsche Einheit 1990 das Land nur noch tiefer gespalten: in Ost und West, in Arm und Reich, in Profiteure und Zahler. Die »blühenden Landschaften in Ostdeutschland« sind ferner denn je, die gesamtdeutsche Wirtschaft wird durch die falsch konzipierte Vereinigung gelähmt: Statt der versprochenen Zuwachsraten gibt es Stillstand, ja sogar Rückschritt. Das gesamtdeutsche Nationalgefühl ist ein Relikt aus der historischen Mottenkiste und nicht wieder zu beleben. Weiterhin gibt es zwei Gesellschaften, eine ost- und eine westdeutsche. Schon jetzt ist absehbar: Die »Wiedervereinigung« wird Deutschland länger belasten, als die DDR existiert hat.

01/1486/01/L

PIPER

Stefan Aust, Claus Richter,
Gabor Steingart
Unter der Mitarbeit von Matthias Ziemann
Der Fall Deutschland
Abstieg eines Superstars

288 Seiten. Gebunden

Selten hat ein politisches Buch eine solche Wirkung bewiesen wie Gabor Steingarts Bestseller »Deutschland – Der Abstieg eines Superstars«. Diese Analyse ist jetzt Basis einer großen Dokumentation im ZDF, die die Frage stellt: Ist Deutschland so schlecht? Oder hat sich die Lage geändert? In 20 Interviews sondieren die Autoren, wie Deutschland in diese Schräglage gekommen ist, spüren Fehler auf und zeigen Irrwege auf. Politisch handelnde Zeitzeugen wie Helmut Schmidt und Otto Graf Lambsdorff nehmen Stellung, wirtschaftlich Verantwortliche wie Hilmar Kopper und Heinz Dürr verbinden ihre Erfahrungen mit einer schonungslosen Analyse der aktuellen Lage. Selten hat es eine derartige Versammlung von politischem und wirtschaftlichem Sachverstand in einem Buch gegeben: so etwa Klaus von Dohnanyi, Edzard Reuter, Franz Steinkühler, Kurt Biedenkopf, Meinhard Miegel, Bert Rürup, Richard von Weizsäcker, Theo Waigel, Karl-Otto Pöhl und Wolfgang Schäuble.

01/1485/01/R

PIPER

Ayaan Hirsi Ali
Ich klage an

Plädoyer für die Befreiung der muslimischen Frauen.
224 Seiten. Klappenbroschur

Nach dem Attentat auf ihren Mitautor Theo van Gogh mußte Ayaan Hirsi Ali untertauchen. In ihrem Versteck schrieb sie den letzten Beitrag zu diesem Buch. Schon 2002 hatte sie gesagt: Wenn ich weitermache – und ich werde weitermachen –, muß ich auf harte Schläge gefaßt sein. Momentan stürzen sich alle Medien auf mich: eine schwarze Frau, die den Islam kritisiert. Aber der Tag wird kommen, an dem es wieder Raum gibt für die Sache, um die es geht: die abhängigen Frauen und die Tatsache, daß die Integration hauptsächlich wegen der frauenfeindlichen Kultur und Religion des Islam gescheitert ist.
Ob es das Drehbuch zu dem aufsehenerregenden Film »Submission« ist, ihre eigene Lebensgeschichte oder Ayaan Hirsi Alis Analyse des Islam: Die Texte dieses Buches brechen Tabus und verändern unseren Blick. Zugleich machen sie deutlich, warum Ayaan Hirsi Ali mitten in Europa nur unter Polizeischutz leben, reden und schreiben kann – aber auch, wie notwendig ihr Kampf für die unterdrückten islamischen Frauen ist.

01/1468/01/L